华为公司管理者培训教材

# 以奋斗者为本

## 华为公司人力资源管理纲要

DEDICATION

The Foundation of Huawei's Human Resources Management

黄卫伟◎主编

殷志峰　吕克　胡赛雄　童国栋　龚宏斌　吴春波◎编委

中信出版集团 | 北京

图书在版编目（CIP）数据

以奋斗者为本 / 黄卫伟等编著. —北京：中信出版社，2014.11（2025.4 重印）
ISBN 978-7-5086-4779-1
I. ①以… II. ①黄… III. ①通信—邮电企业—企业管理—经验—深圳市 IV. ①F632.765.3
中国版本图书馆 CIP 数据核字（2014）第 206454 号

以奋斗者为本：华为公司人力资源管理纲要

编　　著：黄卫伟等
策划推广：中信出版社（China CITIC Press）
出版发行：中信出版集团股份有限公司
（北京市朝阳区东三环北路 27 号嘉铭中心　邮编　100020）
承 印 者：北京通州皇家印刷厂

开　　本：787mm×1092mm　1/16　　印　　张：21.5　　字　　数：293 千字
版　　次：2014 年 11 月第 1 版　　印　　次：2025 年 4 月第 105 次印刷
书　　号：ISBN 978-7-5086-4779-1 / F · 3253
定　　价：68.00 元

资源是会枯竭的，唯有文化才会生生不息。一切工业产品都是人类智慧创造的。华为没有可以依存的自然资源，唯有在人的头脑中挖掘出大油田、大森林、大煤矿……

——任正非

# 目 录

PREFACE

# 下篇：干部政策

# 序　言

PREFACE

华为技术有限公司（以下简称华为公司、华为）自1987年创办以来，在20多年的时间里，成长为世界通信设备产业的领先企业，这不能不引起人们的关切：华为为什么能在世界高科技领域后来居上？华为是靠什么成长起来的？

这部《以奋斗者为本：华为公司人力资源管理纲要》回答了这一问题。追根溯源，华为的成长来自于它的核心竞争力，而核心竞争力源自它的核心价值观，即以客户为中心，以奋斗者为本，长期艰苦奋斗。当把15万知识型人才聚集在一起的时候，你才会深切地感到，尽管技术很重要，资本很重要，但更重要的还是人力资源管理。

华为公司是一个重视继承的公司。从1996年开始起草《华为公司基本法》，到今天起草《华为公司人力资源管理纲要》，其目的一是要对自己的管理理念和政策进行系统的整理，温故而知新；二是要摆脱对人的依赖，提高管理体系的继承性。继承是为了更有效的创新。

本书分为上、下两篇，上篇为《价值卷》，下篇为《干部卷》。《价值卷》的结构分为全力创造价值、正确评价价值与合理分配价值三章，正确评价价值是合理分配价值的基础，二者的目的都是为了全力创造价值。《干部卷》的结构体现了华为公司干部管理的体系和优先次序，其中的重点是对干部的使命与责任，以及对干部的行为与作风的要求。干部队伍建设是华为公司人力资源管理最具特色的领域，也是高层倾注精力最多的领域，尽管如此，干部队伍仍然是华为未来发展的瓶颈。

与《华为公司基本法》提炼式的阐述风格不同，《华为公司人力资源管理纲要》的内容均摘自华为公司高管的讲话和公司经营管理团队（EMT）的文件，并一一注明了出处，这样更忠实于原作，原汁原味，使之更具有研究价值。编写者只是设计了章节的逻辑结构和各节的主题，以使相关内容更清楚、更集中地呈现。

各章内容的编排在每一个主题下遵循历史的顺序，跨度从公司成立一直到 2013 年 12 月。这种内容编排方式，一方面可以从中看到华为人力资源管理理念和政策的演进过程，另一方面也可以看到指导华为人力资源管理的价值观与方针的前后一致性。核心价值观之于企业，正如基因之于生物。合抱之木生于毫末，九层之台起于累土。

本书是在华为公司轮值CEO胡厚崑先生领导编写的《人力资源管理理念》基础上补充成书的。其中《价值卷》和《干部卷》的原编写班子成员分别是：主任，胡厚崑；副主任，李杰、吕克；《价值卷》的编委，黄卫伟、殷志峰、童国栋、胡赛雄、龚宏斌、吴春波；责任编辑，殷志峰、申胜利；《干部卷》的编委，黄卫伟、胡赛雄、殷志峰、童国栋、龚宏斌、吴春波；责任编辑，胡赛雄、马岳勇。两卷后期补充文案的工作是由畅敏女士和李世雯女士完成的。

《人力资源管理理念》的两卷本自 2011 年 1 月通过后，作为华为高级管理研讨班的教材已经使用了三年。高级管理研讨班迄今已经举办了 64 期，参加培训的中高级管理者超过了 4 000 人。学员们对书中的各个主题和许多重要观点，结合自身经历的案例和体会进行了深入研讨和激烈辩论，在深化对公司人力资源管理理念的认识的同时，也使《华为公司人力资源管理纲要》的结构更加完善。这里要特别对他们表示感谢。

当年起草《华为公司基本法》时，起草小组曾提出基本法要回答的三个问题：即华为为什么成功？华为过去的成功能否使华为在未来获得更大的成功？华为要取得更大的成功还需要什么？今天来看，这三个问题仍然是《华为公司人力资源管理纲要》要回答的问题，《华为公司人力资源管理纲要》是与时俱进的。

怎么管理一个世界级的、商业性的大型高科技企业，中国至今尚无成熟的经验和管理体系，我们只有虚心向西方公司学习，不断实践，不断总结，有所认识，有所发现。这本《华为公司人力资源管理纲要》提供了一个很好的参考，它主要是用于华为公司内部的管理者培训，正式出版有利于吸收企业界以及社会各界的批评和真知灼见，使之进一步完善。

编写组

2014 年 5 月 20 日

# 上篇：价值创造、评价与分配

一个企业的经营机制，说到底就是一种利益的驱动机制。企业的价值分配系统必须合理，价值分配系统要合理的必要条件是价值评价系统必须合理，而价值评价系统要合理，价值评价的原则以及企业的价值观系统、文化系统必须是积极的、蓬勃向上的。

企业就是要发展一批狼，狼有三大特性，一是敏锐的嗅觉；二是不屈不挠、奋不顾身的进攻精神；三是群体奋斗。企业要扩张，必须有这三要素。

——任正非

# 第一章　全力创造价值

企业的最低纲领是什么？显然，是活下去，长期活下去，能够活到最后的企业一定是最好的企业。这个简单的道理又被称为企业的硬道理。企业长期要研究的问题是如何活下去，积极寻找活下去的理由和活下去的价值。企业长期生存的理由首先是客户需要你，为此，企业必须不断地更好地满足客户的需求，为客户创造价值。什么是价值？用经济学的术语来表述，价值表现为企业现实的获利能力和未来潜在获利能力的贴现。如果用更朴素易懂的标准来衡量企业的价值，那就是看这个企业能不能长期有效增长。这就是华为对企业价值的理解。

在价值创造问题上，存在一个悖论：越是从利己的动机出发，越是达不到利己的目的；相反，越是从利他的动机出发，反而越使自己活得更好。华为公司任正非总裁显然深谙此道，所以他说得更彻底：为客户服务是华为存在的唯一理由。

企业价值是靠什么创造出来的？在任正非看来，资源是会枯竭的，唯有文化才会生生不息。一切工业产品都是人类智慧创造的。华为没有可以依存的自然资源，唯有在人的头脑中挖掘出大油田、大森林、大煤矿……企业真正具有巨大潜在价值的、能够创造价值的资源是人力资源。这个道理是如此朴素，不免使人们对其熟视无睹、浅尝辄止。殊不知，恰恰是朴素的思想造就了伟大的企业。

企业的一切活动都应当围绕创造价值展开，人力资源管理也是一样。人力资源管理的核心目标是使员工全力为客户和企业创造价值，实现这一目标取决于如何评价员工的价值贡献和如何分配企业创造的价值和剩余价值。从而，全力创造价值、正确评价价值和合理分配价值成为人力资源管理最关键、也是最困难的任务。价值评价解决的是公正问题，价值分配解决的是公平问题，所以，人力资源管理说到底是解决两个普遍的组织问题：公正和公平。这两个问题解决好了，员工的目标和企业的目标就实现了最大程度的一致，全力创造价值的动力也就有了不竭的来源。

本章先阐述华为公司全力创造价值的观点，在接下来的两章中，再进一步阐述华为公司在正确评价价值以及合理分配价值方面所遵循的政策和原则。

## 1.1 围绕价值创造展开人力资源管理

### 1.1.1 什么是价值

我们通过保持增长速度，给员工提供了发展的机会，公司利润的增长，给员工提供了合理的报酬，这就吸引了众多的优秀人才加盟到我们公司来，然后才能实现资源的最佳配置。只有保持合理的增长速度，才能永葆活力。（来源：《华为的红旗到底能打多久》，1998）

企业的发展要强调客户、资本、劳动者多赢。因此，我们要强调要真正努力实现客户的需求，要培养对客户需求有激情、有干劲，并孜孜不倦去实现的员工。以长期奉献能力与实现贡献定薪酬，以短期贡献定奖励。我们一定要强调每个人对资本的贡献价值，在这个价值下，每增加一个人，就要增加一部分增值价值。办企业一定要使客户满意，这是生存基础；也要使股东满意，这是投资的目的；同时，也要使贡献者满意，我们决不让雷锋吃亏，这是持续发展的推动力。（来源：《关于人力资源管理变革的指导意见》，2005）

我们十几万人聚在一起是为了把华为做成一个更有价值的公司。公司价值是公司各种要素和能力的综合反映，销售额的大小不能代表一切，当期财务报表也不能完全反映公司价值。在公司持续经营的条件下，这个价值应表现为公司现实的获利能力和未来潜在获利机会的货币化表现。因此，华为对公司价值的追求，只能是持续有效增长。（来源：电邮文号[2012]05号，《做好公司价值管理，追求公司有效增长》）

### 1.1.2 活下去是企业的硬道理

我们首先得生存下去，生存下去的充分且必要条件是拥有市场。没有市场就没有规模，没有规模就没有低成本。没有低成本、没有高质量，难以参与竞争，必然衰落。（来源：《再论反骄破满，在思想上艰苦奋斗》，1996）

整改干部队伍的目的，是要公司活下去。要想活下去，只有让那些阻碍公司发展的人下去，或者说把那些不利于我们发展的作风彻底消灭，公司才能得以生存。这也是我们整改的宗旨。（来源：《能工巧匠是我们企业的宝贵财富》，1999）

华为公司的最低纲领是要活下去。（来源：任正非在IPD[①]动员大会上的讲话，1999）

对华为公司来讲，长期要研究的问题是如何活下去，积极寻找活下去的理由和活下去的价值。活下去的基础是不断提升核心竞争力，核心竞争力提升的必然结果是企业的发展壮大。（来源：《活下去，是企业的硬道理》，2000）

---

① IPD：Integrated Product Development，即集成产品开发，是一套产品开发的模式、理念与方法。

对于我个人来讲，我并没有远大的理想，我思考的是这两三年要干什么，如何干，才能活下去。我非常重视近期的管理进步，而不是远期的战略目标。活下去，永远是企业的硬道理。近期的管理进步，必须有一个长远的目标方向，这就是核心竞争力的提升。公司长远的发展方向是网络设备供应商，这是公司核心竞争力的重要体现。有了这个导向，我们抓近期的管理就不会迷失方向。朝着这个方向发展，我们的近期发展和远期发展就不会发生矛盾，我们的核心竞争力就会得到提升，我们也就有了生存的理由和生存的价值。（来源：《活下去，是企业的硬道理》，2000）

企业能否活下去，取决于自己，而不是别人，活不下去，也不是因为别人不让活，而是自己没法活。活下去，不是苟且偷生，不是简单地活下去。活下去并非容易之事，要始终健康地活下去更难。因为它每时每刻都面对外部变化莫测的环境和激烈的市场竞争，面对内部复杂的人际关系。企业必须在不断地改进和提高的过程中才能活下去。（来源：《活下去，是企业的硬道理》，2000）

企业不是要大，也不是要强，短时间的强，而是要有持续活下去的能力与适应力。（来源：《华为的冬天》，2001）

十年来我天天思考的都是失败，对成功视而不见，也没有什么荣誉感、自豪感，而是危机感。也许是这样才存活了下去。我们大家要一起来想，怎样才能活下去，也许才能存活得久一些。失败这一天是一定会到来的，大家要准备迎接，这是我从不动摇的看法，这是历史规律。（来源：《华为的冬天》，2001）

我们还要指出，活下去才是硬道理。华为公司不是为了追求名誉，而要的是实在，希望大家对待老产品、常规产品有正确的心态，不要老想着搞最先进的设备，搞最新的技术。我们不是做院士，而是工程商人。工程商人就是做的东西有人买，有钱赚。（来源：《公司的发展重心要放在满足客户当前的需求上》，2002）

队形要根据市场进行变化，不能僵化和教条，要有灵活机动的战略战术，我们的宗旨就是活下去。（来源：《认识驾驭客观规律，发挥核心团队的作用，不断提高人均效益，共同努力度过困难》，2002）

华为没有任何可依赖的外部资源，唯有靠全体员工勤奋努力与持续艰苦奋斗，不断清除影响我们内部保持活力和创新机制的东西，才能在激烈的国际化竞争中存活下去。历史和现实都告诉我们，全球市场竞争实质上就是和平时期的战争，在激烈竞争中任何企业都不可能常胜，行业变迁也常常是翻云覆雨，多少世界级公司为了活下去不得不忍痛裁员，有些已途中消失在历史风雨中。前路茫茫充满变数，非常不确定，公司没法保证自己能长期生存下去，因此不可能承诺保证员工一辈子，也不可能容忍懒人，因为这样就是对奋斗者、贡献者的不公平，这样对奋斗者和贡献者就不是激励而是抑制。幸福不会从天降，只能靠劳动来创造，唯有艰苦奋斗才可能让我们的未来有希望，除此之外，别无他途。从来就没有什么救世主，也不靠神仙皇帝，要创造幸福的生活，全靠我们自己。（来源：《关于近期公司人力资源变革的情况通告》，2007）

企业的目的十分明确，是使自己具有竞争力，能赢得客户的信任，在市场上能存活下来。要为客户服好务，就要选拔优秀的员工，而且这些优秀员工必须要奋斗。要使奋斗可以持续发展，必须使奋斗者得到合理的回报，并保持长期的健康。（来源：任正非在市场部年中大会上的讲话纪要，2008）

### 1.1.3　企业的一切活动都应导向商业成功

华为是一个功利集团，它的一切都是为了实现目标而努力的，企业文化是围绕一种目标来实现的，这种目标就是要具有商业的价值和利益。（来源：任正非答1997年应届毕业生问摘录，1997）

核心价值观的第一条是解决华为公司追求什么。现在社会上最流行的一句话是追求企业的最大利润率，而华为公司的追求是相反的，华为公司不需要利润最大化，只将利润保持一个较合理的尺度。我们追求什么呢？我们依靠点点滴滴、锲而不舍的艰苦追求，成为世界级领先企业，来为我们的顾客提供服务。（来源：《华为的红旗到底能打多久》，1998）

我们将按照我们的事业可持续成长的要求，设立每个时期的足够高的合理的利润率和利润目标，而不单纯追求利润的最大化。（来源：《华为公司基本法》，1998）

我们是商业集团，只求商业集团的社会责任和利益，不要又是商人又要千古流芳，这才是一个公司的灾难。（来源：任正非在上海研究所的讲话，2007）

成功的标准只有一个，就是实现商业目的。其他都不是目的。这一点一定要搞清楚。我们一定要有一个导向就是商业成功才是成功。（来源：任正非在上海研究所的讲话，2007）

公司的最终目标只有一个：商业成功。（来源：EMT决议[2008]031号）

任何先进的技术、产品、解决方案和业务管理，只有转化为商业成功才能产生价值。（来源：EMT纪要[2008]041号）

我们公司经营目标不能追求利润最大化，我们所有薪酬、经营的指导方针不能追求利润最大化。利润最大化实际上就是榨干未来，伤害了战略地位。深淘滩，低作堰，大家要深刻理解它的广泛及深刻的含义。（来源：任正非在2010年4月EMT办公例会上的讲话）

公司的生存发展需要利润，但我们强调深淘滩、低作堰，只赚取合理的利润。我们要让上下游的合作伙伴也有合理的利润，营造端到端产业链的强健。（来源：EMT决议[2011]052号，关于正确理解以客户为中心的决议）

## 1.2 价值创造的来源

### 1.2.1 只有客户成功，才有华为的成功

华为的追求是在电子信息领域实现顾客的梦想，并依靠点点滴滴、锲而不舍的艰苦追求，使我们成为世界级领先企业。（来源：《华为公司基本法》，1998）

顾客的利益所在，就是我们生存与发展最根本的利益所在。我们要以服务来定队伍建设的宗旨，以顾客满意度作为衡量一切工作的准绳。（来源：《华为公司基本法》，1998）

公司的可持续发展，归根结底是满足客户需求。（来源：《高层拜访重在“卖瓜”》，2000）

从企业活下去的根本来看，企业要有利润，但利润只能从客户那里来。华为的生存本身是靠满足客户需求，提供客户所需的产品和服务并获得合理的回报来支撑；员工是要给工资的，股东是要给回报的，天底下唯一给华为钱的，只有客户。我们不为客户服务，还能为谁服务？客户是我们生存的唯一理由。既然决定企业生死存亡的是客户，提供企业生存价值的是客户，企业就必须为客户服务。因此，企业发展之魂是客户需求，而不是某个企业领袖。（来源：《华为公司的核心价值观》，2007 年修改）

### 1.2.2　价值创造的辩证关系

只提爱祖国、爱人民是空洞的，我这个人的思想是灰色的，我爱祖国、爱人民，但我也爱公司、爱自己的家人，我对自己子女的爱，总还是胜过对一般员工的爱。这才是实事求是，实事求是才有凝聚力。公司一方面必须使员工的目标远大化，使员工感知他的奋斗与祖国的前途、民族的命运是联系在一起的；另一方面，公司坚决反对空洞的思想。要培养员工从小事开始关心他人，如支持希望工程。平时关心同事，以及周围有困难的人，修养自己。只有有良好的个人修养，才会关怀祖国的前途。为国家，也为自己和亲人，这是两部发动机，我们要让他们都发动起来。实事求是，合乎现阶段人们的思想水平。客观上实现了为国家。（来源：《走出混沌》，1998）

为客户服务是华为生存的唯一理由。公司唯有一条道路能生存下来：就是客户的价值最大化。有的公司是为股东服务，股东利益最大化，这其实是错的，看看美国，很多公司的崩溃说明这条口号未必就是对的；还有人提出员工利益最大化，但现在日本公司已经有好多年没有涨工资了。因此我们要为客户利益最大化奋斗，质量好、服务好、价格最低，那么客户利益就最大化了，客户利益大了，他有再多的钱就会再买公司的设备，我们也就活下来了。我们的组织结构、流程制度、服务方式、工作技巧一定要围绕这个主要的目的，好好地进行转变来适应这个时代的发展。（来源：任正非在技术支援部 2002 年一季度例会上的讲话）

我们奋斗的目的，主观上是为自己，客观上是为国家、为人民。但主客观的统一确实是通过为客户服务来实现的。没有为客户服务，主客观都是空的。（来源：任正非在市场部年中大会上的讲话纪要，2008）

华为的董事会明确不以股东利益最大化为目标，也不以其利益相关者（员工、政府、供应商……）利益最大化为原则，而坚持以客户利益为核心的价值观，驱动员工努力奋斗。（来源：《董事会领导下的CEO轮值制度辨》，2012）

## 1.3 价值创造的要素

### 1.3.1 劳动、知识、企业家和资本共同创造了华为公司的全部价值

在华为公司，一个突破性的观点就是认为劳动、知识、企业家和资本共同创造了企业的全部价值。华为公司为了建立它的价值分配体系，必须在理论上对价值创造的要素做新的确认。这种确认实际上突破了古典经济学价值创造的理论，突破了我们所谓一般意义上的劳动创造价值的理论，那么，这个突破就为它的价值分配系统的设计奠定了基础。（来源：《抓住机遇，调整机制，迎接挑战》，1997）

我们现在在高技术领域里重新认识这个问题的时候，主要是正确估价知

识在创造价值中的作用以及重新正确估价企业家在创造价值中的作用，而不是简简单单仅去考虑一般的劳动，特别是体力劳动的作用。因为在高技术企业里，一般操作性工人所占的比重是很小的。以华为公司为例，它的R&D①人员占40%，市场营销人员占到35%，真正的生产人员只占15%，而真正在作业线上完成作业功能的人连10%都不到，这样的话，整个公司的价值到底是谁创造的？实际上不能以一般的劳动创造价值的意义来理解，而要特别突出知识和企业家在整个价值创造中的作用。（来源：《抓住机遇，调整机制，迎接挑战》，1997）

## 1.3.2　劳动

在华为应该有这样一个定理：员工靠知识、靠诚实劳动，应得到较好的报酬，不靠诚实劳动及知识就能挣到钱就说明管理有问题。一定要促成一种风气，诚实去劳动，有效去进步。（来源：《当干部是一种责任》，1996）

尽心与尽力，是两回事。一个人尽心去工作与尽力去工作，有天壤之别。要培养一批用心的干部。用心的干部，即使技术上差一点，也会赶上来，因为他会积极开动脑筋，想方设法去工作。因此在加强部门实力建设过程中，一是培养队伍，二是要把尽心的人提拔上来。用心工作，就是思想上艰苦奋斗，尽力工作就是没有目标性地完成任务。（来源：中研传输部汇报纪要，1996）

我相信在座的人都是尽力的干部，但是否尽心就不一定。你要想成为高级干部就得尽心。全心全意与努力是两个概念，尽心做事与尽力做事是两个

① R&D：Research and Development，研究发展，简称研发。

根本性的概念，思想上艰苦奋斗就是尽心。尽力不是好干部，是中低层干部，尽心才是好干部。（来源：《按照筛子的思想建设中试部》，1996）

有些员工不负责任，老说流程改了，又有新规定出台而推诿，这样的人就是不尽心的人。每个员工接到他人的求助时，都要尽力去想办法，积极主动地去解决问题，不能让求助的人自己去想办法。尽心和尽力工作是有本质区别的，这种区别在评定中一定要体现出来。（来源：《尽心尽力地做好本职工作》，1996）

一般人只注意身体上的艰苦奋斗，却不注重思想上的艰苦奋斗。科学家、企业家、善于经营的个体户、养猪能手，他们都是思想上艰苦奋斗。为了比别人做得更好一点，为了得到一个科学上的突破，为了一个点的市场占有率，为了比别人价格低些，为了养更多更好的猪，他们在精神上承受了难以想象的压力，殚精竭虑。他们有的人比较富裕，但并不意味着他们不艰苦奋斗，比起身体上的艰苦奋斗，思想上的艰苦奋斗更不被人理解，然而也有更大的价值。评价一个人的工作应考虑这种区别。（来源：任正非早期讲话纪要，1996）

我们永远强调在思想上艰苦奋斗。思想上艰苦奋斗与身体上艰苦奋斗的不同点在于：思想上艰苦奋斗是勤于动脑，身体上艰苦奋斗只是手脚勤快。（来源：《不要忘记英雄》，1997）

一切员工在公司长期工作的基础是诚实劳动和胜任本职工作。（来源：《管理工作要点，1999》）

什么叫奋斗，为客户创造价值的任何微小活动，以及在劳动的准备过程中，为充实提高自己而做的努力，均叫奋斗，否则，再苦再累也不叫奋斗。（来源：《逐步加深理解“以客户为中心，以奋斗者为本”的企业文化》，2008）

为客户创造价值才是奋斗。我们把煤炭洗得白白的，但对客户没产生价值，再辛苦也不叫奋斗。两个小时可以干完的活，为什么要加班加点拖14个小时来干？不仅没有为客户产生价值，还增加了照明的成本、空调的成本，还吃了夜宵，这些钱都是客户出的，却没有为客户产生价值。（来源：任正非与肯尼亚代表处员工座谈纪要，2008）

任何员工，无论你来自哪个国家，无论新老，只要坚持奋斗，绩效贡献大于成本，我们都将视为宝贵财富，不断激励你成长。（来源：任正非在EMT办公会议上的讲话，2009）

每周只工作40小时，只能产生普通劳动者，不可能产生音乐家、舞蹈家、科学家、工程师、商人……如果别人喝咖啡，我们也有时间喝咖啡，我们将永远追不上别人。（来源：《市场经济是最好的竞争方式，经济全球化是不可阻挡的潮流》，2009）

### 1.3.3 知识

我们这个时代是知识经济时代，它的核心就是人类创造财富的方式和致富的方式发生了根本的改变。随着时代的进步，特别是由于信息网络给人带来的观念上的变化，使人的创造力得到极大的解放，在这种情况下，创造财富的方式主要是由知识、由管理产生的，也就是说人的因素是第一位的。这是企业要研究的问题。（来源：《华为的红旗到底能打多久》，1998）

知识经济时代，企业生存和发展的方式发生了根本的变化，过去是资本雇佣劳动，资本在价值创造要素中占有支配地位。而知识经济时代是知识雇用资本。知识产权和技术诀窍的价值和支配力超过了资本，资本只有依附于知识，才能保值和增值。（来源：《华为的红旗到底能打多久》，1998）

对一些高技术产业，人的脑袋很重要，金钱资本反而有些逊色，应多强调知识、劳动的力量，这就是知识资本，我们称之为“知本主义”。（来源：《走出混沌》，1998）

我们强调人力资本不断增值的目标优先于财务资本增值的目标。（来源：《华为公司基本法》，1998）

### 1.3.4 企业家

我们继续提倡敢作敢为的大无畏精神和冒险精神，要有越挫越勇的勇气与信心。不断开发新的市场与新的技术。要不断地培养职员的商业与技术的敏锐的嗅觉与远见，要在拼搏中使他们出类拔萃，使一代新人应运而生。没有尝试就没有成功，“干即成功”这个透彻的人生哲学，一直激励奋发有为者。“狭路相逢勇者胜”。（来源：任正非在清产核资动员会上的讲话，1991）

华为第一次创业的特点，是靠企业家行为，为了抓住机会，不顾手中资源，奋力牵引，凭着第一、第二代创业者的艰苦奋斗、远见卓识、超人的胆略，使公司从小发展到初具规模。（来源：《融入集体，共同发展》，1997）

关于企业家的含义，美国哈佛大学有一个教授叫霍伍德 · 斯蒂文森，他是这个领域的权威，他说企业家精神就是追求机会，而不顾手中现有的资源。

在华为公司就能非常鲜明地感觉到这个特点，完全是一种典型的企业家经营方式。所以，华为公司的成功首先在战略上，第一个是紧紧围绕资源共享展开，不为其他的诱惑所动。第二个，华为的资源不仅仅局限于企业内部，它还充分利用社会的各种资源，利用世界上的资源来为我所用。所以，企业才能够迅速做大。现代社会的发展，任何一个组织的发展，没有资源是不行的，但是资源不一定是你能够控制得住的，关键是你能不能够调动起来。第三个是压强原则。（来源：《抓住机遇，调整机制，迎接挑战》，1997）

我们一定要讲清楚企业的生命不是企业家的生命，为什么企业的生命不是企业家的生命？就是我们要建立一系列以客户为中心、以生存为底线的管理体系，而不是依赖于企业家个人的决策制度。这个管理体系在它进行规范运作的时候，企业之魂就不再是企业家，而变成了客户需求。客户是永远存在的，这个魂是永远存在的。我在十年前写过一篇文章，《华为的红旗到底能打多久》，就引用孔子的一首诗，“子在川上，曰：逝者如斯夫！”。我讲管理就像长江一样，我们修好堤坝，让水在里面自由流，管它晚上流、白天流。晚上我睡觉，但水还自动流。水流到海里面，蒸发成水汽，雪落在喜马拉雅山，又化成水，流到长江，长江又流到海，海又蒸发。这样循环搞多了以后，它就忘了一个还在岸上喊“逝者如斯夫”的人，一个“圣者”，它忘了这个“圣者”，只管自己流。这个“圣者”是谁？就是企业家。企业家在这个企业没有太大作用的时候，就是这个企业最有生命的时候。所以企业家还具有很高威望，大家都很崇敬他的时候，就是企业最没有希望、最危险的时候。（来源：《在理性与平实中存活》，2003）

领袖不需要太懂技术但要懂方向、要看清商业目标，要有战略思维能力，要跳出技术思维圈子。（来源：任正非在上海研究所的讲话，2007）

一个领袖干什么？一个领袖其实就是要抓住主要矛盾、抓住矛盾的主要方面。工作就是要找准方向。（来源：任正非在PSST[①]体系干部大会上的讲话，2008）

一个清晰的战略目标，大家来跟随，这就是领袖的作用。（来源：任正非在2013年3月29日EMT办公例会上的讲话）

思想领袖更多地是在价值分配、全球战略格局上去思考，发挥引领作用。思想领袖不是停留在管理方法，而是要上升到管理哲学层面；战略领袖要规划未来的战略格局；商业领袖要集中在淮海战役、辽沈战役的成功上来考虑；高端专业就是做系统性的规划。（来源：任正非在2013年3月29日EMT办公例会上的讲话）

### 1.3.5 资本

公司下一步发展离不开资金积累。在资金来源上，有两种可能性。第一种是开放资金市场，公司股权让公司以外的人来购买；第二种就是扩大生产，增加利润，自我积累。第一种方式来钱快，但这种钱不是好拿的，而且可能干扰我们的体制。我们是以劳动为本位，而不是资本为本位的体制。采取对劳动成果高度肯定的态度，以工资、股票等形式对劳动者给予报酬。尽管目前这种体制还是靠公司领导个人品质来维持，体制本身也处于探索中，但这种机制一定要规范化，以制度的方式存在下去。所以，华为既不能把资金全部寄托在资金开放上，也不能仅局限于自身的利润积累，而应在二者之间寻求平衡点。（来源：《寻求平衡，比翼齐飞》，1994）

① PSST：产品与解决方案。

我们在产品领域经营成功的基础上探索资本经营，利用产权机制更大规模地调动资源。实践表明，实现这种转变取决于我们的技术实力、营销实力、管理实力和时机。外延的扩张取决于做实内涵，机会的捕捉取决于事先准备。（来源：《华为公司基本法》，1998）

资本经营和外部扩张，应当有利于潜力的增长，有利于效益的增长，有利于公司组织和文化的统一性。公司的上市应当有利于巩固我们已经形成的价值分配制度的基础。（来源：《华为公司基本法》，1998）

任正非在《华为公司基本法》起草过程中多次说道，高技术企业在初期使用知本（知识资本）的概念是很准确的；资本要考虑知本和风险资本两个方面，知本要转化为风险资本，风险资本要滚大，否则不能保证企业的长期运作；风险资本既包括企业风险资本，也包括外部风险资本；在价值分配中要考虑风险资本的作用，要寻找一条新的出路。劳动、知识、企业家的管理和风险的贡献累计起来以后的出路是什么？看来是转化为资本。我们不能把创造出来的价值都分光了，而是要积累成资本，再投入到企业的经营中去。（来源：《走出混沌》，1998）

我司的独特竞争优势立足于实行普遍教育的人口大国下的规模化研发低成本。我司的商业模式是通过将网络设备业务做大做强来构建全球化，国际水准的市场平台、服务平台、研发平台、管理平台，在此平台上培养干部、发展新业务，并通过新业务的资本运作来获利。（来源：EMT决议[2007]021号，《关于公司全球竞争策略的原则性指导意见》）

# 1.4 价值创造的文化支撑

## 1.4.1 以奋斗者为本

华为是靠企业文化、精神黏合的。在于它的组织方式和机制，不在于它的人才、市场、技术等。华为是有良好制约机制的集体奋斗。（来源：《集体奋斗 发展高新技术产业》，1996）

华为是一个功利集团，我们一切都是围绕商业利益的。因此，我们的文化叫企业文化，而不是其他文化或政治。因此，华为文化的特征就是服务文化，因为只有服务才能换来商业利益。服务的含义是很广的，不仅仅指售后服务，从产品的研究、生产到产品生命终结前的优化升级，员工的思想意识、家庭生活……因此，我们要以服务来定队伍建设的宗旨。我们只有用优良的服务去争取用户的信任，从而创造了资源，这种信任的力量是无穷的，是我们取之不尽、用之不竭的源泉。有一天我们不用服务了，就是要关门、破产了。因此，服务贯穿于我们公司及个人生命的始终。（来源：《资源是会枯竭的，唯有文化才能生生不息》，1997）

企业文化建设就是建立一个思想统一的平台，权力再分配的基础就是公司的企业文化，如果前几年在未达成企业文化共识时就实施权力下放，华为公司早就分崩离析了。（来源：《坚定不移地推行ISO9000》，1997）

思想权和文化权是企业最大的管理权，思想权和文化权的具体体现是假设权。比如知识是资本，雷锋不吃亏。立项也是假设，立项后我们用实践去证实这个假设。假设权必须控制在公司手中。（来源：《思想权和文化权是企业最大的管理权》，1997）

企业领导者最重要的事情就是创造和管理文化，领导者最重要的才能就是影响文化的能力。人是受动机驱使的，如果完全利用这个动机去驱使他呢，就会把人变得斤斤计较，相互之间没有团结协作，没有追求了。那么，文化的作用就是在物质文明和物质利益的基础上，使他超越基本的生理需求，去追求更高层次的需要，追求自我实现的需要，把他的潜能充分调动起来，而在这种追求过程中，他与人合作，赢得别人的尊重、别人的承认，这些需求就构成了整个团队运作的基础。（来源：《抓住机遇，调整机制，迎接挑战》，1997）

华为公司就是要解决一个综合平衡问题，综合平衡最重要的基础就是文化。如果没有一个组织、文化的认识，就无法综合平衡。“从心所欲而不逾矩”，不是约束你，而是要你综合平衡，自我修正、自我调整、自我前进。自我调整不是靠领袖来实现的，领袖只是一匹狼，主要是抓机会，抓住机会以后就由狼群自动实现综合平衡。这是一种以文化为基础的自觉的综合推进系统。（来源：任正非在基本法第四稿修改会议上的讲话，1997）

资源是会枯竭的，唯有文化才会生生不息。一切工业产品都是人类智慧创造的。华为没有可以依存的自然资源，唯有在人的头脑中挖掘出大油田、大森林、大煤矿……精神是可以转化为物质的，物质文明有利于巩固精神文明。我们坚持以精神文明促进物质文明的方针。（来源：《华为公司基本法》，1998）

奋斗这个词的含义是很丰富的，以奋斗者为本，不光是讲劳动者，也包含了投资者，投资者也在奋斗，他把自己的钱拿出来，参与这里面，他就要承担风险和责任。所以奋斗包含这两个方面。这两个方面的目标是一致的，就是要赚钱。（来源：任正非与肯尼亚代表处员工座谈纪要，2008）

以客户为中心，以奋斗者为本，长期艰苦奋斗，这是我们二十多年悟出的道理，是华为文化的真实体现。（来源：《干部要担负起公司价值观的传承》，2010）

一个以客户为中心，一个以奋斗者为本。有人问："有人不是在炒作以奋斗者为本、炒作华为的奋斗吗？"我说奋斗怎么了？我们全是向共产党学的，为实现共产主义而奋斗终生，为祖国实现四个现代化而奋斗，为祖国的繁荣昌盛而奋斗，为了你的家乡建设得比北京还美而奋斗，生命不息，奋斗不止。这些都是共产党的口号，我们不高举这些口号，我们高举什么？但手段上由于我们民营体制的局限性，不可能有其他方法，只能是用钱作为度量衡，来测量你的奋斗。你是奋斗者，就给你股票，给你奖金。我们不能倒过来，为了奖金和股票而奋斗，如果这样价值观就倒退了。所以我们讲以奋斗者为本，辅以一些物质鼓励的手段，我认为可能是找到了一条路，我们坚持这个路线不动摇。我们二十年摸着石头过河，摸到了什么，就是摸到了以客户为中心，以奋斗者为本。过去我们可能是不自觉地执行这个东西，但是我们现在比较自觉。这个文化里面应还有：长期坚持艰苦奋斗，自我批判。（来源：《成功不是未来前进的可靠向导》，2011）

### 1.4.2　胜则举杯相庆，败则拼死相救

市场部有个很著名的口号："胜则举杯相庆，败则拼死相救"。不管谁胜了，都是我们的胜利，我们大家一起庆祝；不管谁败了，都是我们的失败，我们拼死去救。企业文化就这样逐渐形成了。（来源：《持续技术领先 扩大突破口》，1996）

下一个时代是群体奋斗、群体成功的时代，这个群体奋斗要有良好的心

理素质。别人干得好，我为他高兴；他干得不好，我们帮帮他，这就是群体意识。（来源：任正非在“96科技夏令营开幕式”上的讲话）

第二次创业的目标就是可持续发展，要用十年时间使各项工作与国际接轨。它的特点是要淡化企业家的个人色彩，强化职业化管理。把人格魅力、牵引精神、个人推动力变成一种氛围，使它形成一个场，以推动和导向企业正确发展。氛围也是一种宝贵的管理资源，只有氛围才会普及到大多数人，才会形成宏大的具有相同价值观与驾驭能力的管理者队伍。才能在大规模的范围内，共同推动企业进步，而不是相互抵消。这个导向性的氛围就是共同制定并认同的《华为公司基本法》。（来源：《要从必然王国，走向自由王国》，1998）

要实现团队的奋斗，协同的奋斗。要从考核激励上将以客户为中心的“胜则举杯相庆，败则拼死相救”的光荣传统制度化地巩固下来。要从虚拟统计、虚拟考核入手，从激励机制上保证后方支持队伍与前方作战队伍、主攻队伍和协同作战的友军一起分享胜利果实。（来源：EMT纪要[2008]021号）

华为文化的真正内核就是群体奋斗。所以你们如果将来想有大作为，一定要加强心理素质训练，要多边、多层次、多方位地沟通，要学会怎么做人。只有学会了做人，你将来才会做事。在关键时刻，你才会胜则举杯相庆，败则拼死相救。（来源：电邮文号[2011]16号，《从“哲学”到实践》2011）

### 1.4.3　“狼性”

企业就是要发展一批狼，狼有三大特性，一是敏锐的嗅觉；二是不屈不挠、奋不顾身的进攻精神；三是群体奋斗。企业要扩张，必须有这三要素。

所以要构筑一个宽松的环境，让大家去努力奋斗，在新机会点出现时，自然会有一批领袖站出来去争夺市场先机。（来源：《华为的红旗到底能打多久》，1998）

我们把目标瞄准世界上最强的竞争对手，不断靠拢并超越他，才能生存下去。因此，公司在研发、市场系统必须建立一个适应“狼”生存发展的组织和机制，吸引、培养大量具有强烈求胜欲的进攻型、扩张型干部，激励他们像“狼”一样嗅觉敏锐，团结作战，不顾一切地捕捉机会，扩张产品和市场。同时培养一批善统筹、会建立综合管理平台的狈，以支持狼的进攻，形成狼狈之势。狈在进攻时与狼是形成一体的。只是这时狈用前腿抱住狼的腰，用后腿蹲地，推狼前进。但这种组织建设模式，不适合其他部门。（来源：《建立一个适应企业生存发展的组织和机制》，1997）

## 1.5 价值创造的两个轮子

### 1.5.1 管理第一，技术第二

为什么世界上出现了IBM、微软，其实体现的不仅是技术，体现的是管理。某种意义上看某些公司不比华为差，为什么没有发展起来，就是没有融入管理，什么东西都是可以买来的，唯有管理是买不来的。（来源：任正非在管理工程事业部CIMS[①]系统汇报会上的讲话，1997）

什么是贡献？并不是所有人都要去调板子、编程序才叫贡献，管理所包

① CIMS：Computer Integrated Manufacturing Systems，计算机集成制造系统。

含的内涵更加丰富、深刻。一个群体在进行工作的过程中，总是要有组织者和管理者，组织者和管理者的贡献是不是一定比劳动者少呢？那是不对的。原则上组织者一定是比实际干活的人贡献大，当然不排除少数专家可以超出管理者，但绝大多数专家应该是置于管理者之下的。（来源：任正非在中研部新干部任命前的讲话，1997）

公司第一次创业转入第二次创业的最大特征是要强化管理，形成职业家管理阶层。就是要用你们这些管理博士、硕士，把华为公司共同建立的管理思想变成组织、变成行动，最后产出粮食。公司一次创业时期是一手抓产品开发，一手抓市场建设；现在二次创业时期是要加强管理建设，这给你们提供了广阔的前景和极大的机会。（来源：《融入集体，共同发展》，1997）

核心竞争力对一个企业来讲是多方面的，技术与产品仅仅是一个方面，管理与服务的进步远远比技术进步重要。十年来公司深深地体会到这一点。没有管理，人才、技术和资金就形不成合力；没有服务，管理就没有方向。（来源：《创新是华为发展的不竭动力》，2000）

所有公司都是管理第一，技术第二。没有一流管理，领先的技术就会退化；有一流管理，即使技术二流也会进步。（来源：任正非与2000——22期学员交流纪要）

未来的挑战不是技术或产品，主要表现在基础研究和创新优势方面，根本是企业的管理上。我们所面临的最大挑战是内部管理问题，即在组织、流程、IT（信息技术）等方面建设适应市场需求和及时满足客户需求的管理体系。否则，公司再扩张就会出问题。我们一方面要不断地激活组织，始终保持它的活力，不使它退化和沉淀；另一方面，我们始终要保持对组织的约束和控制，不能击垮它，在激励中约束，在约束中激励。取得激励与约束的平衡，并使这种平衡在动态中不断地优化。（来源：《华为的机会与挑战》，2000）

对技术的崇拜不要走到宗教的程度。我曾经分析过华为、朗讯可能失败的原因，得出的结论是不能走产品技术发展的道路，而要走客户需求发展的道路。（来源：任正非与安圣电气座谈纪要，2001）

以客户的需求为目标，以新的技术手段去实现客户的需求，技术只是一个工具。（来源：《华为公司的核心价值观》，2007 修订版）

互联网不断地往新的领域走，带来了技术的透明，管理的进步，它加快了各公司之间差距的缩短。因此，未来的竞争是管理的竞争，我们要在管理上与竞争对手拉开差距。（来源：华为 EMT 纪要 [2008]028 号）

我们公司未来三到五年只有两条路，没有其他路可走。要么就是被历史淘汰了，要么就是在历史中成为佼佼者。我们成为佼佼者的可能性是存在的。但是我们过去最主要的问题是什么呢，我们重视了业务建设，不够重视组织建设和干部建设。在组织建设上、流程建设上、干部建设上，我们做得不够，所以我们三五年内要适当改变一下。在改革成功之后能提高效率 30%，那我们也能成龙上天了。（来源：任正非在 2009 年 5 月 EMT 办公例会上的讲话）

华为认为，作为一家技术型公司，技术重要，但管理更重要。企业管理关键是面向市场做要素整合，把资金、技术、人才、市场、研发、生产制造、企业内外产业链等面向市场竞争的所有资源和要素有效整合起来，并在市场竞争中获胜，这是管理的价值，也是管理的目标。事实上，整合前后，这些要素和资源本身并没有变化，很多企业也不缺资源和要素，但是有效整合的

企业就更能成功。（来源：提供给新华社的通讯稿，2009）

工程师执政有什么害处呢？就是把产品做到客户不需要，重视技术创新，不重视管理。不能老是以技术为导向，公司要贯彻从技术导向走向商业导向，我们要重视管理。项目CEO是商业领袖，不是技术专家。（来源：任正非在EMT办公例会上的讲话，2012年6月）

公司运转是依靠两个轮子，一个轮子是商业模式，一个轮子是技术创新。（来源：电邮文号[2012]35号，任正非与2012实验室座谈会纪要）

### 1.5.2　以客户为中心和以技术为中心要“拧麻花”

回顾华为十年的发展历程，我们体会到，没有创新，要在高科技行业中生存下去几乎是不可能的。在这个领域，没有喘气的机会，哪怕只落后一点点，就意味着逐渐死亡。（来源：《创新是华为发展的不竭动力》，2000）

经历过这些年以后，我们已经开始明确了以客户需求为方向，以解决方案为我们的手段，我们充分满足客户低成本、高增值的服务要求，促进客户的盈利，客户盈利才会买我们的产品。（来源：《贴近客户，奔赴一线，到公司最需要的地方去》，2001）

我们以前做产品时，只管自己做，做完了向客户推销，说产品如何的好。这种我们做什么客户就买什么的模式在需求旺盛的时候是可行的，我们也习惯于这种模式。但是现在形势发生了变化，如果我们埋头做出“好东西”，然后再推销给客户，那东西就卖不出去。因此，我们要真正认识到客户需求导

向是一个企业生存发展的一条非常正确的道路。（来源：任正非在PIRB[①]产品路标规划评审会议上的讲话，2003）

我们一定要真正明白客户需求导向，在客户需求导向上坚定不移。我们要真正认识到客户需求导向是一个企业生存发展的一条非常正确的道路。枪声就是命令，我们说，需求就是命令，我们一定要重视客户需求。（来源：任正非在PIRB产品路标规划评审会议上的讲话，2003）

我们将来的发展目标是以客户需求为导向，充分满足客户需求。客户需求导向与以前的产品导向有什么区别？就是先发制人和后发制人的区别。对我们公司来说，技术驱动公司前进的速度开始减慢，响应客户需求开始加快。这是合乎社会发展规律的。（来源：任正非在2004年三季度国内营销工作会议上的讲话）

在产品和解决方案领域要围绕客户需求持续创新。任何先进的技术、产品和解决方案，只有转化为客户的商业成功才能产生价值。在产品投资决策上，我们坚持客户需求导向优先于技术导向。要在深刻理解客户需求的前提下，对产品和解决方案进行持续创新，我们的产品和解决方案才会有持续竞争力。（来源：《从汶川特大地震一片瓦砾中，一座百年前建的教堂不倒所想到的》，2008）

我们要加大以技术为中心的战略性投入，以领先时代。我们以客户为中心讲多了以后，可能会从一个极端走到另一个极端，会忽略以技术为中心的超前战略。将来我们以技术为中心和以客户为中心两者是拧麻花一样的，一

① PIRB：Product Investment Review Board，产品投资评审委员会。

个以客户需求为中心，来做产品；一个以技术为中心，来做未来架构性的平台。（来源：任正非在2011年3月31日EMT办公例会上的讲话）

在我们公司的创新问题上，第一，一定要强调价值理论，不是为了创新而创新，一定是为了创造价值。第二，在创新问题上，我们要更多地宽容失败。（来源：电邮文号[2012]35号，任正非与2012实验室座谈会纪要）

加大前瞻性、战略性投入，构筑公司面向未来的技术优势，引领行业发展。要加大以技术为中心的战略性投入，以领先时代。（来源：司发[2012]081号，《关于2012年经营环境分析与关键经营策略的指导意见》）

## 1.6　摆脱三个依赖

### 1.6.1　摆脱对技术的依赖，对资本的依赖，对人才的依赖

全面而系统地建设公司是我们正在思考的问题。公司是一个技术密集、资金密集、人才密集的企业，它将在奋力的发展中，逐步摆脱对人才的依赖，对技术的依赖，对资金的依赖，从必然王国逐步走向自由王国。（来源：《胜利鼓舞着我们》，1994）

我说过有三个摆脱——摆脱对技术的依赖、摆脱对人才的依赖、摆脱对资金的依赖。完成了这三个摆脱，我们就从必然王国走向了自由王国。人利用科学技术就自由了，管理也要做到这一点。我们有ISO9000，有MRP II（制造资源计划），我们还有文档，万一出现了意外，只要我们这些东西都存在，我们可以再建一个新华为，这才是财富。管理虽然很抽象，实际上也是一种

物资性的东西。以前我们对财富这个定义不是很清楚，糊里糊涂打了八年仗，我们才有了初步的认识，什么叫财富？财富就是管理，是文档。（来源：任正非在管理工程事业部工作汇报会上的讲话，1997）

衡量管理的好不好，就是要摆脱对人的依赖。不是说你制造一个系统，使人家摆脱对人的依赖，而是你们本身就要摆脱对人的依赖。外国人的人才流动比我们大得多，人家说两个月出差回来办公室一坐，三分之一都是新人，人家为什么还能运行得非常良好，其实就是ISO9000，就是MRP II。谁走了都无所谓，你看得懂这个程序，会敲键盘，你上班吧。发命令，发计划单，人家就生产了，肯定没有问题都是很准确的。所以在管理上有许多要推进，华为公司下定决心要用三年到五年时间实现管理上与国际接轨，任重而道远。（来源：任正非在管理工程事业部工作汇报会上的讲话，1997）

摆脱三个依赖，走向自由王国的关键是管理。通过有效的管理构建起一个平台，使技术、人才和资金发挥出最大的潜能。（来源：《华为的红旗到底能打多久》，1998）

华为要实行管理变革，推行一系列的制度和规范，就是要摆脱对人、对资金、对技术的依赖，让公司走上长治久安。（来源：《公司的发展重心要放在满足客户当前的需求上》，2002）

### 1.6.2 从必然王国到自由王国

管理学上有一个观点："管理控制的最高境界就是不控制也能达到目标"。这实际上就是老子所说的那句话："无为而无不为"。基本法就是为了使公司达到无为而无不为的境界。好像我们什么都没做，公司怎么就前进了？这就

是我们管理者的最高境界。（来源：任正非在基本法第四稿修改会议上的讲话，1997）

一个企业的内、外发展规律是否真正认识清楚，管理是否可以做到无为而治，这是需要我们一代又一代的优秀员工不断探索的问题。只要我们努力，就一定可以从必然王国走向自由王国。（来源：《华为的红旗到底能打多久》，1998）

什么叫自由，火车从北京到广州沿着轨道走，而不翻车，这就是自由。自由是相对必然而言。自由是对客观的认识。人为地制定一些规则，进行引导、制约，使之运行合理就是自由。必然是对客观规律还没有完全认识，还不能驾驭和控制这些规律，主观还受到客观的支配。（来源：《要从必然王国，走向自由王国》，1998）

只要公司的机制和流程的建设是很好的，就能极大地推动公司的进步，不废江河万古流嘛！华为公司的核心价值观已经能自“圆”其说了，华为的红旗到底能打多久？结果是不言而喻的。“圆”就是不间断和循环，我们的机制和流程经过不断的优化，而形成一种良好的循环机制后，就逐步将人的因素和企业的运行机制相分离，任何人离开这企业后，机制还是能很好地不断运行下去，这就是华为的红旗到底能打多久的关键因素——机制和流程。（来源：《创松二次创业的土壤》，1998）

华为曾经是一个“英雄”创造历史的小公司，现在正逐渐演变为一个职业化管理的具有一定规模的公司。淡化英雄色彩，特别是淡化领导者、创业者们个人的色彩，是实现职业化管理的必然之路。只有管理职业化、流程化才能真正提高一个大公司的运作效率，降低管理内耗。（来源：《职业管理者的使命与责任》，2000）

企业的经营管理必须依“法”，遵循自然法则和社会法则，不断地求“是”（规律）。我们所能做的就是认识这些法则，遵循这些法则，而不是违背它，破坏它。（来源：《活下去，是企业的硬道理》，2000）

# 第二章　正确评价价值

价值评价是对员工为客户和公司创造价值的贡献进行评价。价值评价的任务是建立企业的公正，从而为价值分配的公平提供依据。价值评价系统要合理，要求评价标准必须是客观的，价值观系统和文化系统必须是积极的、蓬勃向上的。

核心价值观是我们对员工工作态度做出公正评价的准则；对每个员工提出明确的挑战性目标与任务，是我们对员工的工作成果做出公正评价的依据；员工在本职工作结果中表现出的能力和潜力，是比学历更重要的评价能力的公正标准。

坚持责任结果导向，是价值评价客观性和公正性的保证。用任正非的话来说，华为公司只推行一个价值评价体系，即只有一道菜——麻婆豆腐。这个体系的主体就是责任结果导向。而责任结果导向哪里？导向为客户提供有效服务，导向客户满意，导向公司核心竞争力的提升，导向公司战略的落地；一句话，导向为客户创造价值和公司的商业成功。华为以这个价值评价体系来分层、分级度量所有员工，使内部矛盾得以摆平。

价值评价面临的基本挑战是如何平衡短期贡献与长期贡献，如何平衡结果贡献与过程贡献，如何平衡责任与结果，如何处理度量与评价的关系。价值评价总的原则应当是：不能够度量，就不能够管理。所以必须找到度量长期贡献、过程贡献以及责任意识的量化标准或事实依据，以便为主观评价建立客观基础。否则，这些关系公司长期价值创造的潜在贡献就得不到认可，公司就不会有未来。

值得指出的是，在华为公司，既以责任结果的正向考绩为主，又抓住关键事件逆向考事，二者相辅相成，兼顾了结果与过程、短期与长期、度量与评价。将对责任的评价通过关键事件使之可识别、可衡量、可评价，这尤其适用于考核中、高级干部和发现优秀的干部苗子。

本章将从价值评价的导向与原则、价值评价的方法与标准，以及价值评价的常见误区三个方面对华为公司的价值评价体系进行系统阐述。

## 2.1 价值评价的导向与原则

### 2.1.1 责任结果导向

我们要以提高客户满意度为目标，建立以责任结果为导向的价值评价体系，而不再以能力为导向。企业是功利性组织，我们必须拿出让客户满意的商品。因此整个华为公司的价值评价体系，包括对中、高级干部的评价都要倒回来重新描述，一定要实行以责任结果为导向。（来源：任正非在基层员工价值评价体系项目汇报会上的讲话，1998）

我们现在的任职资格评议系统就是一种价值评价体系。我们推行能力主义是不是有问题？是不是还要将责任与服务作为价值评价依据？你有能力，但没有完成责任，没有达到服务要求，我们就不能给予你肯定，给予你高待遇。我曾批评中研部多次，在价值评价上有问题，老是在技术上给予肯定，而不在管理上给予肯定。管理上不予肯定，你怎么能够肯定更改一个螺丝钉、一根线条就应给予高待遇？如果更改一个螺丝钉、一根线条不给予高待遇，而对那些别出心裁，只做出一点没有突出贡献的东西的员工，你却认为他能力很强，给予他高待遇，这种价值评价颠倒就必将导致我们公司成本增加，效益下降。所以我们要通过价值评价体系把好的优良作风固化下来，使之像长江之水一样奔流不息，这将使我们走向光明的未来。（来源：《全心全意对产品负责》，1998）

不断强化公司整体核心竞争力的提升，不断地强化以流程型和时效型为主导的管理体系的建设，强化以责任结果与关键行为过程为导向的价值评价体系。（来源：《管理工作要点，2001》）

我们要推行以正向考核为主，但要抓住关键事件逆向考事，事就是事情的事。对每一件错误要逆向去查，找出根本原因，以改进。并从中发现优良的干部。我认为正向考核很重要，逆向的考事也很重要。要从目标决策管理的成功，特别是成功的过程中发现和培养各级领导干部。在失败的项目中，我们要善于总结，其中有不少好干部也应得到重视。要避免考绩绝对化、形而上学。（来源：《华为的冬天》，2001）

考核要考虑公平问题，但怎么体现？就是以绩效为中心，关键行为的目的是要产生结果，因此关键行为要以结果为导向。我们一定要在考核中坚持有绩效，有结果。在结果面前人人是公平的。（来源：《以绩效为中心，以结果为导向，努力提高人均效益》，2002）

评价一个人，提拔一个人，不能仅仅看素质这个软标准，还要客观地看绩效和结果。德的评价跟领导的个人喜好和对事物认识的局限性有很大关系。绩效和结果是实实在在的，是客观的。所有的高层干部，都是有职责和结果要求的，在有结果的情况下，再看你怎么做的，关键行为中是否表现出你有高素质。（来源：任正非在人力资源大会精神传达会议上的讲话纪要，2002）

我认为关键事件行为过程考核同样是很重要的考核，但不是一个关键事件行为就决定一个人的一生。对一个人的考核要多次、多环考核。不要把关键事件行为过程考核与责任结果导向对立起来。责任结果不好的人，哪来的关键事件？（来源：任正非在干部管理培训班上的讲话，2003）

我们要坚持责任结果导向的考核机制，各级干部要实行任期制，目标责任制，述职报告通不过的，有一部分干部要免职、降职。要实行各级负责干部问责制。香港特区政府是一个民主政府，已实行问责制了。我们公司对完不成任务的干部也要问责。考核是考不走优秀员工的，优秀员工一时受主客观的因素，暂时遭受挫折，但他们经过努力终究会再起来的。同时，要坚持员工聘用合同制，一部分员工已经不太适合这些岗位了，我们应该有新陈代谢。我们也要从完成任务好的员工的一些关键事件过程行为考查中，发现优秀的干部苗子，给予机会以培养。（来源：任正非在管理培训班上的讲话，2003）

公司中、高、基层干部的考核都要贯彻责任结果导向的方针。同时，对中、高级干部，尤其是高级干部要逐步试行关键行为过程考核，以提高中、高级干部的领导能力和影响力，充分发挥组织的力量。（来源：《管理工作要点，2003~2005》）

我们坚持责任结果导向的考评制度，对达不到任职目标的，要实行降职、免职，以及辞退的处分。市场的竞争会更加激烈，公司不可能是常胜将军，我们无力袒护臃肿的机构，以及不称职的干部。（来源：《持续提高人均效益，建设高绩效企业文化》，2004）

我们公司的价值取向是直接责任结果导向，而不是素质导向。我们强调猛将必发于卒伍，宰相必取于州郡。我们的任何素质是在贡献中发挥出作用，才能被认知的。在责任结果面前，人人公平。（来源：任正非关于员工技能考试的讲话，2009）

我们要持续不懈地努力奋斗。乌龟精神被寓言赋予了持续努力的精神，华为的这种乌龟精神不能变，我也借用这种精神来说明华为人奋斗的理性。我们不需要热血沸腾，因为它不能点燃为基站供电。我们需要的是热烈而镇定的情绪，紧张而有秩序的工作，一切要以创造价值为基础。（来源：任正非在公司2013年度干部工作会议上的讲话——《用乌龟精神，追上龙飞船》）

### 2.1.2 贡献导向

我们的待遇体系强调贡献，以及以实现持续贡献的能力来评定薪酬、奖励。有领袖能力、能团结团队的人，是可以多给予一些工作机会，只有他们在新的机会上做出贡献，才考虑晋升或奖励。不能考虑此人有潜力时，就放宽他的薪酬。茶壶里的饺子，我们是不承认的。（来源：《关于人力资源管理变革的指导意见》，2005）

我们的考核体系要强调贡献制，强调效益产出。这个价值不一定是直接的，也可以是间接的，可以是有形的，也可以是无形的。（来源：任正非在干部部长会议上的讲话，2005）

我们将继续坚持以奋斗者为本的文化，继续以责任与贡献评价人。（来源：《关于近期公司人力资源变革的情况通告》，2007）

只有最终对客户产生贡献才是真正的绩效。要消除对客户没有贡献的多

余行为，清退制造不能对客户产生贡献的假动作的人员。（来源：EMT纪要[2008]018号）

### 2.1.3 商业价值导向

我们的目标不是要培养科学家，是要培养商人。这就是我们的价值评价体系，是围绕种庄稼，打粮食，讲究做实。（来源：任正非对新员工讲话纪要1997）

公司的最终目标就是财务指标的达成，各产品线、地区部、各大部门的经营管理业绩最终都要落实在近期、中期和远期的财务指标上。（来源：EMT纪要[2006]030号）

我们要以为客户提供有效服务，来作为我们工作的方向，作为价值评价的标尺。不能为客户创造价值的部门为多余部门，不能为客户创造价值的流程为多余流程，不能为客户创造价值的人为多余的人。（来源：任正非在市场工作会议上的讲话，2008）

### 2.1.4 突出重点、抓主要矛盾原则

华为公司形左实右的情况很严重。生产总部对插件工也考基本法，考不好还把人家给辞退了。莫名其妙。基层员工踏踏实实做好本职工作，遵守道德规范就是基本法。（来源：任正非在基本法第四稿修改会议上的讲话，1997）

在管理中，提高质量、降低成本、提高综合效益，是三个重要环节。事

业部有三个目标：一要有利于潜力增长，二要有利于效益提高，三要有利于实现整体利益一致性，即华为整体系统的一致性。放开让大家干，效益就好了。如果有人要从华为跳槽到华为通信来，就是个好现象了。（来源：任正非与华为通信生产系统的座谈纪要，1997）

事业部制建设的两个首要问题是在建立资源共享系统的基础上，建立新的增长点。因此要确定考核要素，确定哪些要素是我们要控制的，哪些要素是我们要放开的。本质是：1.放开周长，允许扩张；2.控制圆心，建立统一有效的调节、控制与管理考核体系。因此我们必须探讨在控制圆心时，重点研究控制哪些要素，怎么促进它们增长，而不是研究怎么管死，也不是如何使之自由飞翔。放开周长，就是允许扩张，它们要是增长不比总公司快，就没有必要搞事业部。世界各国都有成功经验，我们可以借鉴。（来源：《华为公司基本法》会谈纪要（三），1997）

华为公司从创办到现在，从来没有追求完美，追求完美我们就没有动力了。我们在推行各种政策时，只要大的环节想明白就推行，然后在推行过程中再慢慢优化。华为企业文化的一个特征是，只要有新增长点就不能追求完美，追求完美就不可能有增长点，一定要追求实事求是、可操作性、可运行性。（来源：《走出混沌》，1998）

员工和干部的考评，是按明确的目标和要求，对每个员工和干部的工作绩效、工作与工作能力的一种例行性的考核与评价。工作绩效的考评侧重在绩效的改进上，宜细不宜粗；工作态度和工作能力的考评侧重在长期表现上，宜粗不宜细。（来源：《华为公司基本法》，1998）

我们在一段时间内也不要抓太多指标，不能千手观音。当前就主要抓两项，一个是办公费用，另一个是差旅费。抓降低费用，不是简单化一刀切，而是要重点抓办公费和差旅费的合理性、有效性。（来源：任正非在EMT办公例会上的讲话，2006）

我们对一般员工的考核太多、太复杂，有些目的性并不明确。应该是干什么，学什么，考核什么，现在搞得面太广，员工负担较重。我认为对与主业务关系不大的负担要减轻。（来源：任正非在英国代表处的讲话纪要，2007）

一定要打倒烦琐的人力资源考核，大家想想每一个基层员工要填多少表格。有些主管因为看不到员工在身边，就让员工填很多表格，比如说市场的工作日志，这是可以理解的。而有些主管管的人不多，还叫这些人每天填工作日志，就有些高成本了。我觉得，如果为了这填表格，就是走形式主义，是浪费人力。我非常同意你的，而且要把这话传到人力资源部，我们一定要打倒烦琐的考核机制。考核的目的，是为了促进业务成功，为考核而考核不值得。（来源：任正非在PSST体系干部大会上的讲话，2008）

考核频度不能太高，公司不能以考核为中心。不以努力工作为中心，将来会有很多问题的。（来源：任正非在EMT办公会议上的讲话，2010）

考核的维度和要素不能太多，主题要突出。过去一搞三十多项，就成了循规蹈矩的人。我们不是要把员工管成乖孩子，我们是要让员工为公司提供价值贡献。我们主要的考核目标和要素，是从价值贡献上考核，其他的考核干啥呢？（来源：任正非在基层作业员工绝对考核试点汇报会上的讲话，2012）

考核为什么要这么多指标？绩效考核也不要搭载这么多指标，关键过程行为考核是用来选拔干部的，人家事都做成了，过程为什么要成为评奖金的指标呢？我们不要在一个东西上承载太多内容，让人都变成小人了。我做了大的成绩，还要考我这考我那，扣来扣去都没有了，那我以后也不创造价值了，专注行为。考核指标不要占太多内容，KPI（关键绩效指标）项不能太多。（来源：任正非和广州代表处座谈纪要，2013）

### 2.1.5　分级、分类原则

基层员工强调做实，强调做实的价值评价，使得做实的人有合适的待遇和地位。如果过分强调中、高级干部层面的“狼”性，会导致整体做实不够，基层轻浮；而过分强调基层面的价值体系，会导致公司沉淀，死气沉沉。对大多数问题，我们要寻求对立统一的合适的度，但在这个问题上要截然分开。（来源：任正非在基本法第四稿修改会议上的讲话，1997）

基层岗位考核标准的建立应遵循两个原则：第一原则是以业绩考核为主，按实际作业结果给予评价。第二原则是要明确规定每个人只能选本岗位中所直接从事的专业项目来进行考核，就是以他所认定的最主要的专业参加考核，其他专业项目一概不予计分，一定要从管理机制上去约束他们不要一专多能。一专多能对博士、硕士，我们是提倡的，但对低学历的基层员工我们鼓励他们干一行，爱一行，专一行而成为专家。（来源：任正非在基层员工价值评价体系项目汇报会上的讲话，1998）

对不同层级的员工，以岗位职责为基础，以客户需求为牵引，关注不同的考核关注点。高层领导：关注长期综合绩效目标的达成和对公司长期利益的贡献，重视团队建设和干部后备队建设，不断提升领导力素质，确保公司的可持续发展。中高层主管：兼顾中长期绩效目标的达成和业务规划的有效落实，关注团队管理、干部员工培养和业务运作，提高业务和干部培养的成功率，使之带领的团队持续地产生更大的绩效。中基层员工：关注本职岗位上短期绩效目标的达成和过程行为的规范，强调实际任务的完成和绩效不断改进。（来源：《华为公司绩效管理暂行规定》，2007）

借鉴业界经验，重新审视高层主管长期指标的合理性；制定分层的考核指标，在高层、中层、基层之间形成短期和长期均衡的“拧麻花”的考核方案；牵引高层在关注当期经营目标的同时，更多地关注长期目标。通过年度考核和中长期考核相结合，上岗述职与离任“快照”相结合，主管评价与委员会评价相结合等改进措施，避免高层主管的短期行为。通过研究制订在职位管理、奖金激励和荣誉激励等方面的针对性方案，优化高层主管的激励机制，牵引其关注长期目标；完善高层主管的责任回溯机制。（来源：HRC①纪要[2010]053号）

基层员工的考核，劳动成果放在第一位，劳动技能放在第二位。（来源：任正非在基层作业员工绝对考核试点汇报会上的讲话，2012）

推动AT（行政管理团队）的分权授权，同时加强团队赋能和行权质量监管。中基层干部任用的批准权从体系AT向下授权，落实干部向下管两层的原则（关键岗位和特殊岗位除外），并对干部任命程序进行优化；组织变动的批准权考虑由体系进一步向下授权，并按照条件成熟程度控制推进节奏；将一定层级以下的员工和干部的BCG②经济违规处理直接授权由纪律与监察分委会，不涉及经济的普通违规和内部矛盾可授权各级道德遵从委员会处理。（来源：EMT决议[2012]042号）

---

① HRC：人力资源委员会。

② BCG：商业行为准则。

高管绩效管理的评议机制：高管的绩效评议工作应遵循三权分立精神，按“3 评 5、7 评 N”的授权机制予以开展。（来源：常委会决议 [2012]002 号）

### 2.1.6 向目标倾斜原则

社会上往往是向成功倾斜，而不是向目标倾斜，这是我们管理中的一个错误。这样向成功倾斜，人们就不会去做啃骨头的事情。所以我们是用目标考核制。这个成果不成功了，由谁来负责任，我们领导负责任。你只要努力去做了，照样可以立功、升级。所以，我们不是对成功倾斜而是对目标倾斜。如果向成功倾斜，他会做一个过得去的产品来糊弄你，这个产品有什么生产价值？生产以后，只是祸国殃民，最后用户还要谴责我们。当科研人员放下包袱后，成功的希望就又加大了。这是辩证关系。我们由于年轻，没有经验，我们有相当多的产品被枪毙掉了，就是研制完了之后不能投产。毙掉以后，科研人员照升官，照升工资，照升奖金。因为这跟他没有关系，这是领导决定的事情，决定干是领导定的，决定不干也是领导定的，科研人员付出了努力，得到的待遇就应该到这个水平，这就形成我们内部一个良好的动力机制。（来源：《抓住机遇，调整机制，迎接挑战》，1997）

责任权利不对等，这是永远会出现的问题，因为在发展的过程中很难去界定哪一个口责任是多大，权利是多大，单位有多大利益。这个情况大量地发生在公司快速发展过程中，对很多岗位职责描述都不是很准确，特别是我们的管理队伍，他们也很年轻也是半路走过来的，他们本身不仅有技巧问题，而且还有感情问题。强调自己没有责任，或者把责任界面划得很清晰。我认为他们没有站在公司的角度考虑，公司的目的是解决问题，而不是分清责任。（来源：任正非与员工座谈会纪要，2000）

去年年底研究一个货款回收现金流管理的文件，说内部要分清责任，每个项目去评审，谁承担多少背多少。在EMT会议上，我坚决反对这种做法。如果我们内部要讨论责任问题，带来的结果就是内战内行，外战外行，我们所有的矛盾都会变成解决部门之间的内战。因此，实行合理的按比例分摊，有理、无理三扁担，今年上半年货款回收增长较高，说明这个导向已经起作用了。所有的精力都应集中在生产力上，不要集中在分配力上。以后各部门的考核，全部以最终目标的实现，进行责任分担，利益分享。不允许自己设立阶段性考核，不顾全流程的做法。（来源：任正非在2006年年中市场工作会议上的讲话）

## 2.2　价值评价的方法与标准

### 2.2.1　销售收入、利润、现金流三足鼎立

考核要关注销售收入、利润、现金流，三足鼎立，支撑起公司的生存发展。单纯的销售额增长是不顾一切的疯狂，单纯地追求利润会透支未来，不考核现金流将导致只有账面利润。光有名义利润是假的，没现金流就如同没米下锅，几天等不到米运来就已经饿死了。（来源：任正非在EMT办公例会上的讲话，2006）

仅仅考核任何单项指标都不代表公司能取得可持续发展。如果单纯考核销售额，有些地区部、办事处、有些产品线就拼死命向公司要战略补贴、拼死命要求公司把价格降下来，这是典型的销售无能、干部无能，因为他只能卖到最低价。这样的销售额越大，我们死亡就越快。单纯的销售额导向不行，单纯的利润导向也不行。我们对明年、后年、更远一些的战略不投入，就会

反映成利润。利润要实现100亿，甚至更多都没有问题，我们只要把长远投入的费用裁掉，就能完成目标。例如：把研发的人裁掉。但明年怎么办，以后怎么办，就会受到影响。所以，单纯的销售额和单纯的利润导向都不行，销售额和利润都要以赋予一定权重的方式作为导向。仅仅是这两点导向也还是不行，我们还要加强现金流的管理。我们可以给客户的合同做得漂亮、价格卖得很贵、账面利润也不错，却是五千年后一次付款。我们若只有账面利润，没有现金流，我们要饿五千年等着收款，到那时你们已饿瘪了，没有力气吃饭了，因此，一定要加强现金流的控制和管理。（来源：任正非在2006年年中市场工作会议上的讲话）

我们公司在前面二十年是以规模为中心，是因为那个时候的规模很大，利润还比较丰厚，只要抢到规模就一定会有利润。但是现在我们正在发生改变。我们强调每个代表处，每个地区部，每条产品线，必须以正的现金流、正的利润和正的人的效益增长为中心做进一步考核，我想三年内会发生比较大的变化。如果继续以规模为中心，公司会陷入疯狂。以利润为中心一定是我们的最后的目标。（来源：任正非与PMS[①]高端项目经理的座谈纪要，2009）

### 2.2.2 围绕公司战略目标解码，不能各部门孤立地建立KPI指标

我们现在制定的KPI指标要围绕公司的总目标来分解和贯彻，不能各部门孤立地去建立KPI指标。每个部门与产品的覆盖率、占有率、增长率都有一定的关系。在总目标引导下的管理与服务目标分解，才会起到综合治理的作用。就如长江防洪，不能沿江七省各搞各的一样。（来源：《不做昙花一现的英雄》，1998）

① PMS：Performance Management System，绩效管理系统。

我们把主要关系到公司的命脉，生死存亡的指标，分解下去，大家都要承担，否则我们就没有希望，所以公司现在这个新的KPI体系就是要把危机和矛盾层层分解下去，凡是下面太平无事的部门、太平无事的干部就可以撤掉，不用考虑。（来源：任正非在三季度营销例会上的讲话，1999）

通过全面签订高层领导个人绩效承诺书，层层落实各级主管的KPI指标，贯彻责任结果导向，传递市场压力。（来源：关于2003年经营及预算目标完成情况向董事会的述职）

每一层团队共同承担该层的指标，而不是个人指标，体现到个人就是贯彻总责任的具体措施。既责任清晰又要加强协同。（来源：EMT决议[2005]010号）

### 2.2.3 贡献大于成本

我们一定要强调每个人对资本的贡献价值，在这个价值下，每增加一个人，要增加一部分增值价值。（来源：《关于人力资源管理变革的指导意见》，2005）

一切要以你贡献了多少为基础，不能过分地强调市场比较，个人需求。我们在强调贡献的基础上，合理切分劳动与资本的收益分配比例。（来源：《关于人力资源管理变革的指导意见》，2005）

不要把我们的干部标准，变成员工标准，我们只选拔认同我们价值观，并比别人卓越贡献的人做干部。员工只要遵守劳动纪律，我们就按他的贡献付给他酬劳，贡献小于成本的就劝退。（来源：《改变对干部的考核机制，以适应行业转型的困难发展时期》，2006）

每一个人都要讲清楚你这个角色给公司总价值产生的增值和贡献是什么。如果不能产生增值和贡献，这个角色就是没有必要存在的。人均效益这种讲法是一个大的概念，主要是看劳动态度好不好，不能解决所有问题。要逐步转到人的效益增长上来，看人的投入产出比。也不能只讲贡献，人人都会说有贡献，就是你的贡献有没有产生什么增值？现在我们很多人设计岗位，都说不清这个岗位的贡献是什么，这个岗位的增值是什么。我们每设计一个流程，每设计一个岗位，每开一次会议，一定要达到增值的目的。（来源：任正非在HRC会议上的讲话，2009）

员工只要胜任岗位要求，贡献大于成本，原则上就可以使用。不胜任现岗位要求，但劳动态度好的员工，如本人愿意降职降薪到较低级别的岗位上工作，并在较低级别岗位上实现贡献大于成本的，原则上可以继续留用。对于无法做到贡献大于成本的员工，要予以辞退。（来源：EMT决议[2009]016号）

### 2.2.4　人均效益提升的基础是有效增长

加强组织优化和人员调整：公司须在一两年内消除臃肿的各级支撑组织，大力精减支撑人员，这里面可以挖掘出很大的人均效益提升空间。（来源：EMT纪要[2008]037号）

要按从一线到机关的流程指向，逐步梳理从一线到公司机关岗位，精简流程中不必要的环节和多余组织，整合职能重叠的功能部门。逐步由具有一线成功实践经验的人员置换机关岗位中无一线经验的任职者，以强化职能部门对一线的支撑和服务能力。（来源：EMT决议[2009]002号）

保持业务增长是提高人均效益的重要手段，提升人均效益的措施必须能够有效地支撑业务发展，要在前进过程中不断提升组织效率，盘活现有人力资源，而不是简单地裁减人员。（来源：EMT决议[2009]002号）

人均效益改善要同业务规模发展速度相均衡、相匹配。过低的人均效益要求必然带来组织的过度膨胀和机构臃肿。人均效益的改善不搞一刀切，要根据公司整体、各业务单元、各支撑辅助部门业务发展与管理的实际情况，实事求是地确定其人均效益的提升要求，从而建立分类不同的效益提升目标，既促进与保障成长和拓展性业务的持续有效发展；也应提高已成熟或增长乏力业务的人均产出效益，大力改善及提升平台、机关和支撑机构的人均服务或人均支撑效率。（来源：EMT决议[2008]029号）

2009年及未来公司人力资源总量增加速度应该降低，要将人员规划和管理的重点集中到提高内部组织和人员效率、充分发挥这几年录用的大量员工作用上。要靠有效的管理而不是简单一味地以人员规模的快速膨胀来支撑业务发展。（来源：EMT决议[2008]029号）

我们这次组织整改还是强调市场机会第一，然后才是人均效益。如果片面强调人均效益第一，那么按照华为公司今年的效益，只要不招人，人均效益就提高了，但我们的增长不够。因此，人均效益提高的基础还是有效增长，还是以有效增长为中心、以自我协调为中心的机制。我们的眼睛不能只盯着人均效益，否则我们一定会失败。没有战略思维是不行的，所以要盯到我们的增长上，盯到我们创造的总效益上，然后再考核人均效益。（来源：任正非在3月25日后备干部总队例会上的讲话，2009）

一定要建立弹性的人力资源机制，不要僵化教条的机制。我认为还是要建立一个扩张机制，不能建立一个停下来的机制。整个公司必须在前进中调整，在前进中交接班，绝不允许停下来整顿，停下来交接班。（来源：任正非在3月25日后备干部总队例会上的讲话，2009）

人员不增长，是要继续压缩平台和支撑人员，但要确保作战队伍的编制到位。我们压缩的是非生产人员，增加作战部门，后勤保障减少不能不科学，我们不能拍脑袋想出来编制是多少数据。（来源：任正非在3月25日后备干部总队例会上的讲话，2009）

## 2.3 价值评价的误区

### 2.3.1 不为学历、认知能力、工龄、工作中的假动作和内部公关付酬

作为一个公司，我们追求的不是先进性而是商业性，这与学校的学术研究是有区别的。你们认为很有学问的人，在我们公司可能待遇并不高；你们认为并不是很有学问的人，在我们公司可能待遇很好。因为我们的评价体系不一样。学校是以学术来作为评价体系的标准，我们是以商业性来作为评价体系的标准，两个不同评价体系不可能产生混合。（来源：会谈纪要，1996）

我们要培养商人，不是培养教授，不要搞学术论文。我们的价值评价体系要调整，涨不涨工资要看你是否为公司创造利润，而不是看你的学术论文有多好。（来源：任正非在华为通信工作会议上的讲话纪要，1997）

公司对人的评价是现实的，不在你理想有多大，而在于你的实际贡献。（来源：《团结奋斗，再创华为佳绩》，1999）

公司给员工的报酬是以他的贡献大小和实现持续贡献的任职能力为依据，不会为员工的学历、工龄和职称以及内部“公关”做得好支付任何报酬，认知不能作为任职的要素，必须看奋斗精神，看贡献，看潜力。（来源：EMT纪要[2005]054号）

要明确员工在华为公司改变命运的方法只有两个，一是努力奋斗；二是提供优异的贡献。贡献有潜在的，显现的；有短期的，长期的；有默默无闻的，甚至被人误解的。我认为认知方面的能力等不能作为要素确定员工的命运，就是我们打比方说过的茶壶中的饺子，倒不出来，不产生贡献，就不能得到承认。要通过奋斗，形成结果，才能作为要素。（来源：任正非关于华为大学与战略后备队的讲话，2005）

茶壶里的饺子，我们是不承认的。倒不出饺子，还占据一个茶壶就是高成本。因此，学历、认知能力、工龄、工作中的假动作、内部公关等，不能作为薪酬的评价依据。（来源：《人力资源变革指导意见》，2005）

知识是劳动的准备过程，劳动的准备过程是员工自己的事情，是员工的投资行为。（来源：任正非在6月24日后备干部总队例会上的讲话，2009）

### 2.3.2　辛苦的无效劳动

很多人汇报工作时，老是说工作很辛苦。我不喜欢有人说自己怎么怎么辛苦。要看你的工作成绩，没有业绩的工作没有意义。工作描述中不要动不动就写上工作辛苦之类的东西。关键是业绩，要强调成效。公司要生存、要发展，必须要有业绩。（来源：任正非早期讲话纪要，1996）

市场经济肯定以市场为中心，这个目标导向是不能变化的。我们以市场为中心，是目标。比如说洗煤炭，你把煤炭洗白了，你确实劳动态度很好，任劳任怨，不怕脏、不怕苦、不怕累，可是洗煤炭不具有任何价值和意义。我们只有明确了目标导向——为市场服务，才算是我们的服务目标明确。（来源：《要树立服务意识、品牌意识、群体意识》，1996）

大家必须提高管理效率，不要为加班而加班，不要搞形式主义。（来源：任正非与2000——22期学员交流纪要）

为客户创造价值才是奋斗。我们把煤炭洗得白白的，但客户没产生价值，再辛苦也不叫奋斗。2个小时可以干完的活，为什么要加班加点拖到14个小时来干？不仅没有为客户产生价值，还增加了照明的成本，还吃了夜宵，这些钱都是客户出的，却没有为客户产生价值。（来源：任正非与肯尼亚代表处员工座谈纪要，2008）

华为公司一定要提高效率，并不是说埋头苦干就行。我们不主张加班加点，不该做的事情要坚决不做，这方面的节约才是最大的节约。算一算研发开发出来的功能，利用率不到22%，而通信行业电话功能的利用率更是不到千分之一，这个世界用来用去还是摘挂机，但我们公司过去就做不好。研发越高级的技术，大家就越兴奋，越去研究，职务和工资也越来越高，简单的技术反而不愿意去研究。如果我们减少20%的无效工作，那么既节约了成本，也不用加班加点。（来源：《CFO[①]要走向流程化和职业化，支撑公司及时、准确、优质、低成本交付》，2009）

---

① CFO：首席财务官。

### 2.3.3　产品开发的技术导向

产品研究过程中，评价标准要调整一下，注重产品的商业价值和利益，而不是片面重视发明创造。将新颖性、实用性、先进性相比较，更应突出实用性，形成面向客户的研究开发体系。（来源：任正非在MBC[①]研究开发部、市场部汇报工作会上的讲话，1996）

中研部长期重技术、轻管理，重学术、轻文化。如果不能与华为的价值评价体系相一致，如何协同发展？我们只有融入一个大家庭，才能有强大的力量参与国际竞争。磨刀不误砍柴工，现代战争不分前方、后方，我们必须在同一文化平台上，才能协同作战。想一想我们常常不重视处理老客户的问题，只重视新产品的开发；在其他一些产品上，也只是重视优化，而不重视处理在网上运行的产品，这些也是一种价值评价体系的不良导向的结果。（来源：任正非早期文章，1997）

华为公司不是要培养教授的群体，我们是要培养一批商品专家，培养一批对商品、客户有高度认识的商人。片面地追求新颖性、片面地追求超前，就不可能成长为一代真正的商人。（来源：任正非在中研部新干部任命前的讲话，1997）

质量第一，功能第二，技术第三，一定要注重客户需求。客户的评价标准是觉得质量很稳定，功能很好，技术还先进，这就是好。谁按技术好坏来评价工资与奖金，就肯定不对，一定要按贡献来评工资与奖金。（来源：任正非在华为技术、安圣电气研发体系干部座谈会上的讲话，2001）

---

① MBC：北京莫贝克通讯技术开发公司。

对技术的崇拜不要走到宗教的程度。我曾经分析过华为技术、LUCENT可能失败的原因，得出的结论是不能走产品技术发展的道路，而要走客户需求发展的道路。去年我开始对华为技术进行结构性调整，现在看来是正确的。华为在前几年卖产品的时候，我们进行了大量的宣传，七八个月后，当盐碱地洗得差不多的时候，对手的产品也出来了。对手说我的产品与华为的一样，价格便宜10%。这10%就是我们超前铺路的钱。这说明技术过分领先并未给我们带来效益，带来的是为人们铺路，去洗盐碱地。网络社会技术传播速度增加了，新技术涌出的速度会非常快，但新技术并没有转化为客户需求，在你费大力做了大量宣传之后，反而给别人得了好处。所以我们不能把技术领先摆一个最高的位置，要关注客户需求。（来源：任正非与安圣电气座谈纪要，2001）

客观上说，技术是重要的一个手段但不是唯一手段，更重要的手段是满足客户需求。当今的客户需求是由多种环节、多种技术组成的，比如刚才说的小盒子并不是每人都能做出来的，它并不简单。因此从这个角度讲，大家要慢慢认识到，技术是很重要，但崇拜技术不能像崇拜宗教一样，因为宗教已经被当作神了，会为它而视死如归，我们对待技术不能有这样的想法。（来源：《公司的发展重心要放在满足客户当前的需求上》，2002）

我们的结构调整要完全以商业为导向，而不能以技术为导向，在评价体系中同样一定要以商业为导向。（来源：任正非在研委会会议、市场三季度例会上的讲话，2002）

产品研发不能唯技术为重。我们的价值评价不能唯技术为重，一个人技术再高，做不出产品或者做出来的产品没人买，那么就没用。千万不能唯技术衡量人，否则用这种价值导向牵引下去，公司就是死路一条。（来源：《静水潜流，围绕客户需求持续进行优化和改进》，2002）

在价值评价方面，我们也不能认为只有做新技术的人才能评高工资，做小盒子的人要能拿高工资、当总监。什么是小盒子？日本的数码相机就是小盒子，他们的小盒子把全世界都打败了。这个小盒子看起来没有最新的技术，但真的没有技术？技术不是理论，不是功能，而是包括工艺、材料、多种科学在内的综合技术。我们华为也需要能做这种小盒子的工程商人，而不是仅仅做出功能来的科学家。（来源：《公司的发展重心要放在满足客户当前的需求上》，2002）

研发体系最容易犯的错误就是谈这个人有没有技术，而我不谈技术，我就谈这个人的贡献有多大。做一个简单的商品，卖得多也是贡献。（来源：任正非在听取ISC[①]项目汇报时的讲话，2003）

## 2.3.4 长官导向

好干部的标准是实事求是，坚持原则，眼睛朝下，不要光看上司的脸色。大家要警惕那些专看上司脸色行事、阿谀奉承的人，他们不是为公司而是为个人利益工作，无数历史经验教训证明了这一点。（来源：《尽心尽力地做好本职工作》，1996）

我们公司里以长官为导向的情况实际上已经很严重了。下级看领导脸色行事，在事情的判断上，不是以客户需求为导向，而是看主管是否认可，只要按主管的意见做，即使错了，也是主管的责任，自己不用承担责任。这是公司存在的大问题。长官导向不扭转，公司就会偏离客户导向，就会衰退。（来源：EMT纪要[2008]021号）

---

① ISC，集成供应链。

要优化考核评价标准，对当事人的衡量依据，不是用长官意志来衡量，而是要以对客户价值做出的贡献大小来衡量。（来源：EMT纪要[2008] 021号）

### 2.3.5 以考试定级

你们的价值评价方法是错误的，谁技术好？考试，欧姆定律考得很好，就涨工资，然而扎扎实实拧螺丝的人就没有份。那么工艺质量谁去搞？我们不是以懂什么来作为评价一个人的依据，而是以会干什么来作为评价依据。你们总是不提拔踏踏实实干活的人，嫌人家笨，老是去提那些聪明的“百灵鸟”，“百灵鸟”的工资总涨，结果华为公司就是只会唱歌。（来源：任正非对各培训中心负责人的讲话，1998）

公司需要的是员工的贡献，因此薪酬及奖励只能与其责任结果挂钩，而不是一考定人生。素质与技能是员工在劳动准备过程中完成的，劳动的准备过程是员工的投资，应由员工自费在自己支配的时间内完成的，当他具有一定能力，就能在劳动过程中做出一定贡献，我们按其贡献给以报酬。这是马克思在《资本论》中阐述的一个基本观点。（来源：任正非关于员工技能考试的讲话，2009）

我们是一个功利组织，我们要的是员工创造价值，如果以考试来定级，不做贡献就给他升职，我不同意，考试怎么能证明他可以多拿工资和奖金呢，所以这是错的。（来源：任正非在6月24日后备干部总队例会上的讲话，2009）

# 第三章 合理分配价值

华为公司的价值分配制度是建立在劳动、知识、企业家和资本共同创造了公司的全部价值的基础上的。生产力决定生产关系，价值创造要素的贡献决定价值分配结构，其中重要的是处理好按劳分配与按资分配的关系。华为视组织权力为一种可分配的价值，将发展机会和组织权力置于价值分配的优先位置。

华为的价值分配理念强调以奋斗者为本，导向队伍的奋斗和冲锋。华为的分配理念还承诺决不让雷锋吃亏，奉献者定当得到合理的回报。当员工接受这个假设去奋斗并一再得到验证时，这个假设就转化为一种信念，也就是我们通常所谓的价值观和企业文化。

作为价值分配主要形式的薪酬管理要解决好四个基本问题，即报酬什么，怎么报酬，报酬多少，以及支付能力。所谓报酬什么是指公司报酬的导向，华为是按贡献付酬，强调茶壶里的饺子倒不出来是不被承认的；怎么报酬是指各种报酬形式的定位，比如，工资是报酬什么的，奖金是报酬什么的，等等，应当明确定位，报酬体系只有结构合理、定位清晰才能发挥最大的作用；报酬多少的确定一是要考虑外部劳动力市场的报酬水平，再就是权衡内部应拉开多大差距，有差距才有动力；支付能力是要在期望和可能之间找到平衡，以使报酬政策保持稳定。合理、适度、长久，是华为人力资源政策的长期方针。

价值分配是一个体系，应当综合考虑多个维度，处理好多种矛盾。比如个人与集体，劳动与资本，公平与效率，短期与长期，历史贡献者与当前贡献者，期望与现实，等等。企业成长的动力和生命力来自于矛盾的冲突与平衡，解决了矛盾，动力就出来了。任正非认为，公司的运作应该是一种耗散结构。应该让公司在稳定与不稳定、平衡与不平衡间交替进行，这种交替运行就是一种耗散。过去形成的稳定、均衡、优势只有被耗散掉，才能在更高的水平上形成新的稳定、均衡和优势，这样公司才能保持活力。

非物质激励是报酬的重要方面，它不仅是物质激励的补充，更重要的是它满足了员工多层次的需要。非物质激励不应是心血来潮之举，要建立一个荣誉累积制度，对非物质激励要有系统性的规划。

本章从价值分配的指导方针入手，重点阐述华为如何正确处理价值分配的各种矛盾以及华为的价值分配政策。

## 3.1 价值分配的指导方针

### 3.1.1 向奋斗者、贡献者倾斜

对华为来讲，对价值评价系统的建设实际是把员工的奉献和对奉献的回报紧紧地联系起来，使职工看得着，也就是不让雷锋吃亏，奉献者定当得到回报。（来源：中国人民大学老师在深圳市体改委座谈摘要，1997）

我们公司的薪酬制度不能导向福利制度。如果公司的钱多，应捐献给社会。公司的薪酬要使公司员工在退休之前必须依靠奋斗和努力才能得到。如果员工不努力、不奋斗，不管他们多有才能，也只能请他离开公司。（来源：《活下去，是企业的硬道理》，2000）

我们的考评机制、激励机制一定导向到踏踏实实、认认真真上。公司现在还处于一种混沌和迷茫的进程中，公司在超速发展，可能你们感到很兴奋，我却是感到很可怕，怕这个公司因此而崩溃掉。所以任何一个岗位上的员工

都要踏踏实实、认认真真地干事。（来源：任正非在GSM[①]产能备战会议上的讲话，2000）

效益优先、兼顾公平是市场经济的特点，倒过来公平优先、兼顾效益，这个社会就要垮掉了，因为没有火车头了。社会要富裕，它必须要有火车头拉着跑。火车头拉的时候，就要有动力，这个动力就是差异。（来源：任正非在干部部部长会议上的讲话纪要，2006）

公司的价值分配体系要向奋斗者、贡献者倾斜，给火车头加满油。我们还是要敢于打破过去的陈规陋习，敢于向优秀的奋斗者、有成功实践者、有贡献者倾斜。在高绩效中去寻找有使命感的人，如果他确实有能力，就让他小步快跑。差距是动力，没有温差就没有风，没有水位差就没有流水。我主张激励优秀员工，下一步我们效益提升就是给火车头加把油，让火车头拼命拉车，始终保持奋斗热情。（来源：电邮文号[2011]16号，《从“哲学”到实践》）

如果你们像扁鹊长兄一样，不显山不露水，暂时不要钱也不要紧，最终不会吃亏的，以后一定会崛起的。（来源：任正非和广州代表处座谈纪要，2013）

### 3.1.2　导向冲锋

当我们的人力资源管理系统规范了，公司成熟稳定之后，我们就会打破Hay（合益咨询公司）的体系，进行创新。我们那时将引入一批“胸怀大志，

---

① GSM：全球移动通信系统。

一贫如洗”的优秀人才，他们不会安于现状，不会受旧规范的约束，从而促使我们的人力资源管理体系再次裂变，促进企业的再次增长。这不是改变政策，而是引进对象，他们为老员工做出榜样，带动公司创新，变换对象以激活沉淀的组织体系。这样才能产生创新。在这样一个创新体系下，没有一个员工是能够安于现状的。创新是阶段性的，优秀人才进来，价值观和价值评价体系发生变化，老员工向他们看齐，公司又会形成稳定系统，但如果没有规范的体系进行约束，优秀人才进来后，会破坏公司的发展。如果没有系统的体系，创新就会是杂乱无章、无序的创新。这就是中国的“悖论”。在华为有人也会贪图安逸，不思进取，沦为平庸。任何重心到了最低点都是最稳定，稳定以后谁也不想改变。这种周期性循环是很难打破的，我们要摆脱由成功到失败的悲壮循环。（来源：《活下去，是企业的硬道理》，2000）

这次人力资源管理变革的目的是为了冲锋，在Hay的帮助下，目的是要建立一支强有力的，能英勇善战，不畏艰难困苦，能创造成功的战斗队列，而不是选拔一个英俊潇洒、健壮优美、动作灵活、整齐划一的团体操队。我们的目的，不是为好看，而是为了攻山头。我们的岗位责任、薪酬待遇，是要服务我们的业务发展。（来源：《关于人力资源管理变革的指导意见》，2005）

我为什么对这个公司有信心，我说这公司垮不了，因为我们确定了制度和机制——我只抓前头那批人，后面的我根本不管。只要前头这批人是冲锋的，对他们的激励到位了，剩下的人就前仆后继去跟上，我们就会越打越强，越战越强，我们怎么会输掉呢？我强调必须往前。人力资源体系就是要做到如何导向队伍去奋斗。（来源：《人力资源政策要导向冲锋，不能教条和僵化》，2009）

我们现在子公司要创造一种机制，所有优秀儿女都想要到子公司去，不想在总公司待。而且想把总公司的股票兑现了去买子公司的股票，这才是我们公司正确的机制。（来源：任正非在EMT办公会议上的讲话，2009）

我们应让一线作战部队的升职升薪速度，快于一线作战平台；要使一线作战平台的升职升薪速度，快过二线管理平台。我们率先推行一线作战平台，统一奖金评定，继而统一薪酬评价，从而使所有人为成功努力。没有成功，任何人都不可能得到什么。角色的不同，是为成功的贡献不同，而不是游离成功之外。我们不能强调败军中也有优秀分子的说法，否则就有人不全力以赴为成功努力。（来源：《不要盲目扩张，不要自以为已经强大》，2012）

无论是财务资源、人力资源、薪酬、奖金等，要逐渐从现在的授予制改变到获取分享制。（来源：任正非与财经体系干部座谈纪要，2012）

### 3.1.3　不让雷锋吃亏

公司奉行决不让雷锋吃亏的源远流长的政策，坚持以物质文明巩固精神文明，促进千百个雷锋不断成长，使爱祖国、爱人民、爱公司、爱自己的亲人与朋友的一代新风在华为蔚然成风。（来源：《华为发展的几个特点》，1996）

公司努力探索企业按生产要素分配的内部动力机制，使创造财富与分配财富合理化，以产生共同的更大的动力。我们决不让雷锋吃亏，奉献者定当得到合理的回报。这种矛盾是对立的，我们不能把矛盾的对立绝对化。我们是把矛盾的对立转化为合作协调，变矛盾为动力。（来源：《华为的红旗到底能打多久》，1998）

在核心价值观中写进决不让雷锋吃亏，奉献者定当得到合理的回报，这在有些人看来，不免感觉刺眼。华为无意与当今的世风论短长，华为也不宣传让大家都去做雷锋、焦裕禄，但对奉献者公司一定给予合理回报，这样才会有更多的人为公司做出奉献。这既是核心价值观，也是公司的基本价值分配政策。（来源：《走出混沌》，1998）

我们已明确员工在公司改变命运的途径有两个：一是奋斗，二是贡献。员工个人可以奋斗是无私的，而企业不应让雷锋吃亏。（来源：《关于人力资源管理变革的指导意见》，2005）

“以客户为中心，以奋斗者为本，长期艰苦奋斗”就是一种利益驱动机制。以奋斗者为本的文化可以传承的基础就是不让雷锋吃亏，对那些有使命感、自觉主动贡献的人，组织不要忘了他们。这也许就是华为文化，要使这个文化血脉相传。这个文化不是在大喊大叫中建立起来和传承下去的，它要落实到若干考核细节中去。要春雨润物细无声般地将文化溶解在血液中。（来源：电邮文号[2011]16号，《从“哲学”到实践》）

### 3.1.4　利出一孔

我们坚持利出一孔的原则。EMT宣言，就是表明我们从最高层到所有的骨干层的全部收入，只能来源于华为的工资、奖励、分红及其他，不允许有其他额外的收入。从组织上、制度上，堵住了从最高层到执行层的个人谋私利，通过关联交易的孔掏空集体利益的行为。二十多年来我们基本是利出一孔的，形成了十五万员工的团结奋斗。我们知道我们管理上还有许多缺点，我们正在努力改进之，相信我们的人力资源政策，会在利出一孔中，越做越科学，员工越做干劲越大。我们没有什么不可战胜的。（来源：《力出一孔，利出一孔》，2012）

如果我们能坚持“力出一孔，利出一孔”,“下一个倒下的就不会是华为”,如果我们发散了“力出一孔，利出一孔”的原则，“下一个倒下的也许可能就是华为”。历史上的大企业，一旦过了拐点，进入下滑通道，很少有回头重整成功的。我们不甘倒下，那么我们就要克己复礼，团结一心，努力奋斗。（来源：《力出一孔，利出一孔》，2012）

### 3.1.5 保障企业的可持续发展

效率优先，兼顾公平，可持续发展，是我们价值分配的基本原则。（来源：《华为公司基本法》，1998）

公司推行效益优先，兼顾公平原则，让优秀分子先富裕起来，但要反对富裕起来后的不良行为，不要做违法乱纪的事，要加强精神文明教育，要作风正派，在公司按公司的纪律办事，在公司以外按国家法律办事，违反公司纪律和国家法律的，公司绝不迁就。（来源：《团结奋斗，再创华为佳绩》，1999）

企业要一直活下去，不要死掉。作为一个自然人，受自然规律制约，有其自然生命终结的时间；作为一个法人，虽然不受自然规律的约束，但同样受到社会逻辑的约束。一个人再没本事也可以活 60 岁，但企业如果没能力，可能连 6 天也活不下去。如果一个企业的发展能够顺应符合自然法则和社会法则，其生命可能达到 600 岁，甚至更长时间。中国古人所讲的“道法自然”、“天不变，道亦不变”，讲的就是这个道理。我们现在讲的实事求是也是这个道理。企业的经营管理必须依“法”，遵循自然法则和社会法则，不断地求“是”（规律）。我们所能做的就是认识这些法则，遵循这些法则，而不是违背它，破坏它。在自然界，优胜劣汰的丛林法则起作用；在市场上，这个法则同样起作用，区别仅仅是前者制约的是动植物，后者制约的是企业。优

胜劣汰这个法则在企业内部，就是干部能上能下，员工能进能出，报酬能高能低。（来源：《活下去，是企业的硬道理》，2000）

我们一定要保证个人收入增长率，低于经济增长率，这样才能持续发展。（来源：任正非在Hay项目试点会议上的讲话，2000）

我们只能有限度地将条件不断地改善。我们工资的增长率一定要逼近我们的经济增长率。如果收入增长率超过公司的经济增长率，那华为公司过两三年就没有了。（来源：任正非与员工座谈会纪要，2002）

我们的干部不是终身制，高级干部也要能上能下。在任期届满，干部要通过自己的述职报告，以及下一阶段的任职申请，接受组织与群众评议以及重新讨论薪酬。一个人说，我很努力，工作也做得不错，思想品德也好，为什么我不能继续任职？因为标准是与时俱进的，已经有许多比你进步快的人，为了公司的生存发展，你不一定能保持职务。大家要学学刻舟求剑的故事，不可能按过去的标准，找当官的感觉。长江一浪推一浪，没有新陈代谢就没有生命，必要的淘汰是需要的。任期制就是一种温和的方式。（来源：《持续提高人均效益，建设高绩效企业文化》，2004）

在人力资源政策上要做好充分准备以应对未来宏观生存环境的变化；总体上要求，既要增强吸引人才的竞争力，也要增强对经营风险的承受力，要有弹性。越是业务发展顺利时，越要思考危机，制定政策时要充分考虑到潜在的风险，不对员工过多承诺，不给企业背上包袱。要把风险意识逐步传递到每个员工，让员工都认识到形势不会一直好，思想上有长期准备。要坚定不移地执行末位淘汰和不合格干部清理政策，让员工从心理上对此适应和习惯。（来源：EMT纪要[2007]009号）

### 3.1.6 促进组织的均衡发展

老是加强强的环节，弱的越来越弱，公司就会支撑不下去的。管理干部也是一样，只要有杠杆就有人要去。提供杠杆，靠杠杆去刨干部，靠杠杆去调节。分流给你们的人，你们考得低了，就把他降下来，我觉得这没问题。但是在不同岗位上就要实行不同政策。如果你们的政策只能留下几百年不变的骨干，这个部门迟早是要死的。（来源：任正非在听取用服中心结构汇报会上的讲话，1997）

为什么要解决短木板呢？公司从上到下都重视研发、营销，但不重视理货系统、中央收发系统、出纳系统、订单系统等很多系统，这些不被重视的系统就是短木板，前面干得再好，后面发不出货，还是等于没干。因此全公司一定要建立起统一的价值评价体系，统一的考评体系，才能使人员在内部的流动和平衡成为可能。我们重视技术、重视营销，这一点我并不反对，但每一个链条都是很重要的。研发相对用服[①]来说，同等级别的一个用服工程师可能要比研发人员综合处理能力还强一些。所以如果我们对售后服务体系不给认同，那么这体系就永远不是由优秀的人来组成的。我们要强调均衡发展，不能老是强调某一方面。比如，我们公司总发错货，发到国外的货又发回来了，发错货运费、货款利息不也要计成本吗？因此要建立起一个均衡的考核体系，才能使全公司短木板变成长木板，桶装水才会更多。我们这几年来研究了很多产品，但IBM还有许多西方公司到我们公司来参观时就笑话我们浪费很大，因为我们研究了很多好东西就是卖不出去，这实际上就是浪费。我们不重视体系的建设，就会造成资源上的浪费。要减少木桶的短木板，就要建立均衡的价值体系，要强调公司整体

① 用服：Customer Service，用户服务。

核心竞争力的提升。（来源：《华为的冬天》，2001）

继续坚持均衡发展的道路。逐步建立起统一、合理、平衡的考绩评价制度，以促进组织建设的均衡发展。通过持之以恒地改进，不断增强组织活力，不断提高企业的核心竞争力。均衡的目的是有效发展。（来源：《管理工作要点，2002》）

现在我们在调整工资中，并加强对冷背岗位的工资调整。以前多是关注研发、市场工资的调整，别的部门关注不够，工资不是很均衡的发展。不仅男女要均衡发展，每一职位也要均衡发展，否则你这个公司有一天就是孤军深入，很脆弱。我认为不光在男女之间要均衡发展，我认为职类之间也要均衡发展。我们已经在工资薪酬待遇上取消了职类差别。以前横列，财务要打个几折，和别人同样的工作你要打折扣一点，我们已经不是这样了。我们已经取消职位差别了，但是地区差别还是会有的。总之我们就是一句话就是要均衡发展。（来源：任正非在委内瑞拉与员工座谈纪要，2007）

华为能发展到今天就得益于相对均衡的分配机制。面向未来，我们要实现多重、多次、多种利益分配机制，不同考核单元之间的相互支持必须在分配上得以体现，确保公司各方利益趋于一致，实现全球一盘棋。要充分认识到计划、预算、核算落到业务单元后存在的潜在风险，切实解决好交叉分配问题，杜绝利益集团的出现和封建割据的形成。（来源：EMT纪要[2008]014号）

我们反对在待遇上搞倾斜，要倾斜，就应该从岗位责任制入手，在职位称重的时候看有没有必要称重一点儿，如果确实有必要称重一点儿，就不要给他定18级，看能不能直接定19级，但同样18级，就应该都是18级的待遇。要以贡献定待遇，动不动搞倾斜，会导致人力资源发展不均衡，所有岗位都朝被倾斜的地方流。（来源：任正非在6月24日后备干部总队例会上的讲话，2009）

过去公司采取的是“强干弱枝”政策，现在要加强组织均衡管理。什么叫强干？过去是重市场研发，现在是重研发市场，忽略了公司均衡发展，我们的枝很弱，要从干部管理这方面开始改变。我们公司是重技术不重管理，西方则是管理重过技术，我们再也不能走强干弱枝的道路了。我们的高层干部都想不到要均衡发展，怎么可能让基层干部和基层员工想到均衡发展？我们要跳出固有思维方式，要在各个领域全面发展，做不好这一点，我们就不具备全球业务运作的能力。（来源：任正非2011年1月4日在干部高级管理研讨班上的讲话）

价值创造，并非仅仅是合同获取，合同的执行、科学的管理、服务与支撑都是价值创造，平台的服务也体现在价值链中。应在全盘的评估中，给每个岗位称重。当前，一线平台中，有着待遇差距，是因为我们还未统一作战平台的管理。我说过，要使一线作战部队的升职升薪速度，快过一线作战平台；要使一线作战平台的升职升薪速度，快过二线管理平台。这只是一个价值导向，并没有分专业。（来源：任正非与财经体系干部座谈纪要，2012）

### 3.1.7 防止高工资、高福利对企业的威胁

我们公司的薪酬制度不能导向福利制度。（来源：《活下去，是企业的硬道理》，2000）

在发展中要注意一旦富裕起来后，可能产生的福利社会的动力不足问题，

提早预防，就不会出现日本出现的问题。目前，加拿大、北欧这些福利国家都遇到税收过高、福利过好、优秀人才大量流失的困境。我们认真研究吸取经验教训，就会持续有效地发展。（来源：《北国之春》，2001）

要控制总体薪酬水平，防止高工资、高福利对企业将来的威胁。（来源：华为3COM向任正非汇报干部组织建设及人力资源政策，2005）

要研究历代封建王朝怎么覆灭的，当新一代皇帝取代旧主时，他成本是比较低的，因为前朝的皇子、皇孙形成的庞大的食利家族，已把国家拖得民不聊生。但新的皇帝又生了几十个儿子、女儿，每个子女都有一个王府，以及对王府的供养。他们的子女又在继续繁衍，经过几十代以后，这个庞大的食利家族大到一个国家都不能承受。人民不甘忍受，就又推翻了它，它又重复了前朝的命运。华为如果积累了这种病，不要几年就会破产。（来源：《关于人力资源管理变革的指导意见》，2005）

客户是绝不肯为你的光鲜以及高额的福利，多付出一分钱的。我们的任何渴望，除了用努力工作获得外，别指望天上掉馅饼。公司短期的不理智的福利政策，就是饮鸩止渴。（来源：《深淘滩，低作堰》，2009）

## 3.2　正确处理价值分配中的矛盾

### 3.2.1　凝聚与耗散

就公司总体来讲，坚持团结协作和集体奋斗始终是公司发展永恒的主题。各部门负责人要带头加强对其他部门的主动服务，要搞好团结，提倡民主集中制原则。新老干部要团结，部门之间要团结，部门内部更要团结，要团结一切可以团结的人。不能坚持团队奋斗的人，终将被华为淘汰。（来源：任正非在财经采购系统干部就职仪式上的讲话，1996）

公司要保持高度的团结与统一，靠的是有共同的价值观和认同观。我们要坚定不移地用经济杠杆来撬动公司的发展， 用价值评价规律来牵引文化认同。（来源：总裁办公会会议纪要，1997）

板块之间肯定会有冲突。地理板块冲突造成地震和火山爆发，沉淀下来就是新大陆。华为肯定有板块之间的冲突、矛盾，这个矛盾如何解决？这就是为什么国有企业一放就乱，一收就死的原因。他们没有良好的耗散结构。凝聚力一定要转化为新的凝聚力，新的凝聚力能否解决企业的生存发展问题，我看不一定。凝聚完的东西一定要耗散掉，否则无法产生能量。一定要寻找到企业的内在矛盾，一定要深入考虑企业的内在矛盾。（来源：《走出混沌》，1998）

公司的运作应该是一种耗散结构，应该让公司在稳定与不稳定、平衡与不平衡间交替进行，这样公司才能保持活力。（来源：任正非在“2001年应届毕业生招聘动员暨培训会议”会上的讲话纪要，2000）

公司的管理是一个耗散结构，就是在平衡与不平衡间耗散，在稳定与不稳定间耗散，华为公司已经进入一个比较好的历史时期，我们要敢于耗散，今天敢于说自己，将来别人有事时，我们已经平息了。我们这次把马来西亚事件写成了报告文学，这个报告文学就是新年贺词，让大家看看公司怎么丑的，高级干部怎么丑的，敢于把丑向全世界公布，我们就是敢于胜利。（来源：《以“选拔制”建设干部队伍，按流程梳理和精简组织，推进组织公开性和均衡性建设》，2011）

什么是耗散结构？你每天去锻炼身体跑步，就是耗散结构。为什么呢？你身体的能量多了，把它耗散了，就变成肌肉了，就变成了坚强的血液循环了。能量消耗掉了，糖尿病也不会有了，肥胖病也不会有了，身体也苗条了，漂亮了，这就是最简单的耗散结构。那我们为什么要耗散结构呢？大家说，我们非常忠诚这个公司，其实就是公司付的钱太多了，不一定能持续。因此，我们把这种对企业的热爱耗散掉，用奋斗者，用流程优化来巩固。奋斗者是先付出后得到，与先得到再忠诚，有一定的区别，这样就进步了一点。我们要通过把我们潜在的能量耗散掉，从而形成新的势能。（来源：电邮文号[2011]004号，《成功不是未来前进的可靠向导》）

如果在短期投资和长期利益上没有看得很清楚的人，实际上他就不是将军。将军就要有战略意识，没有战略意识怎么叫将军呢？这是第一个问题。第二个问题又要讲到耗散结构，华为公司实际上是处在一个相对较好的时期，要加大投入，把这些优势耗散掉，形成新的优势。整个社会都在衰退，经济可能会循环衰退，我们虽然跟自己过去相比下降了，但和旁边相比，活得很滋润，我们今年的纯利会到20亿~30亿美金。因此，对未来的投资不能手软。不敢用钱是我们缺少领袖，缺少将军，缺少对未来的战略。（来源：任正非与2012实验室座谈会纪要，2012）

我把“热力学第二定理”从自然科学引入到社会科学中来，意思就是要拉开差距，由数千中坚力量带动十五万人的队伍滚滚向前。我们要不断激活我们的队伍，防止“熵死”。我们绝不允许出现组织“黑洞”，这个黑洞就是惰怠，不能让它吞噬了我们的光和热，吞噬了活力。（来源：任正非在公司2013年度干部工作会议的讲话——《用乌龟精神，追上龙飞船》）

### 3.2.2 企业与利益攸关者

我们的组织目标是建立一个稳定、安全的公司，其手段是“利益均沾”原则。人与人之间的所有合作实际上还是利益分配问题，如果我们当初只想个人富裕的话，那么我们的朋友就会更少一些，我们的战斗力就更小一些，我们的利润也就更低一点，我们可分配的百分比很大，但基数很小，其相乘结果是很小的，因此我们的目的是把蛋糕做大，百分比调小，从而符合“利益均沾”的原则。（来源：任正非谈公司未来组织目标和体制蓝图纪要，1994）

利益一致原则，利益均沾和团结的问题解决好了，事情就好办多了。（来源：863专家访问华为座谈会，1995）

华为就是要建立一个利益共同体，这个共同体中不仅仅是我们全体员工，也包括供应商和华为的用户。（来源：任正非北研座谈纪要，1996）

我们是用转化为资本这种形式，使劳动、知识以及企业家的管理和风险的累积贡献得到体现和报偿；利用股权的安排，形成公司的中坚力量和保持对公司的有效控制，使华为可持续成长。知识资本化与适应技术和社会变化的有活力的产权制度，是我们不断探索的方向。我们实行员工持股制度。一方面，普惠认同华为的模范员工，结成公司与员工的利益与命运共同体。另一方面，将不断地使最有才能与责任心的人进入公司的中坚层。（来源：《华为公司基本法》，1998）

利益共同体的思想不仅是华为公司的核心价值观，而且是华为的大战略。我们必须广泛地理解员工、顾客和合作者的含义。这里的员工，也包含那些成为公司股东的员工；凡是我们向之提供产品和服务的人和机构，都是我们的顾客；凡是与我们利益相关的供应商、外协厂家、研究机构、金融机构、人力资源供给机构、各类媒介和媒体、政府机构、社区机构，甚至现在的一些竞争对手等，都是我们的合作者。有利益共同体又有利益驱动机制，我们就能激活这个组织。利益共同体的宗旨是华为赢得世界的法宝。（来源：《走出混沌》，1998）

我们要真诚地善待供应商，机关各级干部都要向市场客户经理学习他们对待客户的精神与素养，无论是上游供应商，还是下游供应商都是我们的战略伙伴。未来的企业之间的竞争是供应链与供应链的竞争，完成全链条的战略建设，才会使我们有力量。战略伙伴并不等于没有矛盾，不等于没有冲突，重要的是以什么样的策略与修养来对待矛盾与冲突。我们要获得合理的价格和及时的供应，并不一定通过冷漠地对待供应商，不一定要通过敌视来获得。友谊并不等于让步，尊重和谦虚不一定是软弱，目的是要实现双赢，我们要有策略，要有修养，要有原则，也要灵活。（来源：欢送研发及管理干部走向市场前线的讲话纪要，2001）

我们不要敌视竞争对手。其实他们是我们重要的老师。埃及代表处已经讲得很清楚了，重视但不敌视我们的竞争对手，感谢我们竞争对手的存在，才能使华为公司得以持续不断地发展和进步，正如猎狗旺盛的生命力来自于存在猎物，来自于存在老虎和豺狼，在一种生存游戏中，当豺狼和老虎都被消灭后，猎狗甚至会被羊和鸡消灭。这种游戏告诉我们，当狗处于一种安逸和放松的享乐状态中，没有了对手和较量，没有了危机和竞争，任何一种事物都会萎靡倦怠，从而走向颓废甚至灭亡。华为公司能够走到今天，不光是外国竞争对手给了我们极大的压力，使我们不断地突破，同时国内的竞争对手追在我们屁股后面，一步都不放松，推着我们进步。没有这二种双重力量，华为今天也许麻痹了、松懈了、崩溃了。我们对待竞争对手还是要友善。大家去抢粮食，还要我们友善，让我们怎么办。人家过冬天也很冷啊，人家也需要一些柴、一些米，你们也不要寸步不让，也给人家活下去，活下去是帮助我们培养一个明天逼着我们进步的人。（来源：欢送研发及管理干部走向市场前线的讲话纪要，2001）

我们还要善于建立同盟军。在目前残酷的竞争环境下，宁亏我们不能亏同盟军，我们亏一点能亏得起，同盟军亏一点就死掉了。只要他们不做和我们竞争的事情，不伤害我们的利益，我们就要保护同盟军的利益。当价格越来越低，给代理的利益越来越少，你们要研究怎么能保护我们的同盟军，我们期望有一定的同盟军。一旦春天到来，这些同盟军就可以生龙活虎出去抢单，我们就缓过劲儿来了。（来源：《认识驾驭客观规律，发挥核心团队的作用，不断提高人均效益，共同努力渡过困难》，2002）

和一些对手相比，我们有不足之处，储备不如他们。但他们前面挤销售商，后面挤供应商，他们的同盟军苦不堪言。华为在困难时期是顾及同盟军，我们要并肩作战，去争取更多的机会。在全世界的IT公司中，我们肯定是最有希望渡过难关的公司之一。（来源：《认清形势，坚定信心，以开放的心胸和高昂的斗志和公司一起渡过难关》，2002）

企业的发展要强调客户、资本、劳动者多赢。办企业一定要使客户满意，这是生存基础；也要使股东满意，这是投资的目的；同时，也要使贡献者满意，我们决不让雷锋吃亏，这是持续发展的推动力。（来源：《关于人力资源管理变革的指导意见》，2005）

现代企业竞争已不是单个企业与单个企业的竞争，而是一条供应链与供应链的竞争。企业的供应链就是一条生态链，客户、合作者、供应商、制造商命运在一条船上。只有加强合作，关注客户、合作者的利益，追求多赢，企业才能活得长久。（来源：《华为公司的核心价值观》，2007 年修订版）

与友商共同发展，既是竞争对手，也是合作伙伴，共同创造良好的生存空间，共享价值链的利益。我们把竞争对手都称为友商，企业之间进行分工合作，优势互补。华为要快速增长，就意味着要从友商手里夺取份额，这就会直接威胁到友商的生存和发展，就可能在国际市场上到处树敌，甚至遭到群起而攻之的处境。所以我们要韬光养晦，宁愿放弃一些市场、一些利益，也要与友商合作，成为伙伴，和友商共同创造良好的生存空间，共享价值链的利益。我们已经在好多领域与友商合作做起来，经过五六年的努力，大家已经能接受我们，所以现在国际大公司认为我们越来越趋向于朋友，不断加强合作会谈。如果都认为我们是敌人的话，我们的处境是很困难的。这些年，我们一直在跟国际同行在诸多领域携手合作，通过合作取得共赢、分享成功，实现“和而不同”，和谐以共生共长，不同以相辅相成，这是东方悠久的智慧。华为将建立广泛的利益共同体，长期合作，相互依存，共同发展。（来源：《华为公司的核心价值观》，2007 年修订版）

在海外市场拓展上，我们强调不扰乱市场。我们要通过自己的努力，通过提供高质量产品和优质服务来获取客户认可，不能由于我们的一点点销售来损害整个行业的利润，我们绝不能做市场规则的破坏者。（来源：《华为公司的核心价值观》，2007 年修订版）

### 3.2.3 个人与集体

任何时候要以公司利益和效益为重，个人服从集体。任何个人的利益都必须服从集体的利益，将个人努力融入集体奋斗中。（来源：《华为人行为准则》，1996年前）

我们应建立一个为公司服务，而不是为员工服务的管理干部与基层员工的价值评价体系，不能替基层员工着想的太多，我们为他们着想的是只要他工作效率和品质提高了，就应该得到合理的报酬。（来源：任正非在基层员工价值评价体系项目汇报会上的讲话，1998）

公司的竞争力成长与当期效益是矛盾的，员工与管理者之间是矛盾的，……，这些矛盾是动力，但也会形成破坏力，因此所有矛盾都要找到一个平衡点，驱动共同为之努力。管理者与员工之间矛盾的实质是什么呢？其实就是公司目标与个人目标的矛盾。公司考虑的是企业的长远利益，是不断提升企业的长期竞争力。员工主要考虑的是短期利益，因为他们不知道将来还会不会在华为工作。解决这个矛盾就是要在长远利益和眼前利益之间找到一个平衡点。我们实行了员工股份制。员工从当期效益中得到工资、奖金、退休金、医疗保障，从长远投资中得到股份分红。避免了员工的短视。（来源：《华为的红旗到底能打多久》，1998）

我们只有一个理想就是华为公司的理想，每个人都要为公司的理想发挥你的才干，因而也就实现你的理想。 要提高核心竞争力，需要能干的员工，但你必须要符合公司的总潮流。每个人如果都要建立自己的思想体系，仅考虑自己的发展道路，在华为公司将会很难。如果说华为的理想我能接受，同时又在实现华为理想的过程中实现了自己的理想，我认为你是非常

明智的。（来源：任正非在培训中心工作汇报会上的讲话，2000）

公司处于一个大改革的历史时期，每级干部都不要患得患失。所谓改革，就是改利益原则，大家在利益面前不能斤斤计较，一定要用宽广的胸怀来对待公司现在推行的改革。公司从开始创业起就非常关注员工的利益，也关注我们合作伙伴的利益，因为有这两种诚实加在一起，公司才获得了成功，我们会继续保留这样的做法，同时大家也要配合与理解。改革为什么有阻力？是因为要进行利益分配。（来源：任正非早期讲话，2001）

我们要以正确的心态面对变革。什么是变革？就是利益的重新分配。利益重新分配是大事，不是小事。这时候必须有一个强有力的管理机构，才能进行利益的重新分配，改革才能运行。在改革的过程中，从利益分配的旧平衡逐步走向新的利益分配平衡。这种平衡的循环过程，是促使企业核心竞争力提升与效益增长的必须。但利益分配永远是不平衡的。我们在进行岗位变革也是有利益重新分配的，比如大方丈变成了小方丈，你的庙被拆除了，不管叫什么，都要有一个正确的心态来对待。如果没有一个正确的心态，我们的改革是不可能成功的，不可能被接受的。（来源：《华为的冬天》，2001）

激励机制要有利于公司核心竞争力战略的全面展开，也要有利于近期核心竞争力的不断增长。只有公司的核心竞争力提升，才会有全体员工的价值实现机会。（来源：《管理工作要点，2002》）

企业的生存，首先必须企业利益是第一位的，只有在确保企业的基础上，才会有股东及员工的利益。（来源：《关于人力资源管理变革的指导意见》，2005）

公司只有一个目的，就是实现公司的价值，员工的价值只有通过在为公司价值奋斗的过程与结果产生的贡献来评价。（来源：任正非在EMT办公会议上的讲话，2009）

### 3.2.4 短期与长期

我们使员工充分认识到长远利益与短期利益的关系，认识到了长远投入的重大意义，避免了杀鸡取蛋的短期行为。公司成立之初，选择了通信产品，是十分幼稚的，当时没有想到我们面对的竞争对手是世界著名公司。在这种危机感的驱使下，公司在95%的员工没有房子住的情况下，每年不惜投巨资用于研究开发、市场拓展和人才培养。也正是由于这种巨大的压力，形成了内部的高度团结、高度统一；大庆人“先生产后生活”的精神在华为得到了全体员工的理解，正是这份理解与执着，众多像焦裕禄、雷锋那样的员工，为了祖国的繁荣、民族的振兴、企业的发展，默默无闻地奉献自己的青春年华。（来源：《华为发展的几个特点》，1996）

我们不会牺牲公司的长期利益去满足员工短期利益分配的最大化，但是公司保证在经济景气时期与事业发展良好阶段，员工的人均年收入高于行业相应的最高水平。（来源：《华为公司基本法》，1998）

我们从根本上否定评价与价值分配上的短视、攀比与平均主义。（来源：《华为公司基本法》，1998）

我们公司在推行激励机制时，不要有短期行为，我们要强调可持续发展。既要看到他的短期贡献，也要看到组织的长期需求。不要对立起来，不要完全短期化，也不要完全长期化。（来源：《华为的冬天》，2001）

未来激励导向调整的原则是，降低长期回报，增加短期回报。降低资本的收入，增加劳动的收入。压缩分红，提高奖金。（来源：EMT纪要[2005]016号）

公司员工薪酬结构中短期回报和长期回报的比例关系要根据业务发展和管理的要求予以不断调整，要逐步减少长期回报的分配，增加短期回报的分配，尤其是奖金的分配。公司也可增加一些短期性的、有利于保障员工身心健康地投入工作的福利待遇。（来源：EMT纪要[2007]009号）

我们总的导向是增加短期激励，将长期激励保持在适当水平，使干部员工具有一定程度的饥饿感，处于激活状态，持续努力工作。（来源：EMT纪要[2008]011号）

短期激励是进攻性的，长期激励是保持公司稳定性的，两者的目的不同，所以要将短期薪酬激励曲线和长期股权激励曲线分开设计。短期激励在设计时不应受长期激励的影响，不应变形；只是在具体实施时，可考虑特定群体股票持有情况，对短期激励的落实标准进行一些局部的执行调整。（来源：EMT纪要[2008]011号）

要使奋斗可以持续发展，必须使奋斗者得到合理的回报，并保持长期的健康。但是，无限制地拔高奋斗者的利益，就会使内部运作出现高成本，就会被客户抛弃，就会在竞争中落败，最后反而会使奋斗者无家可归。这种不能持续的爱，不是真爱。合理、适度、长久，将是我们人力资源政策的长期方针。我们在家里，都看到妈妈不肯在锅里多放一碗米，宁可看着孩子饥肠辘辘的眼睛。因为要考虑到青黄不接，无米下锅，会危及生命，这样的妈妈就是好妈妈。有些不会过日子的妈妈，丰收了就大吃大喝，灾荒了就不知如

何存活。我们人力资源政策也必须是这样的。（来源：《逐步加深理解“以客户为中心，以奋斗者为本”的企业文化》，2008）

网络设备将来越来越简单，不仅是销售、服务，所有体系越来越简单，未来网络的CEO就十年工龄，35岁左右。35岁能给多少钱？你们现在是创业者，未来他们怎么能拿这么多钱。他们就是做好了多给奖金。我们坚决实施饱和配股就是这个原因，要改变长期报酬与短期报酬的比例。队伍年轻化了，稍成熟一点的干部要往外走，到子公司抢钱去。我们现在子公司要创造一种机制，所有优秀儿女都想要到子公司去，不想在总公司待。而且想把总公司的股票兑现了去买子公司的股票，这才是我们公司正确的机制。（来源：任正非在EMT办公会议上的讲话，2009）

从长期人力资源政策上，要冷静考虑，过好日子的时候挺慷慨的，过差日子可能就不行了。历史上盛极而衰就是这个道理。我们要持续坚持艰苦奋斗的牺牲精神，艰苦朴素的工作作风。我们的人力资源政策改革不能太激进，只要我们能压得住竞争对手，不被竞争对手的价值体系摧毁，我们就不要太激进。公司在人力资源政策上也不要盲目乐观。我这辈子不想流芳千古，我们一定要抑制住这种成功的欲望，抑制住光彩照到自己身上的渴望，扭曲了价值体系。光彩是短时间的，长时间是不可能光彩的。（来源：任正非在HRC会议上的讲话，2009）

我认为只要是获取分享制，每块业务、每个区域都形成自我约束机制，我就不担心成本增加受不了的问题，因为成本不在我这里了，在作战部队那里。作战部队赚不到钱就没饭吃，一定要坚持这个原则。（来源：任正非在2013年3月29日EMT办公例会上的讲话）

### 3.2.5　刚性与弹性

必须建立员工回报与公司/部门经营效益相挂钩的浮动机制，近期尤其可先开展有关员工回报同公司经营效益相挂钩的机制研究。只有做好了人力资源政策的准备，在公司处于生死存亡的时刻，才能管得了、管得住。（来源：EMT纪要[2007]009号）

还是要进一步提高短期分配的激励性。短期分配的激励性要加强柔性的、弹性的部分，而减弱刚性这个部分。还是强调坚持我们过去走的人岗匹配的路线不动摇，要抓紧不断对不同的岗位循环评价。要不断地、循环地评估不同的岗位。第二，我们多余的钱在弹性分配的范围内，我们要加强这个东西。（来源：任正非在HRC会议上的讲话，2009）

今年，我们的总人数会减少，销售额实际上还是在增长，不合理的岗位定位要调整。基于这三点，我们刚性的薪酬会适当下降。未来几年华为技术薪酬包占销售收入的比例会维持在18%以下（终端、软件另外确定合理比例），将来刚性成本保持在10%~12%，6%~8%是弹性成本，这样激励性就增大了。因为刚性的东西，员工只有升职升级才能体现；但是奖金呢，这次你做好了，我就给你分奖金，但是并不等于给你升官。所以奖金的弹性还要增大。我轻易不同意整体性的降薪。（来源：EMT纪要[2009]022号）

我上次已经提出来，将来刚性的工资薪酬比例保持在销售收入的10%~12%，弹性的奖励激励机制占6%~8%。如果我们有这么一个基线，在财务数据计算上要发生一个改变，我们每年就是看我们的计划、预算和执行情况，比如说今年的计划可能是300个亿，但是我们认为可能做不到，我们提前按270亿把薪酬奖励指标给分了。到了年底，真做到300亿了，我把30

亿临时放到奖金里面，补发给你。明年我们的目标是350亿元，但我们的预算做到320亿这个计划，所以就没有“面多了加水，水多了加面”这种人力资源政策，还是根据计划和预算来，计划和预算留一点余地，不要都发了，然后说不行要收回来。晚一点发就放到奖金包里去，奖金包就有弹性了。通过这张表格，每年对职级有升有降，这是刚性成本的管理，是一个科学的管理方法。奖金从这个表格拿出去，这样就增加一个弹性。人力资源体系最主要是管岗位职责，奖金体系将来最主要是干部体系分奖金包，这个包怎么分，就不要去干预太多了。（来源：任正非在HRC会议上的讲话，2009）

我们公司能不能保证我们长期的业务增长不低于基线。我们的薪酬包与基线的浮动挂钩，而且刚性的部分不要太大，弹性部分多一些，那我们的人力资源政策风险较小，胆子可以大一些。我们也不要把增长的目标定得太高，但也不能使公司萎缩，要逐步往利润中心走。（来源：任正非在HRC会议上的讲话，2009）

我们的薪酬结构总体上要有激励性。我们薪酬包的规模和薪酬包的增长，只要与经营基线挂钩，不要太刚性，就风险不大。因为只有经营业绩增长了薪酬包才会增长，经营业绩不增长，薪酬包就不增长。我们还是要敢于把这两者挂起钩来，而且要增强解决这个问题的及时性。（来源：任正非在HRC会议上的讲话，2009）

### 3.2.6 平衡与打破平衡

我们将逐步拉开差距，提高优秀人员的待遇，让雷锋先富起来，使千百人争做雷锋。（来源：《目前形势与我们的任务》，1995）

各个部门将来会不会分灶吃饭呢？可能会。我们按总利润分配，逐渐会建立一种新的分配机制。（来源：《脚踏实地，摆正位子，迎接公司全方位的改革》，1996）

华为缺少火车头。我们一定要坚定不移贯彻倾斜政策，向市场人员、向开发人员倾斜；要在很长一段时间维持这种倾斜；要保证作战的人受益最大。（来源：任正非早期讲话纪要，1996）

工资改革是为了合理推动公司的管理。我们要向承受压力大、工作难度大、创造性的工作倾斜。我们不能保证公正、公平。摆平的做法，抹去了不同人员承受的压力是有巨大差别这一现实，是对那些公司最有价值人员的视而不见。这反而是真正的不公正。（来源：任正非早期讲话纪要，1996）

在不断地打破平衡又导向平衡的过程中，公司整体就会向前迈进一大步。（来源：《坚定不移地推行ISO9000》，1997）

哪个部门找不出哪个干部好，哪个干部差，我们希望主管辞职，去从事业务类的工作，因为他没有管理能力。业务尖子也可以拿高待遇，甚至比总裁还高的待遇。所以，干部只要在管理岗位上，就一定要拉开情面，要站在公司的原则上，按公司的利益把价值评价体系贯彻到底。（来源：任正非在总裁办公会议上的讲话，1998）

我们公司很稳定是因为公司组织体系很稳定，但超稳定之后，就缺乏创造，也不会有什么大成就。所以在干部问题上我们不采用评议方式，我们有一套任职资格管理体系，但现在看来也未必很好，英国与我国现在情况是很类似的，很规范，但没有生命力。所以我们薪酬体系采用美国Hay的，Hay做的薪酬体系带有创新的意识及机制。英国规范管理加上美国的创新，必然是有生命力的。（来源：任正非与老专家座谈纪要，1999）

我们在报酬与待遇上，坚定不移向优秀员工倾斜。（来源：《华为公司基本法》，1998）

生命的动力就是差异，没有差异就没有生命力。世界如果没有电位差就没有电力，没有水位差就没有水力，没有温差就没有风，没有风，地球也就不会有生命。正是内部的差异性，才启发员工努力去消除此种差异，内部不平衡的差异才是组织优化自身的动力。（来源：《任正非与华为电气高层座谈纪要》，2000）

过去公司的人力资源政策不均衡。公司的高级管理干部中大量是研发和市场出身的，特别还有很多的高管是没有市场办事处主任这一级的管理经验的。在这样的情况下，导致我们公司的价值评价体系是以市场的销售额、以研发的产品、以技术好坏来确定薪酬。这时候，我们公司所有一切配套的东西被打入了冷宫，没有人重视，不仅仅是财务，还有供应链、IT等部门都是不断被边缘化的。我们就像一支不带粮食的孤军，深入到沙漠腹地的陆战队，公司的经营风险是极其巨大的。（来源：任正非在IFS①项目汇报会上的讲话，2007）

利益分配的均衡合理是企业发展的根本内在动力。华为能发展到今天就得益于相对均衡的分配机制。面向未来，我们要实现多重、多次、多种利益分配机制，不同考核单元之间的相互支持必须在分配上得以体现，确保公司

① IFS：集成财经服务。

各方利益趋于一致，实现全球一盘棋。（来源：EMT纪要[2008]014号）

过去二十年，我们把公司内部摆不平的问题基本摆平了，走向一个平衡状态，形成了公司的大平台和总体机制，组织能流动，这么多人滚滚向前还能团结成一个整体，这应该跟我们过去平衡导向的体系建设是有很大关系的。当然还不理想，要继续优化。在我们度过了饥饿阶段开始走向温饱阶段的时候，如果继续长期的平衡政策，就会平衡出一堆懒人，导致惰怠。所以我们未来二十年的人力资源政策就是适当打破平衡，激活组织。（来源：EMT纪要[2009]022号）

在人力资源政策上，我们主动去打破平衡，不要被迫去打破平衡。不要失控后被迫平衡。那时被迫平衡，由于各种的恐慌，我们不能正确地认识人力资源价值。在2002年，我们不知道什么样的政策是正确的，那个时候我们想留人，也不知道应该给人家多少钱，也不知道给人家什么职位，职位也乱了，工资也乱了。我们好不容易平衡到今天，在我们有可能自己来改变这个结构的时候，我们不改变，在将来被迫改变的时候，我们是很被动、很被动的。（来源：任正非在EMT办公会议上的讲话，2009）

前二十年华为公司怕不平衡，后二十年华为公司怕平衡，要把奖励和机会向成功者、奋斗者、业绩优秀者倾斜，大胆倾斜。我们要拉开差距，后进者就有了奋斗的方向和动力，组织才会被激活。（来源：任正非与杭州代表处管理团队座谈纪要，2009）

提高人的效益，我不太赞成降薪这个措施，因为这个措施是培养懒汉的。我赞成下一步我们的奖金激励机制要更多向那些创造绩效的员工倾斜。差距是动力，没有温差就没有风，没有水位差就没有流水。什么是公平，如果用铲子把青藏高原、喜马拉雅山铲成与华北平原一样平平的，一毫米高差都没有，那我告诉你就全是臭水沟，水都不流了。我支持减员，我支持把不好的员工辞掉，换进来一些优秀的员工。当然如果我们支撑不了公司的效益了，还是要降薪。我们今年的考核机制改变了，是五级考核制，D没有年终奖，C的年终奖可能没有或很少。我主张激励优秀员工，这次奖金的改革就是从今年下半年开始，率先打破人岗匹配、以岗定薪的大锅饭，在奖金上打破，要下决心改变奖金的发放方式。因此，下一步我们效益提升就是给火车头加把油，让火车头拼命拉车，始终保持奋斗热情。（**来源：任正非在3月25日后备干部总队例会上的讲话，2009**）

（在激励和分配上）我认为可能能力强的人要提升任职资格，贡献大的人要提高奖金。因此提高任职资格的人奖金可让一些给别人，奖金要给贡献大的人多发一点，贡献大的人不一定能持续贡献，提高任职资格是认为你能持续贡献。从这个角度来讲，就是要摆平内部，要求团结。赛马是容易产生不团结的，但赛马也能产生团结，就看你怎么操作。因为我们必须打破平衡，通过不平衡才能刺激发展，但我们也确实也需要一些合理的平衡手段。（**来源：2012年11月15日东南非多国管理部向任正非汇报工作纪要**）

我们过去的薪酬制度是比较平衡的，那些聪明的人就跑了。那为什么我们成功呢？我们这十五万人都从一个孔流出去，这个水很厉害，就征服了客户，给了我们很多机会，而我们现在的改革则是让公司的优秀分子发挥作用，就是要拉开差距。水是自动从高处流到低处的，我们现在要把大家的能力发挥出来，我们就要把水从低处抽到高处去，再用水泵“啪啪啪”把水扬到高处去，发挥更大的作用。现在我们的考核机制就要开始改变，开始加大奖金的差距，尤其是在一线、在基层。工资体系还是太难改，盲目改就会出现很大的问题，所以我们先从奖金改起，大家已经明显感到干得好的人奖得多，

优秀的人就觉得不用走了，那我们将来优秀分子就增多了。（来源：任正非和广州代表处座谈纪要，2013）

要按价值贡献，拉大人才之间的差距，给火车头加满油，让列车跑得更快些及做功更多。践行价值观一定要有一群带头人。人才不是按管辖面来评价待遇体系，一定要按贡献和责任结果，以及他们在此基础上的奋斗精神。（来源：任正非在公司2013年度干部工作会议的讲话——《用乌龟精神，追上龙飞船》）

### 3.2.7　劳动与资本

不开放我们的资本系统，总是缺钱，公司就没有生命力，也不符合“利益均沾”的原则，而开放资本系统，靠股东社会化吸纳资金，我们要处理好按劳分配和按资分配的关系，解决好保持华为公司活力和社会股东惯性（要求高回报）之间的冲突问题。否则，就会分配不公，缺乏活力，形成恶性循环。（来源：任正非谈公司未来组织目标和体制蓝图，1994）

华为在开创初期，注意了以劳动为本位的产权结构，团结一切员工，形成一个利益共同体。在企业走向规模经营的时候，十分注重解决按劳分配与按资分配的关系，形成新老员工共同奋斗的新景象。既使老员工不会松懈斗志，又使新员工心态平衡，使人才源源不断地涌入。80%的员工在企业持股，增强了企业的自洁力，再加上以薪养廉，企业有了十分活泼、自我约束能力又十分强的运行控制机制。对于非资源型高科技企业，员工持股对企业稳定、避免信息资产流失，有很大意义。（来源：《华为发展的几个特点》，1996）

劳动和资本共同创造了一切，怎么估价风险资本的作用是个很重要的问

题，不要过分地强调创业者的利益，还是要体现团结一切可以团结的力量的思想。（来源：《走出混沌》，1998）

华为的董事会并不完全代表资本方，也代表着劳动方（目前董事必须是员工）。前面的二十五年的成功，我们平衡发展得很好，不见得未来二十年就找不到更好的发展平衡方案。我们这3~5年将努力推动行政改革，3~5年后，我们会推动治理结构及运作方式的改革。改革太快了，容易撕裂了艰难建立起来的管理，有了沟壑，行进会更加不顺利，欲速而不达。大量的资本流入，会使华为盲目多元化，而失速。（来源：2013年3月30日任正非在持股员工代表大会的发言摘要）

### 3.2.8　劳动者与奋斗者

奋斗这个词的含义是很丰富的，以奋斗者为本，不光是讲劳动者，也包含了投资者，投资者也是奋斗，他把自己的钱拿出来，参入这里面，他就要承担风险和责任，所以奋斗包含这两个方面。这两个方面的目标是一致的，就是要赚钱。（来源：任正非与肯尼亚代表处员工座谈纪要，2008）

将来在奋斗过程中强调奋斗者和劳动者薪酬可以不同，我们强调对劳动者要严格按法律来保护。比如说要有带薪休假，超长的产假……，什么都行，但是你的工资水平只能与业界相比，而不是华为的内部标准；只拿固定的年终奖励。奋斗者要自愿放弃一些权力，比如加班费……，但他们可以享有饱和配股，以及分享年度收益。他们的收入是波动的，效益好，他们应该很高，效益不好，他们比劳动者差，他们的付出总会有回报的。（来源：任正非与IFS项目组及财经体系员工座谈纪要，2009）

### 3.2.9　历史贡献者与当前贡献者

随着公司的日益扩大，按劳分配和按资分配的冲突越来越明显，如何对公司的新进员工进行有效的激励，保持公司持久的活力，将关系到公司生命的延续。因此，我们要进行不断的脱胎换骨，我们这些创业者要有牺牲精神，解决我们公司的新生问题。（来源：《脱胎换骨，再攀高峰》，1994）

历史功臣并不一定要居高位，可以享受相当的福利，奖金、职务一定要给责任者。华为公司不提倡终身制，终身制与终生在华为公司工作是有区别的。（来源：《解放思想，迎接96年市场大战》，1995）

华为目前还面临着一个如何评价历史功臣的现实问题。在华为生死存亡的关头，他们拼死杀出一条血路来。发展到现在是肯定他们，还是不肯定他们呢？我们肯定又要否定，肯定与否定是交织在一起的。但如何肯定他们，如何否定他们，非常复杂，不好解决。我们比内地企业好解决，我们已经走到“知本主义”这条路上，我们把知识作为本钱。知识里面已隐含贡献，历史贡献在企业中以股权形式得到补偿。职位降下来，个人收入不一定会有很大影响，因为股权收入与资历挂钩，工资奖金与能力、贡献挂钩。这样适当分流缓和了矛盾，能解决一部分问题，但还是不能完全解决问题，因此我们要对老员工不断进行培训，给他们提供转换机会，能转一个就争取一个，能转换两个就争取两个，转换不了的要给一个合理的岗位调整。（来源：《秘书体系是信息桥》，1996）

我们要承认、爱护历史功臣，但同时也要帮助他在管理上进步。（来源：任正非在营销系统工作会议上的讲话，1996）

历时八年的市场游击队，锻炼了多少的英豪。没有他们含辛茹苦的艰难奋战，没有他们的“一把炒面，一把雪”，没有他们在云南的大山里、在西北的荒漠里、在大兴安岭风雪里的艰苦奋斗；没有他们远离家人在祖国各地，在欧洲、非洲的艰苦奋斗；没有他们在灯红酒绿的大城市，面对花花世界而埋头苦心钻研，出淤泥而不染，就不会有今天的华为。吃水不忘挖井人，我们永远不要忘记他们。他们八年读人的经验十分宝贵，他们经历了八年考验的高尚品格难能可贵，是可培养的最好基才。人的才华的外部培养相对而言是比较快的，人的德的内部修炼是十分艰难的，他们是我们事业的宝贵财富、中坚力量，各级干部要多培养、帮助他们，提供更多的机会。（来源：《不要忘记英雄》，1997）

股权的指导思想之一是解决创业者、老员工和新员工的关系。新员工进来后，一定要让他们认同企业，把企业作为个人的事业，为企业做贡献，这在股权上体现出来，就是不断地吸纳新员工。这样老员工的股份也是在不断地、动态地调整过程中，对那些虽然以前对企业做出过贡献，但是不再为企业创造效益的员工，实际上股份是在稀释的。从理论上，它解决了到底华为公司的剩余价值是谁创造的问题。（来源：中国人民大学老师在深圳市体改委座谈摘要，1997）

曾经对公司发展有过贡献的员工，要加强自身的适应调整能力，包括加强心态的调整。竞争不能保护华为常胜不败，华为又如何能长期保护不能使公司竞争力提升的要素。各级部门有责任帮助他们，培养他们，合理疏导，但更重要的是内因起作用。（来源：《大树底下并不好乘凉》，1999）

市场部集体大辞职对构建公司今天和未来的影响是极其深刻和远大的。我认为任何一个民族，任何一个公司或任何一个组织只要没有新陈代谢，生命就会停止。只要有生命的活动就一定会有矛盾，一定会有斗争，也就一定会有痛苦。如果说我们顾全每位功臣的历史，那么我们就会葬送我们公司的前途。（来源：任正非在“市场部集体大辞职四周年颁奖典礼”上的讲话，2000）

对于历史上做出过很多贡献，现在技能跟不上的员工，要给予安抚。这个可以灵活处理，公司可以给予一些特殊政策。我们对员工还是要爱惜、珍重的。各个干部部在变革时期要做好员工的思想工作，切忌态度简单粗暴。（来源：任正非关于招聘工作的讲话纪要，2001）

一个人是很难跟上时代进步的，当他跟不上时代时，他的岗位必须变动，否则企业就会失去竞争力，即使他同意变动，如果不按贡献改变薪酬，那么企业拖着这种高成本，竞争力也会下降，从而逐步走向死亡。考虑到这些人历史上有贡献，因此，他可以保留已配给他的股权，享受投资收益。公司垮了，他什么收益都没有了。华为公司从一开始设计了这种制度，使得我们有可能克服大企业病。（来源：《关于人力资源管理变革的指导意见》，2005）

希望大家真正认识到：这次通过自我批判，能使干部洗刷思想，心胸开阔，将来能够经得起别人批评。我们采取善意的方式帮助你过关。我想这次如果有10%的人过不了关，应该差不多。他们调整到另外的岗位做工作，我们股票还是不扣。能上能下在我们华为应该是做得到的。你工资减少了，股票还那么多，够用了。我们纠错是纠你思想上的错。（来源：任正非在自我批判指导委员会座谈会上的讲话，2006）

江山代有才人出，要一代代去巩固。不是说每一个干部都能够在岗位上持续发展，老一代退下去是很正常的。我们建立了一个机制，就是说你跟不上了，身体不行了，职位调整下去了，你的股票不会动。所以要加强新干部

的提拔，特别是艰苦地区，新干部不提拔，我们的商业模式就继续不下去了。（来源：EMT纪要[2008]028号）

新增配股要向高绩效者倾斜，以使得我们的长期利益不断分配，在历史贡献者和当前贡献者、未来贡献者之间形成趋于均衡合理的分配格局。（来源：EMT纪要[2009]040号）

将来股票也可能是华为公司的灾难。会不会有一天资本化后，突然非常多的人太富，导致战斗力减弱。所以要招聘一批胸怀大志、一贫如洗的人进来，他有饥饿感，又有本事，经过我们的平台两三年锻炼后，就全明白怎样现代化作战。我相信有我们的平台锻炼、培养和激励他们，将来三十几岁的人也能指挥华为公司。这样我们能保持华为这个公司充满了奋斗精神，对他们的激励是合理的，保持长期奋斗；母公司会不断地往子公司输出人才。（来源：任正非在EMT会议上的讲话，2009）

公司创业期的配股制度和在此基础上优化的饱和配股制度，较好地解决了特定历史时期管理上面临的主要矛盾，但现在看来较多地体现了资历和级别因素。公司未来的发展将越来越依靠后加入公司的新骨干。如果我们没有将利益合理分给在现职岗位上做贡献的人，就会引发内部利益关系的失衡，最终使公司丧失战斗力。奖励配股制度是对饱和配股制度的进一步优化，使得公司经营成果的分配机制更加合理与均衡。（来源：EMT纪要[2009]040号）

### 3.2.10 公平与效率

效率优先，兼顾公平，可持续发展，是我们价值分配的基本原则。（来源：《华为公司基本法》，1998）

公司推行效益优先、兼顾公平原则，让优秀分子先富裕起来，但要反对富裕起来后的不良行为，不要做违法乱纪的事，要加强精神文明教育，要作风正派，在公司按公司的纪律办事，在公司以外按国家法律办事，违反公司纪律和国家法律的，公司绝不迁就。（来源：《团结奋斗，再创华为佳绩》，1999）

### 3.2.11　公平的相对性与绝对性

用唯物主义的观点看，不公平是绝对的、公平是相对的，经过集体评议的结果，个人有什么不满请先包涵着。我们确实不能明察秋毫，但改革一定要往前走。如果刻意追求百分之百的公平，最后将导致对99%的人都不公平，希望奋发努力，用聪明才智改变这暂时的不公平，切勿自暴自弃。我们的管理干部都是在不断摸索中成长起来的，在现代企业管理上缺乏经验，要给我们一个摸着石头过河的条件，使我们走向规范化。（来源：《不要叶公好龙》，1996）

不要过度地宣传公平、公正，世上从没有真正的公平与公正，我们只能不断地改进，尽可能做到公平、公正。（来源：总裁办公会会议纪要，1996）

对应届生，要多宣传苦的事情，千万不要对应届生说我们公司如何公平，这是一颗炸弹，什么时候小脾气发了，要求公平、公正，爆起来就不得了。不同的人从不同的角度，对公平、公正的认识是不一样的。这个世界上本来就没有公平，只有那些本分、知足的员工才有培养前途。华为在转型期，重点要录用那些任劳任怨、知足、有牺牲精神的员工。不满足感太强烈的员工，不要录用，以免增加管理困难。你是来打工的，主要看给你的报酬是否与贡献吻合。别人挣多少，与你有什么相干。攀比心理会导致华为的失败。年轻人幻想多，我们不要给他们任何幻想。不要去迁就人才，特别是我们公司内部环境比较宽松，过分的民主，过多的幻想，会破坏这个环境，物极必反。（来源：任正非在人力资源管理部应届生招聘汇报会上的讲话，1996）

真正绝对的公平是没有的；生活的评价是会有误差的，但绝不至于颠倒黑白，差之千里；要承受得起做好事后受委屈，没有一定的承受能力，今后如何能挑大梁；公司努力确保机会均等，而机遇偏偏惠顾踏踏实实工作的人。（来源：《走出混沌》，1998）

真正绝对的公平是没有的，你不能对这方面期望太高。但在努力者面前，机会总是均等的，只要你不懈地努力，你的主管会了解你的。要承受得起做好事反受委屈，"烧不死的鸟就是凤凰"，这是华为人对待委屈和挫折的态度和挑选干部的准则。没有一定的承受能力，今后如何能挑大梁。其实一个人的命运，就掌握在自己手上。生活的评价，是会有误差的，但绝不至于黑白颠倒，差之千里。要深信，在华为，是太阳总会升起，哪怕暂时还在地平线下。（来源：《致新员工书》，2005）

企业不是神仙，不可能时时、事事做到公平，所谓的绝对公平是做不到的。只要企业的领导人，是为了企业的目标真诚奋斗，这次对你不公平，下次也许就纠正过来了，也许几次不公平，终有一次是公平的。你是金子总会发光的。（来源：《关于人力资源管理变革的指导意见》，2005）

通过人力资源政策的落实，建设公平合理的回报体系，让员工形成"绩效好自然回报好"的心理定式，引导员工淡化对分配的关注，聚焦在生产上。（来源：EMT 纪要[2007]009 号）

### 3.2.12　期望与现实

华为这么多年来一直在改良，在改良的过程中，员工的能量也不断被释放出来，矛盾是客观存在的。公司历史上遗留的问题要一个个解决，不能操之过急。将来公司也不可能一直处于上升期，也可能在一段时间里走下坡路，工资还会下降，也要裁员。现在由于给了员工更多的利益，也会使一些员工的个人欲望不断膨胀，觉得利益还不够，想得到更多的利益。我是不是拿得还不够多？因此在进行一系列分配制度的改革中，大家一定要克制、忍耐。希望大家不断地对自己进行正确的定位，要实事求是地认识自己。各级领导要加强管理和内部的控制，加强对话，多听取大家意见。否则就会导致公司的灭亡。大家要正确认识民主，民主不是大民主，控制也不是不讲民主。民主是要与下面多沟通，交流意见；有冲突时，摆事实，讲道理；起草文件时，大家讨论讨论等。不要指望大民主会带来什么好结果。此时，人们的思想最动荡，人们也最不能实事求是、充分地认识自己，个人欲望最易膨胀。因此民主只能是有限度的、有控制的民主。（来源：《尽心尽力地做好本职工作》，1996）

公司不可能无限地改进职工的收入，也没有能力做出承诺。一切美好都是共同去创造的，你只有相信自己的努力，并且帮助和消除周边的落后，才会预见公司的美好。（来源：《管理工作要点，1999》）

我们一定要保证个人收入增长率低于经济增长率，这样才能持续发展。（来源：任正非在Hay项目试点会议上的讲话，2000）

我们只能有限度地将条件不断地改善。我们工资的增长率一定要逼近我们经济的增长率。如果收入增长率超过公司的经济增长率，那华为公司过两三年就没有了。（来源：任正非与员工座谈会纪要，2002）

要合理管理员工的期望值，不对员工轻易许诺。我们肯定没有能力充分地满足员工的需求。我相信明年会是一个最具挑战性的年度，但是可能不是我们，是别人有很大、很多矛盾会出现总爆发。这个时候我们内部不要出乱子。而且我们的人力资源系统、党委不要对员工有太多的许诺，不要去点火。员工的批评要在决策层中讨论分析，不要扩散讨论的范围。决定以后，要把政策给员工多宣传，不要轻易修改，不要多讨论，不要去引发矛盾。（来源：任正非在HRC会议上的讲话，2009）

我们不要跟员工讨论公司的政策，不要吊高员工的胃口。我们跟员工只解释这些政策。员工说什么你就听着，不要插嘴。我们不让公司的政策随意发生更变。（来源：任正非在EMT办公会议上的讲话，2009）

员工所获得的收入，取决于公司的经营状况、员工所在部门的业绩以及其个人的绩效贡献。当公司的经营状况、组织业绩或员工个人绩效好时，其个人收入有可能增加；但当公司的经营状况、组织业绩或员工个人绩效不好时，其个人收入会相应减少，作为收入中浮动部分的奖金甚至会为零。（来源：《管理团队声明》，2010）

作为管理团队成员，我不仅要控制个人的欲望，更要管理好下属团队的欲望和心态。我的责任不仅仅是代表公司对员工进行激励，更要代表公司对员工进行严格管理，尤其是对员工对于待遇的期望进行有效的管理，使员工能够以正确的心态来看待收入的波动，确保下属团队能够聚焦工作，对于收入的波动少抱怨，不闹事。如果因为没有管理好员工的期望而导致下属出现规模化的抱怨和闹事现象，我将引咎辞去行政管理职务，三年内不能再担任行政管理干部。（来源：《管理团队声明》，2010）

# 3.3　价值分配政策

## 3.3.1　处理好按劳分配与按资分配的关系

华为在开创初期，注意了以劳动为本位的产权结构，团结一切员工，形成一个利益共同体。在企业走向规模经营的时候，十分注重解决按劳分配与按资分配的关系，形成新老员工共同奋斗的新景象。既使老员工不会松懈斗志，又使新员工心态平衡，使人才源源不断地涌入。80%的员工在企业持股，增强了企业的自洁力，再加上以薪养廉，企业有了十分活泼、自我约束能力十分强的运行控制机制。对于非资源型高科技企业，员工持股对企业稳定、避免信息资产流失，有很大意义。（来源：《华为发展的几个特点》，1996）

古典经济学认为价值的创造要素就是劳动、土地和资本，亚当·斯密认为这三者创造了全部财富。劳动取得工资，土地所有者取得地租，资本取得利润，这是在18世纪提出来的。到了19世纪，法国经济学家J·B·萨伊修改了这种观点，他认为在资本这个要素中，还应做进一步的区分，应该区分为只提供金融资本的、纯粹食利性质的资本家和那些运用他人资本的资本家（就是企业家）。相应在国民收入的分配上，劳动还是取得工资，土地所有者还是取得地租，纯粹食利性质的资本家取得利息，真正的企业家才应该取得利润。（来源：《抓住机遇，调整机制，迎接挑战》，1997）

在价值分配中，不单是劳动，还要考虑风险资本的作用，要寻找一条新的出路，用出资权的方式，把劳动、知识转成资本，把累积的贡献转成资本。（来源：《走出混沌》，1998）

华为公司的资本是从劳动开始积累的，因此对劳动的评价就成为关键问题；现在民营企业过分地考虑创业者的利益，而忽视了新加入者的利益。我是一个反创业主义者，因为那样会成为孤家寡人。我也是一个反福利主义者，福利最终也是要养懒汉的。（来源：《走出混沌》，1998）

其他公司过多考虑的是创业者的利润，而华为公司更多考虑的是共同奋斗者的利益，这是二者的主要区别。如果我们坚持全部资本归属最初的出资者，我们就否定了劳动对其创造的剩余价值的拥有权，否定了智力（或知识）投入的剩余拥有权，公司就很难吸引留住优秀的技术人才和管理人才，这样不利于公司的发展，尤其不利于华为这种高技术公司的生存和发展。华为公司应在符合现行法律的前提下，按照高技术企业的特点，探索把劳动、知识和企业家的管理和风险转化为资本的方式。（来源：《走出混沌》，1998）

在高度发达的信息社会中，知识资产使得金融资产苍白无力。按劳分配要看你劳动中的知识含量，按资分配正转向按知识资本分配。（来源：《走出混沌》，1998）

我们是用转化为资本这种形式，使劳动、知识以及企业家的管理和风险的累积贡献得到体现和报偿。（来源：《华为公司基本法》，1998）

劳动和资本共同创造了一切，怎么估价风险资本的作用是个很重要的问题，不要过分地强调创业者的利益，还是要体现团结一切可以团结的力量的思想。（来源：《走出混沌》，1998）

我们在强调贡献的基础上，合理切分劳动与资本的收益分配比例。（来源：《关于人力资源管理变革的指导意见》，2005）

企业的发展要强调客户、资本、劳动者多赢。办企业一定要使客户满意，这是生存基础；也要使股东满意，这是投资的目的；同时，也要使贡献者满意，我们决不让雷锋吃亏，这是持续发展的推动力。（来源：《关于人力资源管理变革的指导意见》，2005）

### 3.3.2　发展机会的分配向奋斗者和成功团队倾斜

一提待遇就想到钱，那是片面的观点。待遇包括机会、地位、处理问题的权利和责任。华为公司在实施体制改革、组织改革的第二次创业时最大的特点是权利再分配。（来源：《坚定不移地推行ISO9000》，1997）

我们认为待遇不仅仅指钱，还包括职务的分配、责任的承担。（来源：《华为的红旗到底能打多久》，1998）

公司视组织权力（不是权利）为一种可以分配的价值，而且把它作为比利益更重要的一种分配价值。原因在于在分配范畴，权力和权利存在着对等关系。《华为公司基本法》将其列入经济利益之前，意味着公司对组织权力的重视，故在价值分配的依据中，将“责任”列为第二位。华为人常讲，当官意味着奉献，官位是一种责任，《华为公司基本法》讲“奉献者定当得到合理的回报”。这意味着公司是把“工作本身也作为工作的报酬”。（来源：《华为公司基本法》辅导报告之二，1998）

华为公司视发展机会为公司可分配的首要价值资源，公司一方面通过不断开创新事业，为员工提供成长和发展机会，另一方面通过公平竞争机制，对公司的机会资源进行合理分配，并为人才的成长创造良好的环境和条件。（来源：《华为公司基本法》辅导报告之二，1998）

每个员工通过努力工作，以及在工作中增长的才干，都可能获得职务或任职资格的晋升。与此相对应，保留职务上的公平竞争机制，坚决推行能上能下的干部制度。公司遵循人才成长规律，依据客观公正的考评结果，建立对流程负责的责任体系，让最有责任心的明白人担负重要的责任。我们不拘泥于资历与级别，按公司组织目标与事业机会的要求，依据制度性甄别程序，对有突出才干和突出贡献者实现破格晋升。但是，我们提倡循序渐进。（来源：《华为的红旗到底能打多久》，1998）

我们在职务上、待遇上、提升的机会上要向前方倾斜，因为前方碰到的例外情况比较多，需要有经验的员工。我们不能光用技能去考核干部，机关干部天天受培训，当然技能会好，而天天在沙漠里打仗的干部肯定技能不会好。如何考核、选拔、培养干部，这是一个干部路线问题。如果我们不重视这些前方勇士，不给这些人培养机会，那么我们是在自取灭亡。因此，我们一定要给前线更多的机会。（来源：任正非在市场冲刺动员会上的讲话，2000）

我们要推行正向考绩和关键事件逆向考事相结合的方式，培养和发现优秀干部。要从目标决策管理的成功，特别是成功的过程中发现和培养各级领导干部。在失败的项目中，我们要善于总结，其中有不少好干部也应得到重视。要避免考绩绝对化的、形而上学的工作方式。（来源：《管理工作要点，2002》）

我们要加快新干部的选拔，要给新人机会。新干部的提拔是公司的一项战略政策。公司在发展的过程中到处都缺干部，干部培养不起来，那我们就可能守不住阵地，可能要败退。（来源：EMT纪要[2008]028号）

这世界最不值钱的就是金子，最值钱的是未来和机会。（来源：任正非和广州代表处座谈纪要，2013）

### 3.3.3　各种经济利益的分配要体现各自的报酬定位

下一步公司的改革，工资实行能力主义，同等能力同工同酬；奖金实行效益主义，靠自己业绩取得奖金；而退休金根据劳动态度评定，如此形成一个良性系统，形成一个活力非常强的集体。（来源：任正非在终端事业部工作会议上的讲话纪要，1997）

我们认为贡献有短期贡献和可持续性贡献，这二者是有区别的。短期贡献我们用奖金来体现，可持续性贡献我们要用任职资格的方式来体现。（来源：任正非与Hay专家在任职资格考核会上关于研究部分的对话，1997）

华为的分配系统中有几个层次，机会、职权、工资、福利、奖金、股权等。在一般的企业中，分配系统沉淀的成分比较大，用西方的理论来表述是保健因素和激励因素。很多因素出台时动机是激励，出台后就变成保健了，不能变了，只能动增量，存量上就动不了了。但是华为的价值评价系统因为在动态地确定人的价值，它的价值分配系统实际上是可以变的，这样一来，使得我们通常认为的保健因素都在向激励因素转化，如安全退休金，也是要让它变成激励因素。（来源：中国人民大学老师在深圳市体改委座谈摘要，1997）

按劳分配的依据是：能力、责任、贡献和工作态度。按劳分配要充分拉开差距，分配曲线要保持连续和不出现拐点。股权分配要向核心层和中坚层倾斜，股权结构要保持动态合理性。按劳分配与按资分配的比例要适当，分

配数量和分配比例的增减应以公司的可持续发展为原则。（来源：《华为公司基本法》，1998）

建立起员工个人收入与公司整体效益联系浮动的价值分配制度。在效益好时要敢于扩张，共同负责；在受到挫折时，要共同忍受。通过这种张弛，把压力传递到流程的每个环节和每一个员工。（来源：《管理工作要点，1999》）

企业不是按一个人的知识来确定收入，而是以他拥有的知识的贡献度来确定的。我们强调使用一个干部时，不要考虑他的标记，不能按他的知识来使用，我们必须要按如承担的责任、能力、贡献等素质来考核干部，不是形而上学、唯学历。（来源：任正非与身处逆境的员工对话录，2002）

对于全球不同地区的薪酬设计，要考虑绩效贡献、成本影响、当地市场水平和结构等约束要素；薪酬包遵循市场化原则，薪酬结构（月薪、福利、奖金）按照我们的管理原则，但要考虑西方的特点，固定薪酬要有吸引力；在我们品牌弱的地方，薪酬要更具竞争力。（来源：EMT纪要[2005]028号）

薪酬改革下一步不考虑股票收入，只看业界统一的月薪、奖金等现金收入；股票收入算额外收入，以后股东与经营者逐步脱离。（来源：EMT纪要[2005]028号）

以长期奉献能力与实现贡献定薪酬，以短期贡献定奖励。（来源：《关于人力资源管理变革的指导意见》，2005）

本次工资曲线的制定要与国际接轨，要能帮我们引入高端人员，因此工资和股票要分开考虑；我们未来有可能启用一些没有股票或股票很少的人来担任公司或部门的管理者。（来源：EMT纪要[2006]012号）

为保障员工在全球工作和生活无后顾之忧，公司自2005年起推行了员工保险保障和福利制度变革，发布了员工保障、医疗保障、医疗救助保障、人身保障等系列文件。目前已建立了强制性社会保险、医疗保险，以及商业保险的多重保障机制。依据此制度，员工除依法享受国家和地方的强制性社会保险保障外，还享受公司提供的商业保险保障。商业保险包括商业人身意外伤害险、商业寿险、商业重大疾病险、商业旅行险。若不幸因工意外受伤导致罹难的，任何员工除可以依法获得社会保险的相关待遇外，还可额外获得商业保险补偿。对于罹患重大疾病的员工，可额外获得商业保险的重大疾病补偿；若因病去世，可额外获得商业寿险补偿。针对很多国家社会医疗保障水准还有待提升的现实，公司不仅为外派海外工作的员工，还包括为员工家属，购买了商业旅行险等商业医疗保险，同ISOS紧急救援等全球性医疗服务组织建立了密切的工作关系，确保派往海外的员工和家属获得及时、快速的医疗救助。（来源：《关于近期公司人力资源变革的情况通告》，2007）

公司投资赚钱要能说清楚三个问题，能不能巩固基层员工的饥饿感、中层员工的危机感、高层干部的使命感。如果这三感被破坏了，我认为你最好别赚，赚那么多干吗？暴富的最后结果就是大家懒惰。这两年我就看到这个问题了，所以我就从奖金机制开始改，今年有5%的人拿不到奖金，一定要锁住一个原点，否则基层干部就乱来；同时强调拿到奖金多的人要是平均线的4~6倍，基层干部就难做人了。我们对基层员工已经开放了加班申请，要求加班可以给你多安排点加班，多挣点钱。中层干部的危机感，就是硬性淘汰10%。高级干部要有使命感，高级干部是选拔出来的，不是考核出来的，这里面要有一种机制。（来源：任正非与两报、与员工关系部座谈纪要，2009）

奖金要解决的，一是大家要有干劲，二是做事一定要有绩效，没有绩效的人，慢慢就辞退了，要继续把人数减下来。我们对员工有非常多的期望，但不能都放到奖金的评定上，对奖金的考核不能像岗位考核那么复杂，否则奖金的导向就不鲜明。员工干好了一件事、做好了一个项目，我们给个项目奖就完了，也没有说他一定能当团长。如果说因为他以后不能当团长，所以他做好了项目也什么都不给他，我认为这不是一个好的激励机制。（来源：任正非在HRC会议上的讲话，2009）

我认为是三张表格。人岗匹配最主要的问题就是其能力要适合这个岗位，要能做出贡献。奖金的目的是奖励过去已经做出的贡献。股票又是什么？每个评定的目的、重点、特点和方法工具都不一样。（来源：任正非在HRC会议上的讲话，2009）

人岗匹配、以岗定薪和薪酬管理重在对岗位责任和贡献的评述，在不同的时间、不同的地点岗位的重量是变化的。能匹配就应该给这么多工资，没有必要躲躲闪闪的，考核合格就应该是这个标准。这样反映出公司的薪酬和制度是一致的。当眼前我们没有足够能力调整的时候，我们主要加强奖金的管理，加强激励机制的管理。我们定的奖金比例是6%，薪酬比例12%，随着我们效率的改进，我们的可变激励部分就可以放开一点。（来源：任正非在EMT办公会议上的讲话，2009）

我们推行薪酬体系改革，就是希望逐步建立一个与国际接轨的薪酬体系，以吸引、容纳全球的明白人，来增强公司的管理和竞争力。（来源：EMT纪要[2009]005号）

价值创造，并非仅仅是合同获取，合同的执行、科学的管理、服务与支撑都是价值创造，平台的服务也体现在价值链中。应在全盘的评估中，给每个岗位称重。当前，一线平台中，有着待遇差距，是因为我们还未统一作战平台的管理。我说过，要使一线作战部队的升职升薪速度，快过一线作战平台；要使一线作战平台的升职升薪速度，快过二线管理平台。这只是一个价值导向，并没有分专业。（来源：任正非与财经体系干部座谈纪要，2012）

### 3.3.4　工资分配实行“以岗定级，以级定薪，人岗匹配，易岗易薪”

我们实行按劳取酬的原则，在分配上实现同工、同责、同酬，对于在一个岗位上停留年头长的员工，工资要比新人拿得多一些。打破基层岗位仅按学历定工资的技能评价体系。同样的岗位，同样的工作，只要责任心和贡献是相同的，硕士和大专生就应该拿相同的工资。但在现实条件下，华为公司在全国大规模地撒网捞人，要逐个去谈工资的确不现实，只能先按学历确定个初始值，待有经验了就按标准去调整。调整后，工资涨了，考核标准也要再提高。世界上没有免费的午餐，考核不合格的就要降工资，就要辞退。（来源：任正非在基层员工价值评价体系项目汇报会上的讲话，1998）

我们要坚持工资要能升能降，如果工资只能升不能降，公司就进入死循环了。（来源：欢送研发及管理干部走向市场前线的讲话纪要，2001）

要坚定不移地实行以岗定级，以级定薪，人岗匹配，易岗易薪，使公司永远处在内部运作成本较低的进取状态。（来源：《关于人力资源管理变革的指导意见》，2005）

各职类的工资定位，既要参照各职类公司同行业市场的工资水准，也要适当综合考虑其对公司战略实施和业务开展的价值，不同职类的员工工资水

准要有一定的内部均衡与和谐。（来源：EMT纪要[2005]054号）

应届生起薪不应快速提高，而采用入职后小步快跑，这样既可以避免起薪提高过快导致对老员工薪酬结构的破坏，又可以保证薪酬激励落到实际贡献者身上。（来源：EMT纪要[2005]047号）

不同体系要同工同酬，否则支撑体系太弱，打下单子，没有能力交付。（来源：EMT纪要[2005]028号）

从总部机关开始实行定编、定员、定岗、定责。（来源：电邮文号[2006]36号）

员工工资的确定基于其所承担的职位责任、实际贡献的大小和实现持续贡献的任职能力。员工的学历、工龄、社会职称等不作为其工资确定的要素。（来源：《员工工资管理规定》，2006）

公司各级职级工资水平应在公司经营情况和支付能力允许的前提下予以确定。工资管理既要规范化，又要有利于高绩效团队的形成、有利于市场竞争力和人力成本两个要素的平衡。工资管理遵从所在国家或地区法律法规的强制性规定或强制性要求，按属地化原则操作。（来源：《员工工资管理规定》，2006）

基层业务、技术和管理职位的职级工资水准定位于同所在地区同行同业市场参考水准持平；中基层业务、技术和管理职位的职级工资水准参考所在地区同行同业市场水准，定位略高于市场一定比例；高层业务、技术和管理职位的职级工资水准参考全球同行同类市场水准、根据公司管理要

求予以确定。（来源：《员工工资管理规定》，2006）

现阶段职位职级的科学判定方法还不成熟，人岗匹配评议的方法也有待改善，一切尚需要在实施中不断地摸索和完善。为此，现阶段人岗匹配的具体操作要杜绝僵化教条执行的倾向，不可操之过急；在方向不变的前提下，要逐步摸索前进，步伐不一定要太大。在操作执行中，要坚持实事求是、具体问题具体分析的原则，多与管理团队协商和研究；既要坚持原则，也要学会妥协。（来源：EMT决议[2007]005号）

工资的表达要逐步过渡到工资分值表达的形式。根据公司整体经营情况来确定全公司的工资浮动系数，然后根据部门绩效考核确定部门浮动系数，最后根据员工绩效ABC情况进行个人工资的确定，不能平均化调整。实行工资分值后，各级别的工资基线保持稳定，但实际工资曲线与效益挂钩浮动。（来源：EMT纪要[2007]009号）

要认识到承担正职的员工要全面应对外部和内部的各种压力，因此，正职与其副职的待遇要有明显区别。（来源：EMT纪要[2007]009号）

干部提拔任用后，薪酬政策的执行要跟进落实，上岗半年经评议为胜任岗位的，要及时进行定岗定级的维护。（来源：EMT纪要[2007]009号）

公司人力资源变革的最终目标是通过规范的职位管理、人岗匹配，逐步走向部门定岗定编和薪酬总包管理。对于薪酬总包超标的部门，主管要说明为什么增加人手或业务工作量，并经相关业务口批准，不应允许各部门私自任意增加增大无谓的工作量，促进已有资源数量、结构和使用的逐步合理化。（来源：EMT纪要[2007]022号）

不要怕降薪人员闹情绪，易岗易薪本身也是对干部的考察。若降职降薪后仍然保持良好的心态并认真工作的干部员工，今后仍可考虑提拔使用。（来源：EMT纪要[2008]002号）

我们首先要把岗位搞清楚，把岗位的重量搞清楚，让每个岗位在公司都应该有增值。岗位的重量是不断变化的，不是永恒不变的。当岗位不规范的时候，可能要求的干部级别职级高；当岗位规范后，“扳道岔”就不需要“钦差大臣”了。所以岗位是循环变动的，人力资源部可以建立一个规则部门，规则部门就循环认证目前岗位的重量。岗位重量确定后，各种级别配多少人就清晰了。（来源：《人力资源体系要导向冲锋，不能教条和僵化》，2009）

我们明确，由人力资源委员会的编制委员会来确定我们应该有多少岗位，以及这个岗位是什么重量。你们干部和管理部门要如何去称岗位重量，去看这个人是不是适合这个岗位。这两个职类岗位，反正我们只能用一个，多了一个怎么办？要么你就把多的这个干部挤下去，要么你就把这个干部调给别人。你们原来是针对人来称重量，而不是针对岗位的需要来称，现在我们要强调针对岗位的需求来称。（来源：《人力资源体系要导向冲锋，不能教条和僵化》，2009）

基层员工加工资，主要看价值贡献，不要把等级过于绝对化。基于价值贡献，小步快跑，多劳多得。我们以绝对考核为基础来调整工资。这样就使得这个评级简单化了，而且量化、公开化，基层员工就看到了希望。（来源：任正非在基层作业员工绝对考核试点汇报会上的讲话，2012）

### 3.3.5　奖金分配要打破平衡，向高绩效者倾斜

逐步制订透明的业务部门奖金方案，稳定奖金政策，形成自我激励和自我约束的可持续发展机制。（来源：关于2003年经营及预算目标完成情况向董事会的述职）

英国对本地员工的双轨制考核的建议很好，将短期奖金激励与PBC（个人业绩承诺）的晋升考核很好地管理起来，有章可循。实现了本地员工奖金透明化，员工自己可计算、可管理，避免了传统的奖金大排队的做法。可以将英国考核办法整理出来在公司人力资源部备案，在英国先推行。（来源：任正非在BT[①]系统部、英国代表处汇报会上的讲话，2007）

要逐步制定相对完善的奖金策略来激活组织。高层团队的责任是确定奖金的导向机制，并授权下级团队策划多样化的分配方案。要把奖金的发放规则按业务需求和管理要求来细分，增强激励的针对性、及时性，以起到明显的杠杆效应。（来源：EMT纪要[2007]009号）

对主管的奖金评定要看奖金周期的综合绩效评价，而不是近期的一两个关键事件。奖金评定根据公司绩效、部门绩效、个人绩效的情况浮动，尤其要根据公司绩效情况而浮动。（来源：EMT纪要[2007]009号）

要探索缩短奖金周期的方法，逐步向季度奖过渡。如可将年度总奖金包按季度拆分发放，前三个季度可比例稍小（如各发20%），第四季度将尾值发放。这方面由公司相关部门负责研究。（来源：EMT纪要[2007]009号）

---

① BT：英国电信。

奖金的评定要科学化、严肃化，可以实行奖金分。比如代表处每个周或月对所有成员打分，年度总分累计起来，作为奖金评定的依据。（来源：EMT纪要[2008]028号）

继续对奖金进行优化，率先在奖金激励机制上打破平衡：一是打破跨区域的平衡，二是打破区域内部的平衡，三是打破人与人之间的平衡。如果看到哪里奖金很平均，那这个干部就该换了，做不到奖勤罚懒，结果就是好的全走光了，差的全挤在那儿。今年公司明确了有5%的人员奖金为零，哪个大部门定不出这5%的人，那个部门的奖金就不能启动发放，当然这是指大部门而言，小部门不要这样僵硬。但在任职资格和人岗匹配上还是强调要跨区域保持平衡，因为人员总是要流动的。（来源：EMT纪要[2009]022号）

要向高绩效者倾斜，从而激发员工干劲、提升绩效，发挥奖金的激励和牵引作用。（来源：EMT决议[2009]008号）

通过建立BU（经营单元）奖金激励分配机制达到激活组织，促使相关BU完成或超额完成目标；通过拉开绩效优秀和绩效一般员工的奖金差距，激活员工，牵引员工不断追求高绩效；对于关键项目，一旦取得成果就应及时予以激励。（来源： EMT纪要[2009]024号）

奖金评定要简单，当期贡献，贡献好马上就给奖。不要把一大堆事情放到一起评，这样奖金就变得很复杂，这样就不公平。（来源：任正非在HRC会议上的讲话，2009）

奖金也要自下而上的改革，使公司的基本生长点，与计划、预算、核算、激励的授权相一致。我们要团结一心度过未来困难的几年。总部需要有一个奖金来调整各种不平衡的话，我们在基线管理中就扣留了。不需要全部收到上面来，再一层层往下分。我们的计划已经自下而上了，我们的奖金也能不能自下而上。（来源：任正非在HRC会议上的讲话，2009）

对于网络设备这样的成熟业务的考核应该是比较经典了，每个代表处有没有可能实现基线管理（不包括工资，只包括奖金）。每个代表处的计划出来后，就有一个业务基线，实际完成情况和这个基线进行比较。基线也不是只有一条线，销售要有基线，利润也要有基线，二者权重谁大谁小，不同时间权重有不同，不同区域也有不同，但不是随意变化。（来源：任正非在HRC会议上的讲话，2009）

奖金机制既要牵引公司增长，又要以公司保持一个基准盈利水平为前提。公司奖金包不仅要与收入指标挂钩，也要与利润指标挂钩。从利润来考核，会导致公司收敛；以销售收入来考核，会导致公司粗放。如何掌握好合适的灰度，是考核各级干部能力的挑战。（来源：EMT纪要[2009]024号）

我认为只要是获取分享制，每块业务、每个区域都形成自我约束机制，我就不担心成本增加受不了的问题，因为成本不在我这里了，在作战部队那里。作战部队赚不到钱就没饭吃，一定要坚持这个原则。（来源：任正非在2013年3月29日EMT办公例会上的讲话）

### 3.3.6　福利改善要防止高福利对企业将来的威胁

改善福利是为了团结得更有力量，使我们的前进速度更快，战斗力更强，这样才能有更好的工作、生活条件。这些条件的改善是靠大家争取来的，不是上帝恩赐的。你口袋里装着的是你自己创造的劳动成果，创造不出劳动成

果，大家口袋里不会有任何东西。只有提高效率，才能保证公司持续发展下去。（来源：《尽心尽力地做好本职工作》，1996）

今后公司所有利益要货币化，实物分配会造成很多麻烦。华为不走灰色分配的道路，那样会造成分配上的困难、资产流失、不正常的开支。灰色分配最大受益者实际上是高层，但我不愿如此。（来源：《博士座谈会纪实》，1997）

我也是一个反福利主义者，福利最终也是要养懒汉的。（来源：《走出混沌》，1998）

我们现在让员工都养成一种习惯，公司提供所有的服务将来都要收钱，将来我们公司很多东西都要社会化。我们的责任是将工资发给你，你必须以货币去取得各项你需要的服务。（来源：任正非与员工座谈会纪要，2000）

我们公司的薪酬制度不能导向福利制度。（来源：《活下去，是企业的硬道理》，2000）

在发展中要注意一旦富裕起来后，可能产生的福利社会的动力不足问题，提早预防，就不会出现日本出现的问题。目前，加拿大、北欧这些福利国家都遇到税收过高、福利过好、优秀人才大量流失的困境。我们认真研究吸取经验教训，就会持续有效地发展。（来源：《北国之春》，2001）

要控制总体薪酬水平，防止高工资、高福利对企业将来的威胁。（来源：华为3COM向任正非汇报干部组织建设及人力资源政策，2005）

人的生命是宝贵的，也是脆弱的。在员工遭受突发重大疾病、严重人身意外伤害等重大人身威胁时，公司和员工都应担当起应负担的责任和义务。公司为员工提供一定的人身保障待遇，员工也尽全力承担自身相应的责任。（来源：《华为公司员工人身保障管理规定》，2008）

我们争取在各地多建一些高档的有厨房的单身公寓，出租给员工，让员工至少可以过渡几年，来缓解当前房地产泡沫的压力；以前我认为要完全社会化，现在看形势，我也不反对，但我们也不要去建出售的房子，将来我们摆不平内部关系的。（来源：任正非在EMT办公会议上的讲话，2009）

客户绝不肯为你的光鲜以及高额的福利，多付出一分钱的。我们的任何渴望，除了用努力工作获得外，别指望天上掉馅饼。公司短期的不理智的福利政策，就是饮鸩止渴。（来源：《深淘滩，低作堰》，2009）

公司提供年度探亲机票福利，确保外派员工海外工作期间能够定期与家人团聚，有助于维持员工与家人的情感沟通和稳定的家庭关系。（来源：《中方外派员工探亲机票管理规定》，2010）

（行政服务）不要随便使用员工满意度这个词来作为考核的鞭子。员工满意度是与成本有关的。欧洲曾经是一个幸福社会，现在大罢工风起云涌。原因是没有足够的钱去满足人民日益增长的物质要求，适当地降低也不为人民答应。实质上人民的要求是无法充分满足的，只能在适当条件下，达到适当的水平。我们要理解舒舒服服是不可能长久的，唯有艰苦奋斗才能创造好的生活。因此，我们在生活上仅给员工提供基本的生活保障，标准的生活服务。员工希望自己的生活再好一些，就如穿时装一样，自己应从工资、奖金、补助中支付一部分才可能去改善。个人的自由个人来承担。我们不能对每个人负无限责任，只能负有限责任，无限责任我们是付不了的。（来源：任正非在2010全球行政人员年度表彰暨经验交流大会座谈纪要）

### 3.3.7 对非物质激励要有系统性的规划

我们增加人文关怀，要以强调责任结果导向为前提，坚持这一点不动摇。你的工作绩效很好，为什么不可以在工作时间喝杯咖啡呢？为什么不可以去健身器上活动下筋骨呢？但冬天洗煤炭，虽然很辛苦，也不能评劳动模范，因为这个劳动不创造价值。（来源：任正非在2013年3月29日EMT办公例会上的讲话）

非物质激励要系统性地规划，不是发个奖章就行了。这方面俄罗斯军队就做得很优秀，俄罗斯在阅兵典礼上永远有一个老兵方队，这个很有震撼力，对军队的激励作用很大。我们现在开股东代表大会，英雄们坐那么长时间的飞机回来，讨论完分红后，说你们就走吧。我们是不是也向俄罗斯学习，英雄们回来了，我们组织向他们汇报一下公司的战略，让他们彰显一下老战士的光荣？（来源：任正非在2013年3月29日EMT办公例会上的讲话）

我们要建立一个荣誉累积制度，作战英雄得到的荣誉，累积起来对他们未来长期要有好处。比如在艰苦地区工作了，在健康保障上有哪些好处？要制定这么一个福利计划。这个计划从总包里面出钱，给了你就挤占了别人的，而不是额外增加。这样我们就让荣誉是有价值的，现在光是在家里挂一个奖牌是不够的。假积极一辈子就是真积极。我们实行一系列的激励制度，能使得大家假积极一辈子就够了。（来源：任正非在2013年3月29日EMT办公例会上的讲话）

# 下篇：干部政策

以客户为中心，以奋斗者为本，长期艰苦奋斗，这是我们二十多年悟出的道理，是华为文化的真实体现。

一个企业怎样才能长治久安，这是古往今来最大的一个问题。我们要研究推动华为前进的主要动力是什么，怎么使这些动力能长期稳定运行，而又不断自我优化。大家越来越明白，促使核动力、油动力、煤动力、电动力、沼气动力……，一同努力的源，是企业的核心价值观。这些核心价值观要被接班人所确认，同时接班人要有自我批判能力。接班人是用核心价值观约束、塑造出来的，这样才能使企业长治久安。

——任正非

# 第四章　干部的使命与责任

企业的目标是为客户创造价值，实现自身商业成功。企业间的竞争，说穿了就是管理竞争。干部的使命与责任，就是践行和传承公司文化和价值观，以文化和价值观为核心，管理价值创造、价值评价和价值分配，带领团队持续为客户创造价值，实现公司商业成功和长期生存。这里干部的概念，主要是指各级主管。

干部的基本职责是依据公司的宗旨主动和负责地开展工作，使公司富有前途，工作富有成效，员工富有成就。干部履行这三项基本职责的程度，决定了他的权威与合法性被下属接受的程度。

一个干部最重要的是必须有清晰的工作方向，善于在纷繁的事务中抓住主要矛盾和矛盾的主要方面，以及把握实现目标的合理节奏与灰度。所谓干部要有战略意识，就是要有全局观，要在短期利益和长期利益上看得很清楚。任正非对一把手的责任有一个形象的说法，叫作“布阵、点兵、陪客户吃饭”。什么叫布阵？就是组织建设；什么叫点兵？就是干部的选拔、使用、考核、激励和新陈代谢的和谐解决；什么叫陪客户吃饭？就是要通过与客户的密切交流，洞察客户需求，看清发展的方向。

华为将干部的经营行为形象地比喻为“狼性”，认为企业就是要发展一批狼。狼有三大特性，一是敏锐的嗅觉；二是不屈不挠、奋不顾身的进攻精神；三是群体奋斗。企业要扩张，必须要有这三要素。同时，高级干部还必须用内心之火和精神之光来点燃全体员工的信心。

领导者的一项重要责任，是发现人才、推荐和培养人才、考核及督导人才，并对推荐人才的品德承担连带责任。发现人才要多看人的长处，尊重人的个性。中国长期受中庸之道的影响，虽然在寻求稳定上有很大的贡献，但也压抑了许多英雄人物的成长，使他们的个性不能充分地发挥，不能形成对社会的牵引和贡献。

本章阐述华为对干部的使命与责任的要求，下一章将重点阐述对干部行为的要求。

## 4.1 干部要担负起公司文化和价值观的传承

### 4.1.1 以客户为中心，以奋斗者为本，长期艰苦奋斗，坚持自我批判

从企业活下去的根本来看，企业要有利润，但利润只能从客户那里来。华为的生存本身是靠满足客户需求，提供客户所需的产品和服务并获得合理的回报来支撑；员工是要给工资的，股东是要给回报的，天底下唯一给华为钱的，只有客户。我们不为客户服务，还能为谁服务？客户是我们生存的唯一理由。既然决定企业生死存亡的是客户，提供企业生存价值的是客户，企业就必须为客户服务。因此，企业发展之魂是客户需求，而不是某个企业领袖。（来源：《华为公司的核心价值观》，2007 年修订版）

华为没有任何可依赖的外部资源，唯有靠全体员工勤奋努力与持续艰苦奋斗，不断清除影响我们内部保持活力和创新机制的东西，才能在激烈的国际化竞争中存活下去。历史和现实都告诉我们，全球市场竞争实质上就是和平时期的战争，在激烈竞争中任何企业都不可能常胜，行业变迁也常常是翻云覆雨，多少世界级公司为了活下去不得不忍痛裁员，有些已途中消失在历

史风雨中。前路茫茫充满变数，非常的不确定，公司没法保证自己长期存活下去，因此不可能承诺保证员工一辈子，也不可能容忍懒人，因为这样就是对奋斗者、贡献者的不公平，这样对奋斗者和贡献者就不是激励而是抑制。幸福不会从天降，只能靠劳动来创造，唯有艰苦奋斗才可能让我们的未来有希望，除此之外，别无他途。从来就没有什么救世主，也不靠神仙皇帝，要创造幸福的生活，全靠我们自己。（来源：《关于近期公司人力资源变革的情况通告》，2007）

要坚持“以客户为中心，以奋斗者为本”，只“以奋斗者为本”是不对的。奋斗者干活很努力、很卖劲，但不能给客户创造价值，那他的努力就是多余的。（来源：任正非在PSST体系干部大会上的讲话，2008）

公司正在迈向新的管理高度，以什么来确定我们的组织、流程、干部的发展方向呢？以什么作为工作成绩的标尺呢？我们要以为客户提供有效服务，来作为我们工作的方向，作为价值评价的标尺，当然这包括了直接价值与间接价值。（来源：《逐步加深理解“以客户为中心，以奋斗者为本”的企业文化》，2008）

二十多年的奋斗实践，使我们领悟了自我批判对一个公司的发展有多么重要。如果我们没有坚持这条原则，华为绝不会有今天。没有自我批判，我们就不会认真听清客户的需求，就不会密切关注并学习同行的优点，就会陷入以自我为中心，必将被快速多变、竞争激烈的市场环境所淘汰；没有自我批判，我们面对一次次的生存危机，就不能深刻自我反省，自我激励，用生命的微光点燃团队的士气，照亮前进的方向；没有自我批判，就会故步自封，不能虚心吸收外来的先进东西，就不能打破游击队、土八路的局限和习性，把自己提升到全球化大公司的管理境界；没有自我批判，我们就不能保持内敛务实的文化作风，就会因为取得的一些成绩而少年得志、忘乎所以，掉入前进道路上遍布的泥坑陷阱中；没有自我批判，就不能剔除组织、流程中的无效成分，建立起一个优质的管理体系，降低运作成本；没有自我批判，各级干部不讲真话，听不进批评意见，不学习不进步，就无法保证做出正确决策和切实执行。只有长期坚持自我批判的人，才有广阔的胸怀；只有长期坚持自我批判的公司，才有光明的未来。自我批判让我们走到了今天；我们还能向前走多远，取决于我们还能继续坚持自我批判多久。（来源：《从泥坑里爬起来的人就是圣人》，2008）

我们认为CFO最重要的目标是支撑公司及时、准确、优质、低成本交付，只有四个要素同时满足，才是真正的以客户为中心。以客户为中心实际上是一个辩证的关系，就是要挤出公司内部最后一滴多余的成本，成就客户的成功，从而成就公司的成功。只要真正以客户为中心，就一定能实现有效增长。（来源：《CFO要走向流程化和职业化，支撑公司及时、准确、优质、低成本交付》，2009）

华为为什么成功，其实就是以客户为中心，以奋斗者为本，长期持续艰苦奋斗。华为公司是以客户为中心，不是以老板为中心，眼睛盯着客户干活，各级主管是以客户为中心，还是以领导为中心，这是两个不同的风格，两个不同的反应，两种不同的价值观。这是一个很重要的问题，以客户为中心，这肯定会使我们企业走向胜利。怎么以客户为中心呢？什么是以客户为中心？首先是华为公司必须要以奋斗者为本，以奋斗者为本的实质是什么？其实就是以客户为本。奋斗者为什么而奋斗？应该是为客户而奋斗，我们公司有惰怠者，惰怠者让客户支付他惰怠的钱，客户为什么会这么无私？所以要长期坚持艰苦奋斗。不管你赚了多少钱，你都得艰苦奋斗。艰苦奋斗是指思想上的，不是指物质上的，我讲的是精神上的艰苦奋斗。如果我们公司开始

舒舒服服地奋斗，慢慢可能就危险了，就没有希望了。（来源：《对“三个胜利原则”的简单解释》，2010）

要打破自己的优势，形成新的优势。我们不主动打破自己的优势，别人早晚也会来打破。一定要把华为公司的优势去掉，去掉优势就是更有优势。（来源：《最好的防御就是进攻》，2013）

自我批判是拯救公司最重要的行为。从“烧不死的鸟是凤凰”，“从泥坑里爬出的是圣人”，我们就开始了自我批判。正是这种自我纠正的行动，使公司这些年健康成长。（来源：任正非在公司2013年度干部工作会议的讲话——《用乌龟精神，追上龙飞船》，2013）

### 4.1.2　接班人必须认同企业的核心价值观，并具有自我批判精神

我们提拔什么样的干部？你必须认同我们的文化，而且必须能为企业创造效益，否则我们就不使用你。认同价值观念是很重要的，我们就是权权交换。你有不学习不努力的权力，但我们不也有不提拔不重用不涨工资不给你这样不给你那样的权力吗？这就逼着他想学也得学，不想学也得学。逼上梁山了，只好前进。（来源：《抓住机遇，调整机制，迎接挑战》，1997）

华为公司会否垮掉，完全取决于自己，取决于我们的管理是否进步。管理能否进步，取决于两个问题，一是核心价值观能否让我们的干部接受，二是能否自我批判。（来源：《华为的红旗还能打多久》，1998）

我们选拔干部要求他们承认我们公司的核心价值观，并比其他员工更卓有贡献。干部一定要吃苦在前，享乐在后，冲锋在前，退却在后。一定要以

身作则，严格要求自己。（来源：《改变对干部的考核机制，以适应行业转型的困难发展时期》，2006）

一个企业怎样才能长治久安，这是古往今来最大的一个问题。我们要研究推动华为前进的主要动力是什么，怎么使这些动力能长期稳定运行，而又不断自我优化。大家越来越明白，促使核动力、油动力、煤动力、电动力、沼气动力……，一同努力的源，是企业的核心价值观。这些核心价值观要被接班人所确认，同时接班人要有自我批判能力。接班人是用核心价值观约束、塑造出来的，这样才能使企业长治久安。接班人是广义的，不是高层领导下台就产生个接班人，而是每时每刻都在发生的过程，每件事、每个岗位、每条流程都有这种交替行为，是不断改进、改良、优化的行为。我们要使各个岗位都有接班人，接班人都要承认这个核心价值观。（来源：《干部要担负起公司价值观的传承》，2010）

干部要传承公司价值观，知恩畏罪，踏实做事，严禁拍马屁之风。所有的干部要抓价值观的传承，传承的基础是干部首先自己要理解。我希望我们整理的人力资源管理纲要、业务管理纲要、财经管理纲要，通过讨论碰撞和头脑风暴，用三五年时间在全公司发酵，发酵的时间越长，我们就能做出一壶好酒。公司内部要有反对意见，有了反对意见，我们还能步调一致，勇猛向前，这样的公司就会胜利，这样的公司除了胜利，已经无路可走。强迫大家表面上跟我们步调一致，是有很大风险的。（来源：《以“选拔制”建设干部队伍，按流程梳理和精简组织，推进组织公开性和均衡性建设》，2011）

### 4.1.3 领导者最重要的才能就是影响文化的能力

高层次的文化感染中，是否每个高层员工都把文化传到基层去了呢？这就是我们各级干部的责任，各级干部自己没有理解，怎么可能去传播这个东西。没有华为文化，不能融入华为文化，是不能做干部的，是要下去的。（来源：《要树立服务意识、品牌意识、群体意识》，1996）

你要做一个干部，而没有融入华为文化，你会十分别扭，而常常挨批评，干起来没意思。不可想象做华为人，没有华为文化，没有丰富的内涵，可以在华为当官。因此，任何一个员工都要遵守华为人的行为准则，任何一个干部都要发扬这种文化，并有所创造。（来源：任正非在市场部全体正职集体辞职仪式上的讲话，1996）

领导者最重要的才能就是影响文化的能力。人是受动机驱使的，如果完全利用这个动机去驱使他呢，就会把人变得斤斤计较，相互之间没有团结协作，没有追求了。那么，文化的作用就是在物质文明和物质利益的基础上，使他超越基本的生理需求，去追求更高层次的需要，追求自我实现的需要，把他的潜能充分调动起来，而在这种追求过程中，他与人合作，赢得别人的尊重、别人的承认，这些需求就构成了整个团队运作的基础。（来源：《抓住机遇，调整机制，迎接挑战》，1997）

企业文化建设就是建立一个思想统一的平台，权力再分配的基础就是公司的企业文化，如果前几年在未达成企业文化共识时就实施权力下放，华为公司早就分崩离析了。（来源：《坚定不移地推行ISO9000》，1997）

思想权和文化权是企业最大的管理权，思想权和文化权的具体体现是假设权。比如知识是资本，雷锋不吃亏。立项也是假设，立项后我们用实践去证实这个假设。假设权必须控制在公司手中。（来源：《思想权和文化权是企业最大的管理权》，1997）

华为公司就是要解决一个综合平衡问题，综合平衡最重要的基础就是文化。如果没有一个组织、文化的认识，就无法综合平衡。“从心所欲，而不逾矩”，不是约束你，而是要你综合平衡，自我修正、自我调整、自我前进。自我调整不是靠领袖来实现的，领袖只是一匹狼，主要是抓机会，抓住机会以后就由狼群自动实现综合平衡。这是一种以文化为基础的自觉的综合推进系统。（来源：任正非在基本法第四稿修改会议上的讲话，1997）

公司要保持高度的团结与统一，靠的是有共同的价值观和认同观。我们要坚定不移地用经济杠杆来撬动公司的发展，用价值评价规律来牵引文化认同。（来源：总裁办公会议纪要，1997）

我们的各级干部组织要面对现实，承认现实，热爱现实。如果思想的基础和现实的手段相矛盾，就可能会带来某些冲突，所以我们公司的理念要和现实一致。在这个举措当中，可能有一些员工不满。面对这些改革，干部要在员工中起到稳定剂的作用，通过对自己的严格要求带动周边员工对公司政策理解和认同。干部要帮助公司了解员工，更重要的是要帮助员工去理解公司。（来源：《把财经管理体系建成跟随公司业务快速变化的铜墙铁壁》，2005）

多年来华为一直强调：资源是会枯竭的，唯有文化才会生生不息。一切工业产品都是人类智慧创造的。华为没有可以依存的自然资源，唯有在人的头脑中挖掘出大油田、大森林、大煤矿……。精神是可以转化为物质的，物质文明有利于巩固精神文明。我们坚持以精神文明促进物质文明的方针。这里的文化，不仅包含了知识、技术、管理、情操……，也包含了一切促进生产力发展的无形因素。（来源：《华为公司的核心价值观》，2007 年修订版）

华为文化承载了华为的核心价值观，使得华为的客户需求导向的战略能够层层分解并融入所有员工的每项工作之中。不断强化“为客户服务是华为生存的唯一理由”，提升了员工的客户服务意识，并深入人心。通过强化以责任结果为导向的价值评价体系和良好的激励机制，使得我们所有的目标都以客户需求为导向，通过一系列的流程化的组织结构和规范化的操作规程来保证满足客户需求。由此形成了静水潜流的基于客户导向的高绩效企业文化。（来源：《华为公司的核心价值观》，2007 年修订版）

## 4.2 洞察客户需求，捕捉商业机会，抓业务增长

### 4.2.1 干部要贴近客户，倾听并紧紧抓住客户需求

公司的高级干部是怎么进步的？就是天天与客户在一起，通过与客户的接触产生思想上的火花，也为后来的发展奠定了扎实基础。（来源：《公司的发展重心要放在满足客户当前的需求上》，2002）

对研发所有副总裁级的人员也要建立每周有几次见客人的制度。坚持与客户进行交流，听一听客户的心声，我们就能了解客户好多想法。我们今天之所以有进步，就是客户教我们的。不断地与客户进行沟通，就是让客户不断帮助我们进步。如果嘴上讲 365 天都想着产品、想着市场，实际上连市场人员、客户的名字和电话号码都记不住，还有什么用？华为生存下来的理由是为了客户。全公司从上到下都要围绕客户转。我们说客户是华为之魂，而不是一两个高层领导，建立客户价值观，就是围绕着客户转，转着转着就实现了流程化、制度化，公司就实现无为而治了。（来源：《认识驾驭客观规律，发挥核心团队的作用，不断提高人均效益，共同努力度过困难》，2002）

我们已经确定了一把手的三点责任，“布阵、点兵、陪客户吃饭”。什么叫布阵？就是组织建设，以及组织行为建设；什么叫点兵？就是干部选拔、使用、考核的路线和干部新陈代谢的和谐解决；什么叫陪客户吃饭？就是要紧紧抓住客户需求，不管是内部客户还是外部客户，都要紧紧抓住。（来源：《认清形势，加快组织建设和后备干部培养，迎接公司新发展》，2005）

坚持以客户为中心。以客户为中心，就会产生许多将军，因为你想要客户口袋中的钱，他不傻，不会给你，货比三家，对你还苛刻一点，你没有水平是拿不到的，你动动脑筋就会产生英雄、将军。（来源：《对“三个胜利原则”的简单解释》，2010）

集团和BG（业务组）都要密切保持和客户的关系。尤其是集团的高级干部要保持和高层客户之间的组织友谊和个人友谊，建立起客户关系的维护机制。高级干部在不同BG或区域调动工作的，也要保持和维护以前建立的与客户的个人友谊。（来源：EMT决议[2011]047号）

我们讲战略宣传要以客户为中心，就要真正搞清楚客户的痛点在哪里，我们怎么帮客户解决他们的实际问题。这次巴展（巴塞罗那世界移动通信大会）我去看了爱立信的展台，爱立信只给客户讲客户的痛点，他们的咨询专家在客户来之前已研究过了要对客户讲哪一点，就把这一点给客户讲透，完了你愿意继续看就自己看。我们现在的展厅展览像接待小学生一样，让每个人都从头到尾看一遍，对每个人都从ABC讲起……我们整个展览系统不是以咨询专家的身份出现，我们是以讲解员的身份出现。我们要直接切入、深层次地揭示客户的痛点是什么，然后讲我们的解决方案是什么。（来源：任正非在华为品牌战略与宣传务虚会上的讲话纪要——紧紧围绕客户，在战略层面宣传公司，2012）

我们现在应该给客户展示未来，我们不展示历史。客户天天跟我们打交道，早就对我们很了解了，为什么还要叫客户复习一遍呢？客户只是不知道未来会是什么样子，我们也不知道客户的未来是什么样子。在苹果公司推出iPhone（苹果手机）之前，大家根本想不到移动互联网会大大地超过固定互联网。所以我们要知道客户到这个地方来他关心什么？人家是来研究人家自己看不到的未来的。（来源：任正非在F1展厅整改工作交流座谈会上的讲话纪要——《面向未来，以客户痛点为切入点，全球化展示》，2012）

企业市场未来肯定是有希望的，但是需要一个积累。今天来说，我们能真正大抵搞明白客户需求的就是电信运营商，我们根本就不明白其他客户的需求。我们盲目摆开架势，什么行业都大张旗鼓去做，金融也做、保险也做。我们不懂银行和保险怎么运作，怎么帮人家做解决方案？因此还是要聚焦少数的客户、少数的项目。这样的话，就可以慢慢撕开口子。（来源：任正非和广州代表处座谈纪要，2013）

未来的流量不全是流在运营商的管道里面，我们要重新认识管道，站在客户的角度考虑问题。谁是我们的客户？我们的客户不仅仅包括运营商，老百姓也是我们的客户。（来源：《最好的防御就是进攻》，2013）

### 4.2.2 效益提升的基础是有效增长

我上次在英国代表处讲话，强调了精细化管理，就是在混乱中怎么走向治，乱中求治。但没有讲到治中求乱，也就是打破平衡继续扩张的问题。市场不是绘画绣花，不光是精细化管理，一定要有清晰的进取目标，要抓得住市场的主要矛盾与矛盾的主要方面。只强调精细化管理，公司是会萎缩的，精细化管理的目的，是为了扩张不陷入混乱，而并非紧关城门。我们讲精细化管理，不等于不要扩张，面对竞争，我们还是要敢于竞争，敢于胜利的。只有敢于胜利，才会善于胜利。扩张和精细化管理并不矛盾，要把两者有效结合起来。（来源：任正非在英国代表处的讲话纪要，2007）

我们这次组织整改还是强调市场机会第一，然后才是人均效益。如果片面强调人均效益第一，那么按照华为公司今年的效益，只要不招人，人均效益就提高了，但我们的增长不够。因此，人均效益提高的基础还是有效增长，还是以有效增长为中心、以自我协调为中心的机制。我们的眼睛不能只盯着人均效益，否则我们一定会失败。没有战略思维是不行的，所以要盯到我们的增长上，盯到我们创造的总效益上，然后再考核人均效益。（来源：任正非在3月25日后备干部总队例会上的讲话，2009）

保持业务增长是提高人均效益的重要手段，提升人均效益的措施必须能够有效地支撑业务发展，要在前进过程中不断提升组织效率，盘活现有人力资源，而不是简单地裁减人员。（来源：EMT决议[2009]002号）

一定要建立弹性的人力资源机制，不要僵化教条的机制。我认为还是要建立一个扩张机制，不能建立一个停下来的机制。整个公司必须在前进中调整，在前进中交接班，绝不允许停下来整顿，停下来交接班。（来源：任正非在3月25日后备干部总队例会上的讲话，2009）

华为可不能溃败，要长期保持在战斗、冲锋的状况，要在冲锋中去改进，我们不能停下来改进，我们加强了正现金流和正利润流的考核，已经给这些冲锋的将士戴上紧箍咒了，但是不能再给他们戴上脚镣，不然的话我们公司停下来整顿，这个风险太大了。我们的考核已经使得公司原来的增长方式变成有效增长、自我循环了。（来源：任正非与IFS项目组及财经体系员工座谈纪要，2009）

我们现在的利润不是来自于管理，而是来自于增长，如果明天没有增长了，我们公司可能就利润负、现金流负了。我们现在就要在没有负增长之前，把内部效率提升起来。比如作战部门，你要继续改进，要增人，你就增人，但要多挣点粮食。（来源：任正非在2009年5月25日EMT办公会议、5月26日HRC会议上的讲话记录）

对于不能承诺和完成公司所期望的经营增长目标的干部，要通过考核机制予以撤换。要把有冲劲、努力实现增长的干部放到经营管理的各关键岗位上去。（来源：EMT纪要[2011]002号）

什么叫规模？一定要坚持有效收益为主线，不要盲目铺大。企业市场没有什么兵家必争之地，不要奢谈格局问题，一定要找到适合你的突破点，突破了，再撕大口子，逐步做大。终端也没有格局问题，都要以盈利为基础稳健发展。在这种市场上，不能动不动就搞什么恶战，别老是想低价竞争的问题，这是历史了，这是过去华为公司的错路，要终止，否则我们就会破坏这个世界，破坏社会秩序了。我们还是要以优质的产品和服务打动客户，恶战、低价是没有出路的。（来源：任正非和广州代表处座谈纪要，2013）

### 4.2.3 只有敢于胜利，才能善于胜利

现代科学技术的发展越来越复杂，变化越来越快，高科技产业稍有不慎，就会落在后面，以致消亡。发达国家是几千人、几万人同做一个软件，我们起点就低，再进行商业个体户的行为，必定失败。推行集体奋斗遇到了阻力，就可以想象，纷纷有骨干跳槽，使公司经常面临危机。华为坚定不移的钉子精神，压强原则，集中一切可以集中的力量，突破一点，局部领先，使华为度过起步的艰难。回想起来，全身发抖，全世界没有我们这么搞科研的，同

时采用这么多新技术，没有样机借鉴，一步到位地从头设计，幸亏我们成功了，失败了后果真不堪设想。历史上只有敢想才能敢干，只有敢于革命才能善于革命。（来源：《目前形势与我们的任务》，1995）

只要市场需要，而且这个市场需要可能有一个支撑量，我们就要抓住这个机会。现在我们并不知道市场会出现什么导向。所以在市场比较模糊的情况下，我们轻易不能放弃，在目前模糊的情况下，必须多条战线作战，当市场明晰时，我们立即将投资重心转到主线上去。所以我主张业务导向、产品导向，以利润为导向，但是不为利润所动，我们需要的是未来的机会。因此你们走向市场系统、走向用服系统都是积极地真正理解客户需求、积极服务市场的第一步，培养锻炼一批有全面知识的人才，这一点我认为要真正的理解，特别是越高级、技术越尖的员工越需要补充这方面的知识，成为一个全方面的专家。这都是培育未来机会。（来源：研发管理委员会会议纪要，2001）

要敢于胜利，才能善于胜利。回想当年董事长带着大家开拓BT、Vodafone（沃达丰）、Telefonica（西班牙电信）……的时候，我们真是蚍蜉撼树，不自量力，没有那时的勇敢精神，就没有今天的好局面。这是值得我们各级正职干部好好学习的榜样。各级管理部门，都要围绕不断改善自己的工作，有效地符合全流程的效率，来支持公司的扩张。（来源：任正非在英国代表处的讲话纪要，2007）

我认为，我们所有领域里面，凡是销售额增长低于公司平均增长率的地区部、产品线，要加强精细化管理，我不强迫你们泡沫化。以后你要为增长快的地区提供经验，提供干部输送。你们今天的增长率也已经是世界奇迹了，不要去攀比，谁叫你们以前跑得快呢！整个战线的目的，就在要加强扩张，要加快扩张，我们这样的机会一千年不再出现一次。曾经出现过千载难逢的机会，就在七八年前出现过这种机会，但那时候我们还是蚂蚁，我们没有这个能力。而我们现在已经有能力了。我们这个时候要敢于胜利，才能善于胜利。不敢于胜利的人，是不可能善于胜利的。我们要坚持我们的管理原则和组织原则，必须要体现万众一心。积累了二十年就为了今天，我们为什么要浪费这个时间和机会啊？（来源：EMT 纪要 [2008]009 号）

上市公司为了控制财务成本，可能在这次机会转折的过程中，不如我们疯狂。我们的员工，一定要像韩国人一样疯狂。我们公司有韩国人的样板嘛。在座的谁是韩国人？余承东就是韩国人，余承东去争抢，不知道要抢多少东西回来。我们有相对稳定的产品，我们的组织经过二十年的改造也逐步成熟，是能有序扩张的。我们要有韩国人的精神，要提拔像韩国人那样的干部。换干部就是要换韩国人当一把手，增长就全上去了。（来源：任正非在 2011 年 1 月 20 日 EMT 办公例会上的讲话——《加大投入，抢占战略机会点》）

我们在主航道上、主战场上，要有一大批像余疯子这样不信邪的干部，我们也渴望大批不信邪的干部上来，冲到战场上去，上去了就没打算下来，完蛋就完蛋，哪会不成功呢？如果我们没有这种英雄气概，都是退缩在后面，做了很多精密策划但没有打一炮有啥用？所以我认为还是要鼓励很多优秀的青年走上主战场。上战场，特别是高级干部更要上战场。上战场不是让你当士兵，至少要感受一下我们产品与客户需求的适配性，按照可安装性、可维护性等维度系统考虑我们产品的价值，而不是仅仅停留在技术上。（来源：《力出一孔，要集中优势资源投入在主航道上，敢于去争取更大的机会与差距》，2011）

# 4.3　带领团队实现组织目标

## 4.3.1　职业管理者以实现组织目标为己任

一个职业管理者的社会责任（狭义）与历史使命，就是为实现组织目标而奋斗，以实现组织目标为己任，缩短实现组织目标的时间，节省实现组织目标的资源，这才是一个管理者应有的职业素养与成就感。（来源：《职业管理者的使命与责任》，2000）

公司一贯主张各级主管的首要责任就是要带领下属团队去攻山头，而不是片面地只关注具体业务而忽略团队管理和下属的培养与成长。（来源：EMT决议[2006]016号）

## 4.3.2　在担负扩张任务的部门，形成“狼狈组织”

企业就是要发展一批狼，狼有三大特性，一是敏锐的嗅觉；二是不屈不挠、奋不顾身的进攻精神；三是群体奋斗。企业要扩张，必须有这三要素。所以要构筑一个宽松的环境，让大家去努力奋斗，在新机会点出现时，自然会有一批领袖站出来去争夺市场先机。市场部有一个狼狈组织计划，就是强调了组织的进攻性（狼）与管理性（狈）。当然只有担负扩张任务的部门，才执行狼狈组织计划。其他部门要根据自己的特征确定自己的干部选拔原则。（来源：《华为的红旗到底能打多久》，1994）

我们把目标瞄准世界上最强的竞争对手，不断靠拢并超越他，才能生存下去。因此，公司在研发、市场系统必须建立一个适应“狼”生存发展的组织和机制，吸引、培养大量具有强烈求胜欲的进攻型、扩张型干部，激励他们像狼一样嗅觉敏锐，团结作战，不顾一切地捕捉机会，扩张产品和市场。同时培养一批善统筹、会建立综合管理平台的狈，以支持狼的进攻，形成狼狈之势。狈在进攻时与狼是形成一体的。只是这时狈用前腿抱住狼的腰，用后腿蹲地，推狼前进。但这种组织建设模式，不适合其他部门。（来源：《建立一个适应企业生存发展的组织和机制》，1997）

我们没有提出过“狼文化”，我们最早提出的是一个“狼狈组织计划”，是针对办事处的组织建设的，是从狼与狈的生理行为归纳出来的。狼有敏锐的嗅觉，团队合作的精神，以及不屈不挠坚持。而狈非常聪明，因为个子小，前腿短，在进攻时是不能独立作战的，因而它跳跃时是抱紧狼的后部，一起跳跃。就像舵一样操控狼的进攻方向。狈很聪明，很有策划能力，还很细心，它就是市场的后方平台，帮助做标书、网规、行政服务……。我们做市场一定要有方向感，这就是嗅觉；以及大家一起干，这就是狼群的团队合作；要不屈不挠。不要一遇到困难就打退堂鼓，世界上的事情没有这么容易，否则就会有千亿个cisco（思科）。狼与狈是对立统一的案例，单提“狼文化”，也许会曲解了狼狈的合作精神。而且不要一提这种合作精神，就理解为加班加点，拼大力，出苦命。那样太笨，不聪明，怎么可以与狼狈相比。（来源：《逐步加深理解“以客户为中心，以奋斗者为本”的企业文化》，2008）

### 4.3.3 创造能有效激发团队战斗力的环境，让大家奋斗

各级行政长官，在正向激励下属方面，不仅仅告之人人都有前途，更要告诉他们实现这些前途如何从小事做起。人们往往以自己的价值观及工作风格来要求、评价下属。人都是有缺陷的，我们的干部紧盯着下属的缺点，误解或不公正评价下属，这样会严重挫伤他们的工作热情和积极性。（来源：任正非在总裁办公会议上的讲话，1998）

每个领导者也要学会领导方法，去创造环境，让人家奋斗，一定要看到部属的成功就是你最大的成功。（来源：《在理性与平实中存活》，2003）

干部的责任是以平和的心态去面对并一起解决问题，工作中既要抓效率，坚持原则，又要学会相互欣赏和支持，学会体谅和感激，共同创造一个和谐的有战斗力的管理团队，我们就能克服一切困难。（来源：《在理性与平实中存活》，2003）

怎样激励队伍，使队伍有学习目标，有成长目标，是领导干部要抓的。（来源：任正非在市场财经部年度例会讲话纪要，2005）

我们有些主管喜欢把功劳归于自己，大事小事都自己做，非常辛苦，手下的一百多号人却不知道干什么。这些主管还对别人说你看我多辛苦，他们都不干活。这样的主管应该回到操作岗位上去。你的兵不干活是你领导无方。没有熊的兵，只有熊的官。关键是抓住主要矛盾和矛盾的主要方面，做合理的安排，妥善安排大家的工作，充分发挥集体的作用。（来源：任正非在PSST体系干部大会上的讲话，2008）

### 4.3.4　带领团队奋斗过程中，做到用兵狠、爱兵切

基层干部不会管理，拿着管理的棒子打人，在华为公司不是个别现象，我不是说基层干部不好，而是基层干部一定要学会怎么管理，要学会工作方法，我们的管理要严格，但是还要有方法，这样矛盾才不会激化，严格的管理不见得不充满爱心。（来源：任正非对近期宣传要求的讲话纪要，1997）

我们的干部要辣而不骄。我们要加强考核管理，并不是对员工不充满爱

心，对周边不协调配合。历史上的铁军，其领军人都是爱兵之人。我们一定要继承发扬胜则举杯相庆，败则拼死相救的作风。解决好人与人之间、部门与部门之间的协调配合，提高整体效率。（来源：《关于人力资源管理变革的指导意见》，2005）

军队中有句口号叫“首战用我，用我必胜”。铁军都是打出来的，这些铁军他们不仅是用兵狠，更重要的是要爱兵切。每天夜里两三点了，都要去查哨、查铺，看看有没有战士偷懒打瞌睡的，也看看有没有战士被子掉了的，给盖上被子。这是管理战士，也是关心战士。严格管理是不带感情色彩的，但在生活成长中是可以有感情的，我们要加强这方面的共同认识，大家共同地走到公司的共同事业上来。我们现在有些基层干部不会团结人，对下属冷冰冰的，下属会跟你冲锋？（来源：任正非在亚太地区部工作汇报会上的讲话，2006）

铁军是打出来的，兵是爱出来的。古往今来凡能打仗的部队，无一例外，都是长官爱惜士兵，不然就不会有士为知己者死。我们的企业文化，绝不是让各级干部又凶又恶，我们也不支持把这些人选拔进各级管理团队。文化是给大家提供了一个精髓，提供了一个合作的向心力，提供了一种人际相处的价值观，这种价值观是需要人们心悦诚服。又凶又恶的人是能力不足的表现，是靠威严来撑住自己的软弱，这种干部破坏了华为文化的形象，这种人不是真有本事，我们要及时更换。我们各级干部去组织员工实践任务时，要以身作则，正人先正己。要关爱员工，关心他的能力成长、工作协调的困难，同时，也可以适当地关怀他的生活。你都对别人不好，别人凭什么为你卖力？（来源：《逐步加深理解“以客户为中心，以奋斗者为本”的企业文化》，2008）

历史上打仗特别凶的军队，其主管都是非常爱兵的，能和士兵同甘共苦。不然，士兵是不会冒着生命危险去冲锋陷阵，正所谓“士为知己者死”。有人知道“酒泉”这个地名的来历吗？“酒泉”的来历与霍去病有关。当年，皇帝奖赏霍去病十几坛好酒。为了让十万军队都能喝到，霍去病就想了一个办法，把酒从驻地附近的溪流的上游倒下来，酒就随水往下流，士兵趴在溪边都喝到了。因此霍去病是良将。（来源：任正非在PSST体系干部大会上的讲话，2008）

当然，我们对那些奋斗后身体不好的人，要关怀。特别是那些经过紧张项目下来，实在太累的人，给以两三天的度假安排，在海边、在风景区休整一下，恢复体力。对那些弦绷得太紧的人，适当给予休整。铁军是领袖对士兵关怀而产生的，队伍对外的坚韧，是对内的柔和而建造的。我们要奋斗，也要对奋斗者充分关怀。（来源：《看莫斯科保卫战有感》，2008）

在座的都是公司的高级干部，未来接班的是你们，你们要爱护自己的身体，你们是公司真正的宝贵财富。你们的担子不要挑得太重了，权力往下放，减轻一些工作负担，多锻炼锻炼身体，舍得花点钱把身体搞好，活在当下嘛。这个公司的增长是靠全体人增长，不是靠少数人增长，如果你们不爱护自己的身体，其实就是榨干这个公司，因为公司总是要交给你们的，然后你们病怏怏的，这样子有啥好处呢？（来源：任正非在2011年6月30日EMT办公例会上的讲话）

我认为讲高级干部身体健康的关怀爱护，就是少加班，少开会，多换休。出差也不要那么频繁，实在不得了的时候，要适当增加一些副职。我说不要搞那么多副职，不是说就是要搞掉副职，而是看是不是有效的副职，是不是必须设这个副职，必需的我们就要增加，不然我们就把一把手累死了。专职副职我也是能接受的，但是不要虚设，不能说这个人有历史功劳，然后给他一个副职作为荣誉职务，不能干这个事情。我提出来18级以上的干部要考勤，不是说要卡你，而是记录你加了多少班，到时候你请假休息休息不要受到打击。加班也不是说一定是节假日才算加班，平时你开“夜总会”的时候就是加班，你记录下来，需要时休息一下。（来源：任正非在2011年6月30日EMT办公例会上的讲话）

### 4.3.5 用内心之火和精神之光点燃全体员工的信心

公司的一些部门（特别是事务性部门）不要随意扩张，但是也不要随便裁员，削弱自己的竞争实力。现在这两年我们敲着锣、打着鼓，还得吹着号，像18世纪作战那样冲锋前进。尽管前面有枪林弹雨，看着我们敲锣打鼓，人家开枪的害怕了，不是我们害怕了。两三年后，一旦市场出现转机，我们的干部已培养好了，组织体系更有效，流程优化了，我们的IT也建立起来了，我们作战的方队是好的，我们扑上去才能撕开这个大口子，才能扩大规模，才能和竞争对手拉开差距。（来源：任正非在2000年毕业生招聘工作会议上的讲话，1999）

高级将领的作用是什么？就是要在看不清的茫茫黑暗中，用自己发出微光，带着你的队伍前进，就像希腊神话中的丹柯一样把心拿出来燃烧，照亮后人前进的道路一样。越是在困难的时候，我们的高级干部就越是要在黑暗中发出生命的微光，发挥主观能动性，鼓舞起队伍必胜的信心，引导队伍走向胜利。（来源：《认识驾驭客观规律，发挥核心团队的作用，不断提高人均效益，共同努力度过困难》，2002）

我认为高级干部必须要用内心之火和精神之光来点燃我们全体员工的信心，这就是历史赋予我们高级干部的历史使命。（来源：《我们必须用内心之火、精神之光点燃部属必胜的信念》，2002）

各级主管要多和员工沟通，可以向员工描绘部门未来的发展目标和愿景，牵引员工向前看。（来源：任正非在PSST体系干部大会上的讲话，2008）

各级干部、主管应经得起考验，勇敢挑起大梁，带领员工齐心协力渡过难关。对于那些传播谣言、对公司失去信心、不能勇敢面对困难并感到恐慌的干部，不断对项目叫苦的干部，说明他们承担这个担子有困难，各级组织应积极帮助他们退出领导和关键岗位，尽快安排有能力的人接替，由能经得起考验的继任者担任工作。（来源：《关键时刻是考验各级干部的试金石》，2012）

## 4.4　有清晰的主攻方向，抓主要矛盾

### 4.4.1　干部最重要的是要有清晰的工作方向

领袖不需要太懂技术但要懂方向，要看清商业目标，要有战略思维能力，要跳出技术思维圈子。（来源：任正非在上海研究所的讲话，2007）

一个干部最重要的是必须有清晰的工作方向。我们很多干部很忙，实际上大部分时间干的不一定是正确的事。大家累得很、忙得很，却不产生什么价值。怎么能当好一个主管，我在英国代表处的讲话中，讲了一个领导一定要抓住主要矛盾和矛盾的主要方面。一个领袖干什么？一个领袖其实就是要

抓住主要矛盾、抓住矛盾的主要方面。工作就是要找准方向。所以主管要谋定而后动，要想清楚再干。我们公司有很多的草莽英雄，提着盒子枪，还没想清楚怎么打仗，就先站起来了。如果事情没想清楚，就会浪费很多精力，这种习惯极大地伤害了我们的员工。（来源：任正非在PSST体系干部大会上的讲话，2008）

高级干部要构筑长远的战略思维，要多参加达沃斯论坛这样的社会活动，开阔视野，冲开思维，不能只满足于当将军，要当统帅。（来源：EMT纪要[2012]028号）

高级干部要多关注战略，我转了几篇关于航母专家的文章，给EMT成员看。航母专家讲美国为什么而战，谈的都是货币、金融。我们公司也要有这种视野，我们要有一批统帅级的干部出来。从战略研究院开始，要有很多人不是去关注具体的事，而关注构建长远的战略思维，要敢于去碰撞。为什么让高层领导去参加达沃斯，达沃斯讲的是未来二三十年以后的社会结构，也有可能你的思想，就在这时候开了这一个缝，人生就走向正确之路了。有时候思想家就是一本书、一篇文章。我们有一大批战略家，也有成百数千个将军，这些人中一定会产生思想家，有人问我用什么办法，我说把他的手和脚砍掉，只剩一个脑袋，就会变成思想家了。（来源：任正非在2012年10月30日EMT办公例会上的讲话）

我们现在这样的干部队伍怎么打仗？必须得提高眼界。我们干部的思维现状还是抓权，权要抓到手里面，不然不踏实，而没有战略。（来源：任正非在2012年10月30日EMT办公例会上的讲话）

首先争取在过年前，把Fellow[①]批准下来。高级干部要么走Fellow线，要么走行政管理线，不要两者都得。我们在高瞻远瞩上，已经比以前进步很多了，能够听得进很多声音，不再是那么光埋头苦干了，要继续发扬。但是我们在掌握全球最重要的价值链这个问题上，还是缺乏能力，现在我们走到哪儿，大家还是采取低价竞争，还是二十年前的工作方法。（来源：任正非在2012年10月30日EMT办公例会上的讲话）

如果在短期投资和长期利益上没有看得很清楚的人，实际上他就不是将军。将军就要有战略意识，没有战略意识怎么叫将军呢？这是第一个问题。第二个问题又要讲到耗散结构，华为公司实际上是处在一个相对较好的时期，要加大投入，把这些优势耗散掉，形成新的优势。整个社会都在衰退，经济可能会循环衰退，我们虽然跟自己过去相比下降了，但和旁边相比，活得很滋润，我们今年的纯利润会到20亿~30亿美元。因此，对未来的投资不能手软。不敢用钱是我们缺少领袖，缺少将军，缺少对未来的战略。（来源：任正非与2012实验室座谈会纪要，2012）

在调整的这个过渡时期，我们呼唤更多有战略眼光的人走到管理岗位上来。我们看问题要长远，我们今天就是来赌博，赌博就是战略眼光。我们赌什么呢，赌管道会像太平洋一样粗。（来源：任正非与2012实验室座谈会纪要，2012）

以前有人批评我们，说你们有线也做，无线也做，怎么能成功呢？爱立

① Fellow：华为公司为牵引杰出人才为公司的商业成功持续做出突破性的重大贡献，参与影响产业发展方向与节奏，确立华为公司产品竞争力的全球领先地位，特设立华为公司Fellow，作为代表专业技术人员重大成就的最高称号，全球统一使用。在产品、技术、工程等领域做出创造性成就和重大贡献、具备足够业界影响力的华为员工，可被推荐参与华为Fellow的评选。

信就只做无线。我当时回答说，有线、无线将来都是个传输信息的东西，我那时还想不到信息技术后来会发生这么大的变化。基于这样的认识，我们坚持了下来，走到了今天。往前走，有线、无线这两条河就合拢了；继续往前走，还会有一个河口……，这个世界就是不断把下一个河口告诉你，实际上还是这条河流。不认识到这一点，大家以为公司的战略总在变，长江流到宜昌了，大家喊我们到宜昌啦，三峡多美啊！到武汉了，大家喊我们到武汉啦，江汉平原多富饶！到南京了，说长江中下游鱼米之乡啊！到上海了，说我们终于走向大海了！……我们看整个过程，其实就是长江，这个主航道并没有变化。所以在这个问题上我们也要有个正确的牵引，让我们广大干部员工也能明白。华为公司在今天千军万马的时候，一定要找到出口，出口就是品牌战略做出的假设。有假设，有牵引，万江才能汇流。（来源：任正非在华为品牌战略与宣传务虚会上的讲话纪要——《紧紧围绕客户，在战略层面宣传公司》，2012）

我认为思想领袖更多是在价值分配、全球战略格局上思考，发挥引领作用，思想领袖不是停留在管理方法，而是要上升到管理哲学层面；战略领袖要规划未来的战略格局；商业领袖要集中在淮海战役、辽沈战役的成功上来考虑；高端专业就是做系统性的规划。（来源：任正非在2013年3月29日EMT办公例会上的讲话）

我认为一个清晰的战略目标，大家来跟随，这就是领袖的作用。（来源：任正非在2013年3月29日EMT办公例会上的讲话）

### 4.4.2 抓住主要矛盾和矛盾的主要方面

我们讲精细化管理，不等于不要扩张，面对竞争，我们还是要敢于竞争，敢于胜利的。只有敢于胜利，才会善于胜利。扩张和精细化管理并不矛盾，要把两者有效结合起来。前不久听了几个代表处汇报，汇报胶片面面俱到，像绣花一样，处处都绣得很精细，但是缺少了灵魂，没有抓住核心。简言之，就是没有抓住主要矛盾和矛盾的主要方面。大家看看在东北战场上，国共双方上百万兵力胶着在一起，双方统帅、高级将领如何抓住主要矛盾，以及抓住矛盾的主要方面的。浑水摸鱼，只有强者才能摸到鱼。（来源：任正非在英国代表处的讲话纪要，2007）

对于处在高速成长阶段的市场和产品，以抢山头、夺地盘、占市场份额为主要目标，同时开展精细化管理以防止盲目扩张陷入混乱。考核成长不仅要考销售额，还要考潜在销售增长，考核大T（指大型电信运营商客户）的突破。争夺地盘，不仅仅指争夺地域上的地盘，还包括产品地盘和运营商地盘，地盘就是格局。（来源：EMT纪要[2008]014号）

未来的不可知性使我们的前进充满了风险，面对着不确定性，各级主管要抓住主要矛盾，以及矛盾的主要方面，要有清晰的工作方向，以及实现这些目标的合理节奏与灰度。（来源：《谁来呼唤炮火，如何及时提供炮火支援》，2009）

中国历史上失败的变革都是因操之过急，展开面过大，过于僵化而失败的。华为公司二十年来，都是在不断改良中前进的，仅有少有的一两次跳变。我们在变革中，要抓住主要矛盾和矛盾的主要方面，要把握好方向，谋定而后动，要急用先行、不求完美，深入细致地做工作，切忌贪天功为己有的盲动。华为公司的管理，只要实用，不要优中选优。天将降大任于斯人也，要头脑清醒，方向正确，踏踏实实，专心致志，努力实践，与大洪流融入一起。如此必将在这个变革中，获得进步与收获。（来源：《谁来呼唤炮火，如何及时提供炮火支援》，2009）

面临这个时代，不是我们要不要引领市场需求，我认为能不能适应这种变化才是最主要的。我们现在的很多资产实际上是话音时代的资产，过去二十年的成功并不能证明我们未来怎么样。在这个新时代，我们就是要丢掉包袱前进。首先我认为技术不是门槛，任何技术别人都能赶上来的；客户也不一定有忠诚度，因为你自己就不可能永远这么好地对待你曾经的客户，这些都是不可靠的。我认为真真实实的是商业模式。为什么我一贯主张赚小钱不赚大钱？这就是商业模式。因为电信网络不太挣钱了，有些设备供应商减少了有些方面的投资，才让我们赶上来了。如果当我们在这个行业称霸时，我们继续赚小钱，谁想进这个行业赚大钱是不可能的，他要赚小钱，他能不能耐得住这个寂寞？耐不住寂寞他就不干了，还是我们占着这个位置。如果我们长期保持饥饿状态，不谋求赚大钱，最终我们能持久赚钱，赚小钱。如果分配不是很差，还过得去，大家不散掉就行了。如果我们想垒起短期利益，想赚大钱，就是在自己埋葬自己。保证公司生存下来应该是多方面的，但我认为最主要的，就是要内心盯住有效的增长及优质的服务。（来源：任正非在惠州运营商网络BG战略务虚会上的讲话及主要讨论发言，2012）

### 4.4.3　在不断改良中前进

近期的管理进步，必须有一个长远的目标方向，这就是核心竞争力的提升。公司长远的发展方向是网络设备供应商，这是公司核心竞争力的重要体现。有了这个导向，我们抓近期的管理就不会迷失方向。朝着这个方向发展，我们的近期发展和远期发展就不会发生矛盾，我们的核心竞争力就会得到提升，我们也就有了生存的理由和生存的价值。在管理上，我不是一个激进主义者，而是一个改良主义者，主张不断地管理进步，一小步的改进、一小步的进步。任何事情不要等到问题成堆，才去做英雄弹指间的“力挽狂澜”，而是要不断地疏导。即使别人误认为你没有抓管理的能力，也不能为了个人名

声而去“大刀阔斧”。（来源：《活下去，是企业的硬道理》，2000）

我更反对没有全局观的干部主导变革，这样的人主导工作，会使流程扭曲来、扭曲去，越改越糟。我们选拔干部管变革时要先看，能不能管理全局变革。所提上来的干部随意推翻过去的流程，改革力度过大，要立即免职，避免管理出现大的振荡，造成高成本。（来源：《改变对干部的考核机制，以适应行业转型的困难发展时期》，2006）

每个干部都不要走向极端，极端会产生争论、“战争”，是有可能造成对成熟流程的破坏。我为什么讲灰色，灰色就是不要使用“革命”的手段，要以改良的方法对待流程变革，要继往开来，不要推倒重来。（来源：《华为大学要成为将军的摇篮》，2007）

整个组织行为是引导做实的。坚持改进、改良和改善，反对大刀阔斧，反对急躁冒进，因为牵一发而动全身，随意的改进就是高成本。提倡循序渐进，提倡继承与发扬，提倡改良。任何一个新的主管上任的时候，他不能大幅度地推翻前任的管理，他的变革超过一定的限度时，他会被弹劾。我们对企业创新进行有效管理，坚持持续地提高人均效益，构建高绩效的企业文化。（来源：《华为公司的核心价值观》，2007年修订版）

变革本身是不可能停止的，但是变革也不是永久的，我们要强调一个相对稳定的状态，而不是不断地打破这个状态。优中选优是不正确的，因为我们不知最优在什么地方，我们需要的是实用。从哲学上来说就是，任何平衡的东西会被打破，这样新的生命就产生了，然后就前进了，就像我们要死，但死了我们留下新生的后代一样，这就是平衡被打破。（来源：任正非与IFS项目组及财经体系员工座谈纪要，2009）

我认为结构、流程是很重要，但还是建议先把班子任命出来，班子也参与设计，而不仅仅是由少数人来设计。以后的改革应该“两组车”改革，不能专家关起门来改革。商鞅改革为什么失败？就是没有跟官吏在一起讨论改革方案。一定要让这些官在利益上来跟我们吵，在吵的过程中实际上就达成了妥协。明年财报必须要公布人员和组织，今年年底之前要完成任命。不要追求科学化、追求完美，还是快一点比慢一点好，要先有班子可以运作，可能有些情况好，有些情况差，我们再把差的找出来。要避免出现真空及责任不落实，结果看起来完美的东西可能就不完美了。（来源：任正非在2011年11月30日EMT办公例会上的讲话）

我不担心高层层面的整合，要关注基层层面的合并。磨合消耗的力量太大，能磨合好就磨合，否则就拆开，索性由具备优势的队伍为主来接管整个地方。历史上合并很少有成功的，整合不了就是崩溃，在整合文化差异化的过程中，还是要做一些妥协。我们在整合过程中不要强调高风亮节、明大义顾大局，光强调这些空的品质是不行的，要实实在在的，强调适不适应，适应了就这样，不适应就调配走一批干部，当然也没有说调配走的就不是好干部。如果本身双方配合得很好，是互补的，那就不用去管了。（来源：任正非在2012年3月30日EMT办公例会上的讲话）

## 4.5 站在全局立场，不断改进端到端的业务流程

### 4.5.1 企业管理的目标是流程化的组织建设

我们一定要讲清楚企业的生命不是企业家的生命，为什么企业的生命不是企业家的生命？就是我们要建立一系列以客户为中心、以生存为底线的管

理体系，而不是依赖于企业家个人的决策制度。这个管理体系在它进行规范运作的时候，企业之魂就不再是企业家，而变成了客户需求。客户是永远存在的，这个魂是永远存在的。……所以我认为华为的宏观商业模式，就是产品发展的路标是客户需求，企业管理的目标是流程化组织建设。同时，牢记客户永远是企业之魂。（来源：《在理性与平实中存活》，2003）

为什么企业管理目标就是流程化的组织建设。今天大家进行管理能力的培训，和IPD、ISC、CMM（能力成熟度模型）……，以及任职资格和绩效考核体系一样，都是一些方法论，这些方法论是看似无生命实则有生命的东西。为什么我要认真推IPD、ISC？就是在摆脱企业对个人的依赖，使要做的事，从输入到输出，直接端到端，简洁并控制有效地连通，尽可能地减少层级，使成本最低，效率最高。（来源：《在理性与平实中存活》，2003）

管理的目的就是从端到端以最简单、最有效的方式，来实现流程贯通。这个端到端，就是从客户的需求端来，到准确及时地满足客户需求端去。这是我们的生命线，只要我们能认识到这个真理，华为就可以长久生存下去。内部管理是为及时、准确实现客户需求服务的，这是我们内部管理改革的宗旨和基础。背离这个宗旨和基础的，有可能陷入烦琐哲学。（来源：《管理工作要点，要点2003~2005》）

我坚决反对没有全局效益提升的局部优化，对全局无益的别去优化。如果优化没有对最终产出做出贡献，我主张保持稳定，不要去修改它，增加了改进的工作量与周边协调的工作量，这也是成本。我更反对没有全局观的干部主导变革，这样的人主导工作，会使流程扭曲来、扭曲去，越改越糟。我们选拔干部管变革时要先看，能不能管理全局变革。（来源：《改变对干部的考核机制，以适应行业转型的困难发展时期》，2006）

GTS[①]、制造作为流程的下游环节，要加强与研发的互动，推动研发改进产品的可安装性、可维护性和可制造性。在兼顾快速响应客户需求的同时，产品体系要制定版本管理的相关规定，要提升能力逐步减少版本的数量，从根本上降低后期版本维护的难度和成本，减少潜在的质量问题。考虑在产品线设立专职副总裁，关注产品的可安装性、可维护性和可制造性。（来源：EMT纪要[2008]013号）

对于增长速度趋于稳定、增长空间相对有限的成熟市场和生命周期末端产品，在努力挖潜的同时，要抓精细化管理。要抽调优秀人员加强计划、融资、政府关系等短木板的建设，提升经营质量，全面均衡发展。对这类市场和产品的考核导向很明确，就是要为公司贡献现金流和利润。（来源：EMT纪要[2008]014号）

各体系、各部门在2006年下半年应尽快成立一把手负责的组织和团队效率提升工作组，逐步、有序地开展部门人员使用效率提升工作，为2007年的人力资源规划转变做好准备。要优先地重点解决体系和部门内部一定程度上存在的忙闲不均问题和阻碍人员合理调动的“部门墙”现象。要以改进有效的管理为目标，不要以加班的简单方式，来完成产出。（来源：EMT决议[2006]023号）

加强组织优化和人员调整：公司须在一两年内消除臃肿的各级支撑组织，大力精减支撑人员，这里面可以挖掘出很大的人均效益提升空间。（来源：EMT纪要[2008]037号）

---

① GTS：Globle Technical Service，全球技术服务。

公司整个管理体系目前正处在流程化和职业化建设的阶段，我们认为现在启动CFO管理体系建设的时机已经成熟，希望CFO到位以后，既能保证业务高速增长，又能帮助公司减少浪费、降低成本，同时要注意防止局部优化对全局可能造成破坏。任何时候，做任何事情必须有端到端的视野。（来源：《CFO要走向流程化和职业化，支撑公司及时、准确、优质、低成本交付》，2009）

你们看过《兄弟连》没有？里面的那个连队刚在欧洲打完仗就空投到亚太去了，你们要敢于组织海军陆战队去攻克市场，一个将军能够带着一个连上战场，打进运营商。产品线总裁不能在研发区办公，要有全流程视野，在端到端各个环节中木板最短的地方去办公。（来源：《高质量、低成本，构建末端接入产品的竞争能力》，2009）

要按从一线到机关的流程指向，逐步梳理从一线到公司机关岗位，精简流程中不必要的环节和多余组织，整合职能重叠的功能部门。逐步由具有一线成功实践经验的人员置换机关岗位中无一线经验的任职者，以强化职能部门对一线的支撑和服务能力。（来源：EMT决议[2009]002号）

人员不增长，是要继续压缩平台和支撑人员，但要确保作战队伍的编制到位。我们压缩的是非生产人员，增加作战部门，后勤保障减少不能不科学，我们不能拍脑袋想出编制是多少的数据。（来源：任正非在3月25日后备干部总队例会上的讲话，2009）

一把手只有对战略目标承担责任，在调配资源时才不会本位主义和保守主义；一把手只有具备了战略眼光，才会进行全局性的调整。（来源：EMT纪要[2011]005号）

流程的作用就三个：一是正确及时交付，二是赚到钱，三是没有腐败。如果这三个目的都实现了，流程越简单越好。（来源：任正非在流程与IT战略务虚会上的讲话及主要讨论发言，2012）

业务部门的一把手要担负起流程的责任，而不是流程IT部。流程IT部应该是提供服务的支持系统，帮助业务主管能够正确建设、优化和使用流程以及IT工具。（来源：任正非在流程与IT战略务虚会上的讲话及主要讨论发言，2012）

技术还是在不断进步的，所以价格还会继续下降。从我们公司来说，我们不追求高利润及财务指标的漂亮，我们追求内部管理的合理性。（来源：任正非在华为品牌战略与宣传务虚会上的讲话纪要——《紧紧围绕客户，在战略层面宣传公司》，2012）

建立行政管理与业务流程管理适当分离的运作机制。流程Owner（拥有者）负责建设符合业务规则的流程、业务决策机制、流程风险内控及问责机制，承担对“事”的管理责任。行政主管负责开展匹配业务目标的组织建设、干部评价及资源配置工作，承担对“人”的管理责任。一把手对流程不重视的，是流程做不好的主要原因。可以由部门一把手担任GPO[①]，提高流程的重要性及影响力，确保流程落地。（来源：向任正非汇报华为内控现状纪要，2013）

我们一定要站在全局的高度来看待整体管理构架的进步，系统地、建设性地、简单地，建筑一个有机连接的管理体系，要端到端地打通流程，避免

---

① GPO：Global Process Owner，全球流程责任人。

孤立改革带来的壁垒。我们要坚持实事求是，坚持账实相符，不准说假话。我们要努力使内部作业数据在必要的职责分离约束下，尽可能地减少一跳，提高运营效率。（来源：任正非在公司2013年度干部工作会议的讲话——《用乌龟精神，追上龙飞船》）

### 4.5.2 企业间的竞争，说穿了就是管理竞争

我们的干部要站在全局的立场上，承担一种全局的责任，共同保持公司的稳定，加速企业的发展，这才是你们的希望。（来源：任正非与华为电气部分员工座谈纪要，2001）

IPD、ISC是我们确立的企业管理主线。同时，其他方法论辅助它而存在。我们为什么始终重视管理？因为留给我们的财富就是管理！如果没有管理，这个企业能留给我们什么，就是一大堆债务。我认为这种无生命的管理体系不仅我们要自己学会，而且一定要把它融会贯通，要把它推广下去，改变自己的工作作风。无生命的管理体系，是需要有生命的员工来执行和完善的。（来源：《在理性与平实中存活》，2003）

我们与爱立信等大公司比什么？就是比效率，比成本，看谁能多活一口气。改进管理是一个持久持续的过程，不要太激进，如果我们每年进步0.1%，100年就能进步10%，持续长久改进下去是非常了不起的。（来源：任正非在BT系统部、英国代表处汇报会上的讲话，2007）

有效地提高管理效率，是企业的唯一出路。技术进步比较容易，而管理进步比较难，难就难在管理的变革，触及的都是人的利益。因此企业间的竞争，说穿了就是管理竞争。如果对方持续不断地改进管理，而我们不改进的

话，就必定衰亡了。我们要想在竞争中保持活力，就要在管理上改进。（来源：《逐步加深理解“以客户为中心，以奋斗者为本”的企业文化》，2008）

公司不可能永远高速发展下去。在销售规模达到一定程度的成熟市场，销售收入可能会逐渐出现增长趋缓或下滑，所以精耕细作、追求利润将是公司未来经营管理的目标。（来源：EMT纪要[2009]006号）

我们留给公司的财富只有两样，一是我们的管理架构，以及流程与IT支撑的管理体系，二是对人的管理和激励机制。人会走的，不走也会死的，而机制是没有生命的，这种无生命的管理体系，是未来百年千年的巨大财富。这个管理体系经过管理者的不断优化，你们说值多少钱？只要我们不崩溃，这个平台就会不断发挥作用。我们公司上市后能值多少钱，其实就是这两项管理财富值多少钱。所以我们会很重视流程。（来源：任正非在流程与IT战略务虚会上的讲话及主要讨论发言，2012）

### 4.5.3 小改进，大奖励；大建议，只鼓励

我们要坚持“小改进，大奖励”。“小改进、大奖励”是我们长期坚持不懈的改良方针。应在小改进的基础上，不断归纳，综合分析。研究其与公司总体目标流程的符合，与周边流程的和谐，要简化、优化、再固化。这个流程是否先进，要以贡献率的提高来评价。今年有很多变革项目，但每个变革项目都要以贡献率来考核。既要实现高速增长，又要同时展开各项管理变革，错综复杂，步履艰难，任重而道远。各级干部要有崇高的使命感和责任意识，要热烈而镇定，紧张而有秩序。“治大国若烹小鲜”，我们做任何事情都要小心谨慎，不要随意把流程破坏了，发生连锁错误。（来源：《华为的冬天》，2001）

任何规范的东西都需要不断创新。我们更需要组织创新，组织创新的最大特点在于不是个人英雄行为，而是经过组织试验、评议、审查之后的规范化创新。任何一个只希望自己在流程中贡献最大、名留青史的人，他一定会成为黄河的壶口、长江的三峡，成为流程的阻力。这就是无为而治的必须。（来源：任正非就《无为而治》作文考试对高层领导的讲话，2000）

盲目的创新就是我们事业的自杀。我们反对一朝天子一朝臣，反对新干部上台否认前任的管理。我们强调继承与发扬，在过去的文化中，有许多合理的内核，以及与周边已形成的习惯性的协调。它的客观存在，就是它合理、自然的一面。随意地破坏就会撕裂与周边的关系，以及破坏上、下游的流畅。盲目的创新，对已有成熟管理的破坏是不必要的。经过慎重研究，有必要的创新，在不可预见的困难中付出一些代价是值得的。因此，要善于研究前人的管理，继承他合理的一面，也许是99%。任何一点小小的变革都要进行充分的认证，反复听取上、下、左、右的意见。也许对于你是好的，对周边是不好的，那么也破坏了公司的整体效益。不管此变革对局部如何美，但这是一个坏的创新。（来源：《持续提高人均效益，建设高绩效企业文化》，2004）

我非常反对盲目创新。由于冲动，以及没有严格的认证、试验，会使破坏性的创新纳入使用，造成体系运行的迟滞。管理体系里每一个人写的述职报告，凡是有“创新”两字一律打入冷宫，绝不通过这个述职报告，不给涨薪。你的创新，就给公司的管理增加了成本。当然合理的优化，经变革委员会反复的认证，纳入使用，使用一个“好”就评价了，何必使用创新这种赶时髦的诱惑力很强的名词呢？（来源：《改变对干部的考核机制，以适应行业转型的困难发展时期》，2006）

管理改革要继续坚持从实用的目的出发，达到适用目的的原则。在管理改进中，要继续坚持遵循“七反对”的原则。坚决反对完美主义，坚决反对烦琐哲学，坚决反对盲目的创新，坚决反对没有全局效益提升的局部优化，坚决反对没有全局观的干部主导变革，坚决反对没有业务实践经验的人参加变革，坚决反对没有充分论证的流程进入实用。（来源：《改变对干部的考核机制，以适应行业转型的困难发展时期》，2006）

### 4.5.4　加强职业化管理，降低内部运作成本

在职业化管理的公司中，按任职资格与绩效评价，付了报酬，已经偿还了管理者对职业化管理的贡献，个人应不再索要额外的“英雄”名义的报酬。职业化管理者是该奉献时就奉献。（来源：《职业管理者的使命与责任》，2000）

模板化是所有员工快速管理进步的法宝。我们认为规范化管理的要领是工作模板化，什么叫规范化？就是我们把所有的标准工作做成标准的模板，就按模板来做。一个新员工，看懂模板，会按模板来做，就已经国际化、职业化，现在的文化程度，三个月就掌握了。而这个模板是前人摸索几十年才摸索出来的，你不必再去摸索。各流程管理部门、合理化管理部门，要善于引导各类已经优化的、已经证实行之有效的工作模板化。清晰流程，重复运行的流程，工作一定要模板化。一项工作达到同样绩效，少用工，又少用时间，这才说明管理进步了。我们认为，抓住主要的模板建设，又使相关的模板的流程联结起来，才会使IT成为现实。在这个问题上，我们要加强建设。（来源：《华为的冬天》，2001）

十年以前华为公司几乎没有管理，而我们今天管理虽然还不好，但我们已经比较制度化了，这个时候员工要加强职业化教育。有些人觉得老员工下

岗了，或调整岗位，员工就缺少忠诚度了。员工忠诚度是什么？忠诚度就是高成本，忠诚度是不能长久下去的，因为这个成本太高了。患难时期我们靠忠诚度维持公司生存，使得公司不至于漏洞百出而崩溃，制度化后我们要加强职业化，只有职业化才是低成本。（来源：任正非在3月25日后备干部总队例会上的讲话，2009）

什么是职业化，就是在同一时间、同样的条件，做同样的事的成本更低，这就是职业化。在市场竞争中，对手优化了，你不优化，留给你的就是死亡。思科在创新上的能力，爱立信在内部管理上的水平，我们现在还是远远赶不上的。我们要缩短这些差距，必须持续地改良我们的管理，不缩短差距客户就会抛弃我们。我们面对金融危机，要有管理改进的迫切性，但也要沉着冷静，减少盲目性。我们不能因短期救急或短期受益，而做长期后悔的事。不能一边救今天的火，一边埋明天的雷。管理改革要继续坚持从实用的目的出发，达到适用目的的原则。（来源：《深淘滩，低作堰》，2009）

西方的职业化，是从一百多年的市场变革中总结出来的，它这样做最有效率。穿上西装，打上领带，并非是为了好看。我们学习它，并非是完全僵化地照搬，难道穿上中山装就不行？我们二十年来，有自己成功的东西，我们要善于总结出来，我们为什么成功，以后怎样持续成功，再将这些管理哲学的理念，用西方的方法规范，使之标准化、基线化，有利于广为传播与掌握并善用之，培养各级干部，适应工作。只有这样我们才不是一个僵化的西方样板，而是一个有活的灵魂的管理有效的企业。（来源：《深淘滩，低作堰》，2009）

我们这个时代已经从创业者、英雄的时代走向职业经理的时代，不走向职业化，就将被历史边缘化。在这个转型过程中，我们每个人可能都是残缺不全的，懂业务的不懂财务，懂财务的不懂业务，如果两个人绑在一起就会好一些，要发扬团队合作精神，只有团队合作才有明天。万事不求人的人就是无能的人，片面追求个人的轰轰烈烈，也注定会失败。（来源：《CFO要走向流程化和职业化，支撑公司及时、准确、优质、低成本交付》，2009）

## 4.6 开展组织建设，帮助下属成长

### 4.6.1 领袖就是服务

管理者的基本职责是依据公司的宗旨主动和负责地开展工作，使公司富有前途，工作富有成效，员工富有成就。管理者履行这三项基本职责的程度，决定了他的权威与合法性被下属接受的程度。（来源：《华为公司基本法》，1998）

管理者应该明白，是帮助部下去做英雄，为他们做好英雄、实现公司的目标提供良好服务。人家去做英雄，自己做什么呢？自己就是做领袖。领袖就是服务。（来源：《华为的红旗到底能打多久》，1998）

主管胸怀要放宽，甘心为奋斗者做阶梯。不要怕你的下级超越你，人与人之间是有感情的，是有交流的。一个人只要充分发挥了自己的才能，只要努力了，就是无愧无悔的。不一定要做到多高职位，不要与别人去攀比。（来源：任正非在PSST体系干部大会上的讲话，2008）

### 4.6.2 发现人才，培养人才

每一位干部都要认真地去培养接班人。我们的事业要兴旺，就要后继有

人。工作成绩优秀的干部，在接班人培养上搞不好，就不能提拔，否则您走了，和尚如何吃水。我们要有博大的胸怀，培养我们事业的接班人，只有那些公正无私的人，才会重视这个问题。只有源源不断的接班人涌入我们的队伍，我们的事业才会兴旺发达。这些接班人中，应包括反对过自己而犯错了的同志。没有这种胸怀，何以治家。不能治家，何以治天下。（来源：《不前进就免职》，1995）

一个高级干部如果不在思想上、教育上帮助接班人成长，就失去了他的责任。高级干部一定要起到传帮带的作用。（来源：《思想权和文化权是最大的管理权》，1997）

千千万万的员工都会成为各级岗位的接班人。群体性的接班是我们事业持续发展的保障。（来源：《小改进、大奖励》，1998）

中、高级干部任职资格的最重要一条，是能否举荐和培养出合格的接班人，不能培养接班人的领导，在下一轮任期时应该主动引退。仅仅使自己优秀是不够的，还必须使自己的接班人更优秀。（来源：《华为公司基本法》，1998）

一个领导的重要责任是无论何时、何地都要发现人才、推荐和培养人才、考核及督导人才，并对推荐人才的品德承担连带责任。（来源：EMT决议[2006]030号）

地区部的主管现在是重视项目，干部培养重视不够。今年我们将对各级管理团队的授权、行权、问责制加以规范与落实、考核，认真解决中层干部不决策的问题。地区部向公司反馈总是缺人。地区部要重视干部的培养，特别是自身培养干部。（来源：任正非在亚太地区部工作汇报会上的讲话，2006）

作为一个领导，最重要的职责就是培养接班人，不培养接班人，就是对公司最大的不负责。我说的接班人不是指一个人，而是整个团队，但不允许拉帮结派。（来源：《财经的变革是华为的变革，不是财经系统的变革》，2007）

我认为我们高级领导出去还是要发现基层干部苗子，还是要以熟悉干部为中心，如果出去以后做些业务指导完了就走了，那你出去干啥呢？高层领导还是要直接接触未来的干部苗子，否则年轻人怎么上得来呢？（来源：任正非在 2011 年 5 月 31 日 EMT 办公例会上的讲话）

片联成员走到哪，看哪个干部不胜任、不合格，他可以启动对这个干部的弹劾，但他不能直接撤掉这个干部。他看哪个干部挺优秀，认为可以提拔这个干部到哪，也是启动程序。发现干部、弹劾干部，他都是启动程序，不是说看到就最终决定了。还有我们要和干部谈话，片联可以先去谈一谈，可以当面约他喝杯咖啡，不就是一张机票钱吗？人和人还是要面对面接触才有感情的，不是说看个视频就有感情，视频沟通主要还是用于业务，而不是用在人与人的感情交流上。（来源：任正非在 2011 年 6 月 30 日 EMT 办公例会上的讲话）

中国长期受中庸之道的影响，虽然在寻求稳定上有很大的贡献，但也压抑了许多英雄人物的成长，使他们的个性不能充分地发挥，形不成对社会的牵引和贡献，或者没有共性的个性对社会形成破坏。因此，发展中的中国特别需要英雄群体来推动火车头的前进，这种渴求为每个人的成长提供了机会。华为将自己的目标选定向世界一流公司靠拢，而现在差距又这么大，更迫切地需要英雄，那种群体奋斗的英雄，那种勇于献身、无私无畏的英雄。（来源：《从“哲学”到实践》，2011）

交接班，是文化与制度的交接班。在这个问题上，华为强调的交接班是要建立一个文化、制度、流程的交接班，而不是要交接给某一个人。将来像西方公司一样不管谁来干，都不会改变核心价值观的。哪一个人的位置有那么值钱啊？作用又那么大哟？华为公司交接班，实际上几年来，我们一直就在进行着。这些年来，我们推行从西方引进的管理，那些品德好、学习好、实践好、有干劲的人，不断上来，交接班不一直在进行吗？因为我们一直戴着旧的帽子，大家感觉不到罢了。（来源：《成功不是未来前进的可靠向导》，2011）

聚集人才就是聚集最大的财富，要加强财经组织建设，以及干部、专家、职员队伍建设，提升财务能力。（来源：任正非与财经体系干部座谈纪要，2012）

用批判的思维，加强组织建设，主动识别差距，树立正确导向。加快提拔有成功实践经验的优秀人才进入专家及管理岗位；选拔渴望成功的员工进入项目CFO队伍，从大量的项目中培养和造就将来驾驶巡洋舰的人才。努力建设一个有效的机关，高效地提供服务，让职业经理们分享成功的喜悦。不要求全责备，要关怀爱护。我们的高端专家及干部要担负起老师的责任，指导、教育、培训、考评与监管，帮助新一代成长。挑起管理的重担，发挥更大价值。（来源：任正非与财经体系干部座谈纪要，2012）

### 4.6.3　均衡开展组织建设，抓短木板

华为组织结构的不均衡，是低效率的运作结构。就像一个桶装水多少取决于短的一块木板一样，不均衡的地方就是流程的瓶颈。例如：我司初创时期处于饥寒交迫，等米下锅。初期十分重视研发、营销以快速适应市场的做

法是正确的。活不下去，哪来的科学管理。但是，随着创业初期的过去，这种偏向并没有向科学合理转变，因为晋升到高层的干部多来自研发、营销的干部，他们在处理问题、价值评价时，有不自觉的习惯倾向。以使强的部门更强，弱的部门更弱，形成瓶颈。有时一些高层干部指责计划与预算不准确，成本核算与控制没有进入项目，会计账目的分产品、分层、分区域、分项目的核算做得不好，现金流还达不到先进水平……。但如果我们的价值评价体系不能使公司的组织均衡的话，这些部门缺乏优秀干部，就更不能实现同步的进步。它不进步，你自己进步，整个报表会好？天知道。这种偏废不改变，华为的进步就是空话。（来源：《北国之春》，2001）

我们要抓组织建设，组织没有建设好，干部没有管理好，自己忙得不得了，许多人网眼没有张开，发挥不了作用。公司有很多主管不关注组织建设，只关注业务，不关心员工。如果这样，就不可能有更大的发展。（来源：任正非在PSST体系干部大会上的讲话，2008）

纲举目张，各级干部抓组织建设和干部管理这个纲，围绕“以客户为中心，以奋斗者为本”来建设组织与管理干部。（来源：任正非在PSST体系干部大会上的讲话，2008）

我认为我们公司，未来三到五年，只有两条路，没有其他路可走。要么就是被历史淘汰了，要么就是在历史中成为佼佼者。我们成为佼佼者的可能性是存在的。但是我们过去最主要的问题是什么呢？我们重视了业务建设，不够重视组织建设和干部建设。在组织建设上、流程建设上、干部建设上，我们做得不够，所以我们三五年要适当改变一下。在改革成功之后能提高效率30%，那我们也能成龙上天了。（来源：任正非在2009年5月25日EMT办公会议、5月26日HRC会议上的讲话记录）

我认为不要总是看到研发和市场，还要看到整个公司的均衡建设，到处都需要优秀的干部去补充，不要因为有的市场打不下来，就不向其他的部门补充干部，要考虑公司各环节的均衡。（来源：任正非对后备干部总队的指导意见，2010）

（片联）负责全球区域组织的组织建设、干部队伍建设及能力建设，关键岗位干部考核与监管；通过组织与能力建设，使区域组织具备综合化的作战和管理能力。（来源：EMT决议[2012]019号）

在流程执行和业务运作的过程中，建立评审与决策相对合一的机制，对业务专家授予“事”权，建立专家决策的高效运作机制，充分发挥专家的作用和价值。财经体系要关注专家的培养与任用。行政干部更多的是“人”权，要负担起组织建设和干部培养的责任。（来源：任正非与财经体系干部座谈纪要，2012）

### 4.6.4　拉不下情面进行管理的干部不是好干部

拉不下情面进行管理的干部不是好干部。（来源：会议纪要，1997）

哪个部门找不出哪个干部好，哪个干部差，我们希望主管辞职，去从事业务类的工作，因为他没有管理能力。业务尖子也可以拿高待遇，甚至比总裁还高的待遇。所以，干部只要在管理岗位上，就一定要拉开情面，要站在公司的原则上，按公司的利益把价值评价体系贯彻到底。（来源：任正非在总裁办公会议上的讲话，1998）

各级干部一定要把自己部门内部效率低、不出贡献的人淘汰出去。不能因为也在做工作，与周边关系、上下级关系不错，就一直迁就，如果一个干部不懂得通过主动置换，去创建一个更有效的组织，这个干部是不合适做一把手的。（来源：《持续提高人均效益，建设高绩效企业文化》，2004）

主管不能站在“为民请命”的角度来处理问题，而应该引导员工进行批评与自我批判。对于出问题后，有些主管大包大揽，而不是去帮助那些不合适的干部去认识自己的不对，这样的主管并不是好干部。您以为替民请命就会赢得选票，我们又不搞民选，何必要那样做呢？真做了说明您做主管还不合格，您没有给员工正确指导。您正确的做法是：做认真的自我批判，找出原因，与相关者一起讨论以后如何正确地工作。（来源：《将岗位问责制落到实处》，2005）

各级干部要敢于坚持原则、敢于管理；对于那些不敢碰后进员工，用离职员工充数，不顾公司利益，自己拉不下面子想做好人的干部，要坚决免除其行政管理职务。我们首先从不称职干部开始精简。（来源：EMT纪要[2008]037号）

大家看见经济会出现极端困难了，只有我们公司挺身而出，还在做工资改革，各种改革还在做，那就是我们有实力。如果我们今年开始，大家花出一点时间改善合同质量，我们口袋里面将装有更多的资本来进行改革。那我们应该有非常好的发展机会。我相信我们能整改好我们的队伍，就是大家要把心用上去，要踏踏实实把事情做下去，而且要敢于换掉一些不适合的干部。我们一定要把不作为的干部从行政管理的岗位上换下来，换到适合他的岗位上去。所以我认为在这个变革过程中，大家要敢拉开面子。（来源：任正非在2011年年中区域总裁会上的讲话）

各级主管要担负起管理责任，敢于管理，善于管理。随着公司的发展，年轻干部领导比自己年长或资历老的管理者、专家和员工的情形越来越多。但有部分年轻干部对比自己年长或资历老的干部、专家和员工不愿管、不敢管，甚至把他们“晾”在一边。他们其中很多人有经验、有想法、有抱负、想做事，但由于被安排在不能充分发挥作用的岗位上，且岗位被长期固化，造成其价值无法发挥。各级主管要敢于管理，内心认可他们的价值和作用，才能激发他们，才能使用好他们。（来源：《团结一切可以团结的力量》，2013）

### 4.6.5　要改变简单粗暴对待下级的作风

我们相当多的主管对下的管理风格是比较严厉的，下级在一定程度上是被上级骂怕了，做了几次决策都被上级骂，以后就不敢再做决策；所以“中层不决策”也有高层的问题。各级主管要改变简单粗暴的对下管理作风，上级主管更要从帮助下属解决问题的角度帮助下属做出正确决策，帮助他们成长，即使批评下级也要对事不对人，客观对待下级的决策失误，给下级申述的机会；下级也要提升对上沟通的勇气和技巧。（来源：EMT 纪要[2008] 021 号）

我们的企业文化，绝不是让各级干部又凶又恶，我们也不支持把这些人选拔进各级管理团队。文化是给大家提供了一个精髓，提供了一个合作的向心力，提供了一种人际相处的价值观，这种价值观是需要人们心悦诚服。又凶又恶的人是能力不足的表现，是靠威严来撑住自己的软弱，这种干部破坏了华为文化的形象，这种人不是真有本事，我们要及时更换。（来源：《逐步加深理解“以客户为中心，以奋斗者为本”的企业文化》，2008）

我们的很多干部是一凶二吼，有霸道思想，与下属的沟通就少。我们应该向西方学习，干部与下属的沟通还是很重要的。不是说你要提拔谁了，才去沟通一下。你日常做决策的时候，多听听别人的意见，实际上就是沟通。你就能发现这个是否是将才，然后你心中就有底了。在工作安排上你有调整，做出成绩你又有肯定，这才是一个积极的循环。（**来源：任正非在2013年3月29日EMT办公例会上的讲话**）

营造尊重与信任的氛围与作风。能创造价值的员工（特别是一定层级以上的管理者与专家）往往具有较强的独立思考能力，有较强的自信与自尊，主管要尊重他们的思考，信任他们的能力，要平等沟通与探讨工作上的不同意见，随意打压员工的思想甚至人格是他们带着怨气离开岗位的常见原因之一。公司能够提供的物质激励和岗位机会不是无限的，但尊重和信任可以有效地吸引员工持续在公司发挥价值。各级主管要通过学习，提升管理能力，改变自身行为，善用沟通、倾听等管理方法，对员工取得的工作业绩要给予及时肯定。要在主航道上，激发员工的主观能动性与创造性。（**来源：《团结一切可以团结的力量》，2013**）

# 第五章　对干部的要求

干部的关键职责是带队伍，干部的作风影响队伍的作风，决定队伍的士气和战斗力。所以华为非常重视干部的作风建设，对干部的行为和作风提出了很高的要求。

干部一定要吃苦在前，享乐在后，冲锋在前，退却在后。一定要以身作则，严格要求自己。华为对基层干部的要求是呕心沥血，身体力行，事必躬亲，坚决执行，严格管理，有效监控，诚信服从。对中、高级干部的要求是要在思想上长期艰苦奋斗，要有敬业精神、献身精神和自我批判精神，始终保持使命感和危机感。华为公司今天的成功不是一个人的奋斗故事，而是拥有一个无私的领导层和一大群不服输的团队长期奋斗的故事。一个没有艰苦奋斗精神作支撑的企业，是难以长久生存的。

干部要坚持实事求是的工作作风，敢于讲真话，不捂盖子，报喜更报忧。要特别重视有不同意见的干部，那些敢于向公司领导提意见的人，动机是好的，是从关心公司出发的，他们置个人利益于度外，所以对他们要爱护。领导干部要能够团结一切可以团结的人，要勇于去团结不同意见的人，应把所有的干部员工看成实现自己或组织目标的战友和伙伴，建立起士为知己者死的团结奋战群体。

作为主管，如果想得到员工的拥护，最重要的就是在工作中做到公正公平。对下属要无私公正，不亲不疏，坚持以责任结果评价干部。只有无私才会公正公平，才能团结好一个团队；只有无私才会无畏，才能坚持原则；只有无私，才敢于批评与自我批判，敢于改正自己的缺点，去除自己的不是；只有无私才会心胸宽广，境界高远，才会包容一切需要容纳的东西，才有能力肩负起应该承担的责任。

开放、妥协、灰度是华为文化的精髓，也是一个领导者正确的思维方式。一个不开放的文化，就不会努力地吸取别人的优点，逐渐就会被边缘化，是没有出路的。没有宽容就没有妥协；没有妥协，就没有灰度；不能依据不同的时间、空间，掌握一定的灰度，就难有合理审时度势的正确决策。开放、妥协的关键是如何把握好灰度。

通过自我批判，使干部思想洗刷，心胸开阔。比技能更重要的是意志力，比意志力更重要的是品德，比品德更重要的是胸怀。只有具备自我批判的人才具备优秀的品德和宽广的胸怀，才能容天、容地、容人。

创业难，守成难，知难不难。高科技企业以往的成功，往往是失败之母，在这瞬息万变的信息社会，唯有惶者才能生存。

本章将从多个维度阐述华为公司对干部行为和作风的要求。

## 5.1　干部要长期艰苦奋斗

### 5.1.1　人力资源体系要导向冲锋，要让队伍持续去奋斗

我相信在座的人都是尽力的干部，但是否尽心就不一定。你要想成为高级干部就得尽心。全心全意与努力是两个概念，尽心做事与尽力做事是两个根本性的概念，思想上艰苦奋斗就是尽心。尽力不是好干部，是中低层干部，尽心才是好干部。（来源：《按照筛子的思想建设中试部》，1996）

狭路相逢勇者胜，因此在管理上我们不会松懈的，我们只有这条路，否则不可能活下来。大家学文件要学精神，不要误会禁止赌博的文件讲的只是赌博，赌博是要禁止，但主要是讲要奋斗。对高级干部我们是很严厉的，如果我们放任自流，这个公司已经无法生存了，所以我们一个都不容忍，我们毫无退路，只有往前冲。（来源：任正非与阿联酋代表处座谈纪要，2004）

我们培养人的目的，是要为实现企业目标而努力奋斗。如果缺少这种品德的人，担任了各级负责干部，团队就会逐步惰怠，就像温水煮青蛙一样，

企业会逐步萎缩。（来源：《关于人力资源管理变革的指导意见》，2005）

我们要优先从愿意艰苦奋斗的优秀员工中选拔卓有贡献的人进行培养。愿意艰苦奋斗不一定是在艰苦地区，其他工作也是可以艰苦奋斗的。（来源：《改变对干部的考核机制，以适应行业转型的困难发展时期》，2006）

从公司内外、正反两方面案例都证明，各级一把手是建设团队奋斗文化的关键。将熊熊一窝，一把手不奋斗，团队必将涣散。（来源：EMT纪要[2008]021号）

华为公司今天的成功不是一个人的奋斗故事，而是拥有一个无私的领导层和一大群不服输的团队。在奋斗这个问题上我们不容妥协，不奋斗的人，明哲保身的人，该淘汰就坚决淘汰，否则无法保证公司的长治久安。（来源：《CFO要走向流程化和职业化，支撑公司及时、准确、优质、低成本交付》，2009）

人力资源体系要导向冲锋，要让队伍持续去奋斗。如何让队伍持续奋斗？你怎么考核他，你的考核方法是什么，这是关键。我的考核方法，不仅仅考虑他和别人比，更要考核他和自己比，自己和自己比，看是不是进步了。说末位淘汰，那看你自己进步了没有，你怎么才叫进步，我们综合看一看，没进步，你自己就下台，换个人上台，这样，我们新陈代谢，流水不腐。我们如果确保老干部的地位，确保中层干部的地位，最终结果就是我们葬送了人才的地位，让真正的人才上不来。我们要成为一个开放的平台，人人都可以跳舞，下去的人还可以上来的。（来源：《人力资源体系要导向冲锋，不能教条和僵化》，2009）

我们的干部走向将军的必然之路，就是要有长期、持续地坚持艰苦奋斗的牺牲精神、永远不变的艰苦朴素的工作作风，这是成为将军的最简单最基础的条件。（来源：《具有“长期持续艰苦奋斗的牺牲精神，永恒不变的艰苦奋斗的工作作风”是成为一个将军最基本的条件》，2009）

我们公司最主要的人力资源精神，是要保持奋斗，奋斗精神永远都不能改变，使命感、危机感、饥饿感永远都不能改变，否则我们将来就会陷入一个万劫不复的危机。实际上我们的危机现在已经出现了，我们的一些中层干部已经开始惰怠了。人力资源委员会要对整个纲领性的、宗旨性的东西拿出完整系统的思维方法来。（来源：任正非在EMT办公会议上的讲话，2009）

通过不断贯彻奋斗的精神和理念，我们把客户需求导向和为客户服务蕴含于干部、员工招聘、选拔、培训教育和考核评价之中。比如，我们强化对客户服务贡献的关注，客户满意度是从总裁到各级干部的重要考核指标之一。比如，我们把客户需求导向固化到了干部、员工选拔培养的素质模型，甚至固化到招聘面试的模板中。（来源：《华为公司的核心价值观》,2007年修订版）

### 5.1.2　干部要聚焦在工作上

我们要求干部要聚焦在工作上，这是一句十分沉重的话。我们现在有些干部对如何消遣，如何享受很有研究，在队伍中滋生了一种不好的风气。我们只有紧紧盯着风云不断变化的市场，才能发现机会窗，才会有所作为。（来源：《持续提高人均效益，建设高绩效企业文化》，2004）

中基层干部要以会做事的人为中心，会做人不会做事的人整天不断地去沟通，不断开会，糊里糊涂的；会做事的人一上来，这场战争怎么打，把这个搞清楚，会做人的人你们沟通去，做思想工作，战争一定要胜利，就简单得很。我们公司内部沟通复杂，就是让很多不明白的人当了官，你只要改变这个状况，你就有希望。（来源：《做事要霸气，做人要谦卑，要按消费品的规律，敢于追求最大的增长和胜利》，2011）

我们过去有一个错误的口号：要先学会做人再学会做事。我们强调学会做人是指懂得商业道德，懂得道德原则，提高自己的技能，结果我们很多人误解就是学会做内部公关。这些人做到一把手以后，他不知道怎么干，他一天到晚开会。然后协调也很复杂，考核也复杂，把员工折腾得半死不活的。我们要选择会做事的人做中基层一把手，这个事情该怎么干，那个事情该那么干（都很清楚明白），当有矛盾，咱们才开会。从而减少会议，减少汇报，减少协调，简化考核，减轻员工的工作负担。要让基层部门把精力聚焦在工作上，聚焦在客户上，要减少不必要的为领导做胶片，为机关填表格。我们公司做胶片，像疯子一样，从上到下忙着做胶片，活也不干。为什么？领导要来了。胶片要多姿多彩，从而领导喜欢你就升官了。这样下去我们的战斗力要削弱的。我们要清理那些特别会迎合上级，善于美化部分下级的人，免除他们的行政管理职务，让去做他能力所及的事去。当下属给你送礼的时候，其实你已清楚谁是黄鼠狼，要防紧你家的鸡。（来源：《成功不是未来前进的可靠向导》，2011）

我们要把管人和管事在一定程度上分开。管事就是办公会议，我们认为你们行政体系自己开办公会议可以。但是你们行政管理团队主任不再由你自己担任，而是由你的上级管理团队的核心成员来兼任下级行政管理团队的主任。而且行政管理团队的跨度可以比较大一些，从端到端来看，它有可能跨越两三个业务部门，这有利于打破部门墙，有利于干部在一定范围中流动，避免我们在用人问题上的封闭性。我们要让上级核心团队成员来兼任下级行政管理团队的主管，当然我们不会很快全面推行，但是会推行。大家也要想到这一点，我们不仅公开现在的考核结果，将来也要把过去历次的考核结果拿来公开。让员工看看你是不是做事做得很正确。所以我们要让一级管理团队的核心成员做二级行政管理团队的主任，二级行政管理团队的核心成员做三级行政管理团队的主任。这个事情我们议过，但是没有最后决定。（来源：《成功不是未来前进的可靠向导》，2011）

我们要裁掉一些干部，有些干部确实也没有水平，整天开会。为什么整天开会？就是主管无能，拿不定主意。我们就是要换掉一批这样的主管。我们公司的会议太多了，参加会议的人也多，会议时间也长。徐直军轮值期间，要按参加会议的人/时来计算压缩，一定要裁掉30%的会议人/时。会议超过多少，是不是要对行政主管进行问责，汇报为什么老要开会，而且来回的飞机票要自己掏钱，这期间的工资也要停发。（来源：任正非在2012年3月30日EMT办公例会上的讲话）

各级干部精力要聚焦在价值创造上，要把精力集中在业务进步上，不断提高业务水平，改善服务质量，降低运作成本，简化流程，优化组织，合理精减人员，以此来增强竞争力和改善普遍客户关系；对客户关系不要曲解，我认为改善客户关系，主要是以做好本职工作，提高服务质量，降低服务成本来实现。（来源：任正非在新盛大厦与彭中阳的谈话纪要，2012）

### 5.1.3　我们腐败最主要的表现就是惰怠

一个没有艰苦奋斗精神作支撑的企业，也是难以长久生存的。而我们现在有些干部、员工，沾染了娇骄二气，开始乐道于享受生活，放松了自我要求，怕苦怕累，对工作不再兢兢业业，对待遇斤斤计较，这些现象大家必须防微杜渐。不能改正的干部，可以开个欢送会。全体员工都可以监督我们队伍中是否有人（尤其是干部）懈怠了，放弃了艰苦奋斗的优良传统，特别是对我们高层管理者。我们要更多地寻找那些志同道合、愿意与我们一起艰苦奋斗的员工加入我们的队伍。我们要唤醒更多的干部员工认识到艰苦奋斗的重要意义，以艰苦奋斗为荣。（来源：《天道酬勤》，2006）

这次变革能不能成功的重点在考核，在分钱。我们呼唤炮火，然后我说了假话，炮火来得太多了，都炸成平地了，我胜了，奖金都归我了；你那边没要到资源，然后输了，发不发奖？这就是对人力资源管理政策的极大考验，而且是未来相当长时期的管理面临着的严重挑战。我希望大家多想一想，多悟一悟。不要以为挣到钱了，舒服了，就可以惰怠了。我们腐败最主要的表现就是惰怠，挣了钱不想好好干活，是惰怠！小富即安，安于现状，不思进取，就是惰怠！曲意逢迎，欺上瞒下，拉帮结派，也是惰怠！今年可能会分钱很多，人力资源系统给我一个报告，他们非常担心。挣钱越多，越是公司最危险的历史时期，为什么呢？因为人会因此而惰怠。唯一阻止公司发展的就是内部腐败，这个腐败就是惰怠。因此，要加快管理干部的末位淘汰，来增加中层干部的危机感和压力。高层干部也一样，因为高层干部是公司直接选拔，公司看得见的，你后进了，就要你下去的。因此在这个历史过程中，公司的车轮滚滚往前走，我们绝不会停息的，停息就意味着后退，停息实际上就是走向死亡。（来源：《对“三个胜利原则”的简单解释》，2010）

## 5.2 要有敬业精神和献身精神

### 5.2.1 考核干部，要看奋斗意志，要看干劲，不能光看技能

干部要有敬业精神、献身精神、责任心和使命感。区别一个干部是不是

一个好干部，是不是忠诚，标准有四个：第一，你有没有敬业精神，对工作是否认真，改进了，还能改进吗？还能再改进吗？这就是你的工作敬业精神。第二，你有没有献身精神，不要斤斤计较，我们的价值评价体系不可能做到绝对公平。如果用曹冲称象的方法来进行任职资格评价的话，那肯定是公平的。但如果用精密天平来评价，那肯定公平不了。我们要想做到绝对公平是不可能的。我认为献身精神是考核干部的一个很重要因素。一个干部如果过于斤斤计较，这个干部绝对做不好，你手下有很多兵，你自私、斤斤计较，你的手下能和你合作很好吗？没有献身精神的人不要做干部，做干部的一定要有献身精神。第三点和第四点，就是要有责任心和使命感。我们的员工是不是都有责任心和使命感？如果没有责任心和使命感，为什么还想要当干部。（来源：《华为的冬天》，2001）

没有奉献精神、处处斤斤计较的人，受不了委屈的人，当然不能成为干部。我们总不能在向山头冲锋的时候，在山脚与你谈判条件。更不能冲到半山，机枪子弹扫过来的时候，讨论兑现。企业不是神仙，不可能时时、事事做到公平，所谓的绝对公平是做不到的。只要企业的领导人，是为了企业的目标真诚奋斗，这次对您不公平，下次也许就纠正过来了，也许几次不公平，终有一次是公平的。你是金子总会发光的。（来源：《关于人力资源管理变革的指导意见》，2005）

干部要有坚定的意志，要有自我牺牲精神，自我牺牲精神包括适当的妥协、必要的妥协。你们要学习怎么能驾驭更大的环境，因为我们还要扩张。（来源：任正非在PSST体系干部大会上的讲话，2008）

考核干部，要看奋斗意志，要看干劲，不能光看技能。没有奋斗意志、没有干劲的干部，我们还是要从各级行政管理岗位上调整出来。没有奋斗意

志的人，不能带兵。（来源：EMT 纪要[2008]009 号）

各级干部、主管应经得起考验，勇敢挑起大梁，带领员工齐心协力渡过难关。对于那些传播谣言、对公司失去信心、不能勇敢面对困难并感到恐慌的干部，不断对项目叫苦的干部，说明他们承担这个担子有困难，各级组织应积极帮助他们退出领导和关键岗位，尽快安排有能力的人接替，由能经得起考验的继任者担任工作。这是个关键时刻，是考验我们各级干部的试金石，我们相信绝大多数员工都会成为英雄的。（来源：《关键时刻是考验各级干部的试金石》，2012）

### 5.2.2 干部要敢于负责

把有高度责任心、有强烈使命感、有组织与工作能力、善于团结合作、大公无私的员工提拔上来，形成一个宏大的、有效有序的管理队伍。要动员那些得过且过、明哲保身的干部下岗；动员那些文过饰非、粉饰太平的干部下岗。公司将继续推行反对贪污腐化、反对对时间与物质的浪费、反对惰怠，要从严进行干部的管理与审查。（来源：《狭路相逢勇者生》，1998）

干部缺少责任心、敬业精神、懈怠，都是从自私自利开始的。华为要生存下去，干部就永远不能惰怠，永远不能腐败。对于华为，缺少责任心，缺乏职业意识的干部仍然存在，因此华为公司还需要继续进行整饬，并且今天仅仅是一个开始，而不是结束。在这个问题上，所有部门、所有人，都应该认真地思考。看一个人，不能看一时一事，要看他一贯的历史，若他一贯是一个不负责任的人，那还留他干什么？没有必要。（来源：《自我批判和反幼稚是公司持之以恒的方针》，1999）

要清理和调整不能按流程承担管理责任的人，清除不愿或不能承担责任的人和明哲保身的人。一个富有责任心、有使命感、有管理技能的职业化管理队伍，要在不断优化中发育、成长和壮大。当然其自身也要遵循自然法则，不断被优化。（来源：《管理工作要点，2001》）

公司各级干部后备队的选择，应是从有责任感、有使命感、有敬业精神与献身精神、忠诚于公司、贡献突出的优秀员工中选拔。（来源：任正非关于华为大学与战略后备队的讲话，2005）

不要找客观原因，干部就是要克服困难去攻克山头。干部不是对内来施加压力的，当时公司还在手忙脚乱，内部又来威胁我们，这种干部有什么存在的必要？大家要争着创造贡献，就是要改变这个环境，不管多高的干部，如果无法挽回，就下来换别人上。（来源：任正非在欧洲商业环境研讨会上的讲话，2012）

### 5.2.3　干部建设的核心问题是做实

抓做实也是对一个干部的最大爱护。迫使造势的干部去做实，未用人之长也是用人不当。华为在干部使用上绝不能迁就，绝不因其资历到了就要安排到某个位置上去。随着技术越来越复杂，服务面越来越广，利益问题会越来越明确。如果大家都不热爱自己的本职工作，老是觉得别人的那碗饭好吃，工作老是换来换去，老是发挥不了作用，凭什么你要享受高的待遇？你要吃饭就得做工，没人为你做牛马。你要扪着良心想一想，你到底做了些什么？我们不看你讲这个事怎么做，而是看你做了些什么事，你做得怎么样。公司有很多能说会道的人，但真正有责任心、敬业精神的人很少。当初公司只有几个人时，我就跟他们讲过荷花效应。你们是荷花的根，紧紧扎在泥土中，你们吸取养分，才让我这个荷叶、荷花在空中飘。飘是造势，结藕是做实，没有众人的扎扎实实，我们的势是造不起来的。要彻底改变公司务虚的人多、务实的人少的局面。（来源：任正非在7月24日公司办公会议上的讲话，1996）

新的一年里，我们要让那些只做原则管理、宏观管理，不深入实际，不对监管负责任的干部下岗。要让那些做实的、认真负责的干部上来。（来源：《狭路相逢勇者生》，1997）

华为公司的第一、第二代创业者把生命注入到创业中去，获得了今天的成功。研发人员也宣誓要把生命注入到产品中去，因此我们管理者也应把生命注入到持续不断的管理优化中去。把生命注入并不是要你像干将、莫邪铸剑一样跳到熔炉里去，而是要用一丝不苟、孜孜不倦的精神去追求产品的成功。我经常看到一些员工给公司写的大规划，我把它扔到垃圾桶里去了，而那些在自己的管理岗位上本身进步了，改进了自己的工作的员工，他们向我提的建议和批评我倒是很愿意听的。把生命注入管理中去，不是要你去研究如何赶上IBM，而是研究你那个管理环节如何是全世界最优的，要赶上IBM不是你的事情，你也不具备这样的资历和资格，所以要面对现实，踏踏实实地进行管理的改进，这样公司才会有希望。现在公司说空话的人比干实事的人还是多，干部的幼稚比干部的成熟还是要多。要把生命理解成一种灵魂和精神，就是要将这种灵魂和精神注入管理中。没有这种精神的干部要下岗。（来源：《不做昙花一现的英雄》，1998）

要全面理解干部建设问题的核心是做实的问题，1998年管理要点的核心也是做实。土夯实了一层，再撒一层，这就是实现大发展的基础和关键。因此不做实的干部岗位要调整。（来源：《以做实为中心，迎接大发展》，1998）

# 5.3　用人五湖四海，不拉帮结派

## 5.3.1　坚持集体地讨论干部，集体地使用干部

在干部的使用上一定要坚持集体地讨论干部，集体地使用干部，不要少数几个人在一起就把干部圈定了，我们要多看干部好的一面，但也要看到其不足的一面，最重要的是在干部任免上千万不要拉帮结伙，不要因为是我的干部就帮着说话，要帮公司的利益说话，帮公司活下去说话。（来源：《认清形势，坚定信心，以开放的心胸和高昂的斗志和公司一起渡过难关》，2002）

作为主管，如果想得到员工的拥护，最重要的就是在工作中做到公正公平。如果做不到公平公正，即使用手拍拍下属的肩膀，说他怎么好，他却认为你是假的。所以对主管来讲，不管是升级、评奖金或其他事，都应该做到公平公正。如果做到了就会得到大家认同，即使暂时得不到大家的认同，迟早都会得到认同。当然，要做到公平公正是很难的。我们有很多主管不能区分团队中谁更好，不会管理，就只能牺牲自己。只会牺牲自己的人，一方面说明他没有能力，另一方面也说明他调动不起优秀骨干的积极性。公平公正说起来容易，做起来难。但是只要努力去做了，就能得到大家的理解和谅解，就能鼓舞士气。（来源：任正非在PSST体系干部大会上的讲话，2008）

华为公司高级干部不准拉帮结伙，不准结派，这个是原则问题。我们公司不要出现这种情况，这是对高级干部的要求。（来源：任正非在HRC会议上的讲话，2009）

从领导做起。高级干部要有领袖心态，要有全局观点。对下属要无私公正，不亲不疏，坚持以责任结果导向来评价干部，个人友谊或好恶不要卷进

评价里面来。（来源：《团结一切可以团结的力量》，2013）

### 5.3.2 团结一切可以团结的人

华为公司在用人问题上，最大的特点是承认自然领袖。你团结的人越多、帮助的人越多，大家就越拥护你，拥护你的越多，你就成为自然领袖。你是三个人的领袖，你就是销售经理，你是二十多个人的领袖，你就是片区经理，你若能团结更多人，就能做更大的经理。要善于帮助别人、团结别人，带动这个队伍一起前进，这样华为公司的销售队伍就能形成一支雄师劲旅。只有整个公司的所有人员都努力去奋斗，努力去开拓市场，华为公司才能成功。（来源：《胜负无定数 敢搏成七分》，1996）

要勇于去团结不同意见的人，应把所有的干部员工看成实现自己或组织目标的战友和伙伴。要善待员工，善待干部，建立起士为知己者死的团结奋战群体。充分发挥员工、干部在主航道上的主观能动性与创造精神。（来源：《团结一切可以团结的力量》，2013）

坚持以奋斗者为本。公司要团结的是有意愿、有能力、能干成事的员工，而不是为了团结而团结。对于不想干事、不能干事的员工，继续实施不胜任调整及淘汰。（来源：《团结一切可以团结的力量》，2013）

海纳百川，有容乃大，加强文化与制度的包容性。要开放心胸，拓展视野，换位思考，借鉴业界好的做法，针对不同的人群，通过岗位安排适当兼顾个人意愿，日常工作模式及用工方式的多样化设计，以及组合运用各类物质激励、非物质激励工具，以团结优秀员工群体共同长期奋斗。（来源：《团结一切可以团结的力量》，2013）

## 5.4　不断改进思想方法，恰当把握开放、妥协、灰度

### 5.4.1　开放、妥协的关键，是如何掌握好灰度

任何黑的、白的观点都是容易鼓动人心的，而我们恰恰不需要黑的，或白的，我们需要的是灰色的观点。介于黑与白之间的灰度，是十分难掌握的，这就是领导与导师的水平。（来源：《管理工作要点，2003~2005》）

宽容是领导者的成功之道。只有宽容才会团结大多数人与你一起认知方向，只有妥协才会使坚定不移的正确方向减少对抗，只有如此才能达到你的正确目的。（来源：《华为大学要成为将军的摇篮》，2007）

开放、妥协、灰度是华为文化的精髓，也是一个领导者的风范。一个不开放的文化，就不会努力地吸取别人的优点，逐渐就会被边缘化，是没有出路的。一个不开放的组织，迟早也会成为一潭僵水的。我们在前进的路上，随着时间、空间的变化，必要的妥协是重要的。没有宽容就没有妥协；没有妥协，就没有灰度；不能依据不同的时间、空间，掌握一定的灰度，就难有合理审时度势的正确决策。开放、妥协的关键是如何掌握好灰度。（来源：《逐步加深理解“以客户为中心，以奋斗者为本”的企业文化》，2008）

每一个将来有可能承担重任的干部，一定要具有对开放、妥协和灰度的理解，这是将来要成为领袖最重要的心态和工作方法，需要慢慢理解。（来源：任正非与核心工程队相关人员座谈纪要，2009）

坚定不移的正确方向来自灰度、妥协与宽容。我们常常说，一个领导人

重要的素质是方向、节奏。他的水平就是合适的灰度。（来源：《开放、妥协与灰度》，2010）

我们的各级干部要真正领悟了妥协的艺术，学会了宽容，保持开放的心态，就会真正达到灰度的境界，就能够在正确的道路上走得更远，走得更扎实。（来源：《开放、妥协与灰度》，2010）

我们开放、妥协、灰度这个话，基层员工学不学不重要，基层员工学习一下调整一下关系也没有什么不好，我经常看他们学偏了，但是我们高层人员要坚持学这个东西，就是我们在内部要达成一个团结和统一，我们不要太各自为政，各行其是，否则我们就形不成一个极大的合力，争取这个世界最大的机会权。我们二十年努力的积累到今天这个水平，如果我们惰怠下去，我们把公司葬送了，就太划不来了。沿着这个延长线还是要做大做强，如果我们内部不团结统一，不能形成合力，内部有很多矛盾，是不可能做大做强，不可能前进的。大家在不同观点上的争论，是我们需要的，我们要三权分立、多权分立，但是我们的核心价值观是不会变的，就是以客户为中心、以奋斗者为本，围绕这个核心价值观，有不同的看法是可以理解的。我认为在新时期，我们的班子一定要高度团结，担负起历史的重任来，才不辜负所有人对我们的投票。（来源：任正非在新一届董事会监事会会议上的讲话，2011）

### 5.4.2 三人行必有我师

“从泥坑中爬起来的都是圣人”，研发要坚持开放与创新，要宽容失败。我曾经讲过，世界上只有不要面子的人才会成功。孔子就是一个不要面子的人。孔子说：“三人行必有我师”。这句话前面没加定语，没有说三个优秀的人，而可能是三个放牛娃。放牛娃怎可以做老师呢？所以说孔子是典型的不要面子的人，愿意向任何人求教，因此就成了中国的圣人，被称作“孔圣人”。一个人太过注重面子，就容易忽略对自我的批判，“从泥坑中爬起来的都是圣人”。开放是公司生存下去的基础。如果我们公司不开放，我们公司最终就要走向死亡。开放要以自己的核心成长为基础，加强对外开放合作。华为坚持开放的道路不能动摇。开放是我们的出路。（来源：任正非在PSST体系干部大会上的讲话，2008）

华为的核心价值观中，很重要的一条是开放与进取，这条内容在EMT讨论中，有较长时间的争议。华为是一个有较强创新能力的公司，开放难道有这么重要吗？由于成功，我们现在越来越自信、自豪和自满，其实也在越来越自闭。我们强调开放，更多一些向别人学习，我们才会有更新的目标，才会有真正的自我审视，才会有时代的紧迫感。（来源：《开放、妥协与灰度》，2010）

## 5.5　实事求是，敢讲真话，不捂盖子

### 5.5.1　反对唯唯诺诺，明哲保身

好干部的标准是实事求是，坚持原则，眼睛朝下，不要光看上司的脸色。大家要警惕那些专看上司脸色行事、阿谀奉承的人，他们不是为公司而是为个人利益工作，无数历史经验教训证明了这一点。（来源：《尽心尽力地做好本职工作》，1996）

我们要特别重视有不同意见的干部，那些敢于向我们提意见的人，动机是好的，他们置个人利益于度外，关心爱护公司。我们不希望领导干部是一

批乖孩子，要敢于承担责任。（来源：任正非在《华为公司委员会管理法》评审会上的重要讲话，1998）

各级部门一定要注意，虚报、浮夸、报喜不报忧、文过饰非、掩盖事实真相、泛泛空洞无物是一种不良的管理作风，我们要警惕这类干部在没有改正好之前被任用。（来源：《管理工作要点，1999》）

在本职工作中，我们一定要敢于负责任，使流程速度加快。对明哲保身的人一定要清除。华为给了员工很好的利益，于是有人说千万不要丢了这个位子，千万不要丢掉这个利益。凡是要保自己利益的人，要免除他的职务，他已经是变革的绊脚石。在去年的一年里，如果没有改进行为的，甚至一次错误也没犯过，工作也没有改进的，是不是可以就地免除他的职务。他的部门的人均效益没提高，他这个科长就不能当了。他说他也没有犯错啊，没犯错就可以当干部吗？有些人，因为他一件事情都没做。而有些人在工作中犯了一些错误，但他管理的部门人均效益提升很大，我认为这种干部就要用。对既没犯过错误，又没有改进的干部可以就地免职。（来源：《华为的冬天》，2001）

我不怕大家批评我，大家批评我、有人批评我是好事。员工以后最重要的不是要看我的脸色，不要看我喜欢谁、骂谁，你们的眼睛要盯着客户。客户认同你好，你回来生气了，就可以到我办公室来踢我两脚。你要是每天看着我不看着客户，哪怕你捧得我很舒服，我还是要把你踢出去，因为你是从公司吸取利益，而不是奉献。因此大家要正确理解上下级关系，各级干部要多听不同意见。公司最怕的就是听不到反对的意见，成为一言堂。如果听不到反对意见，都是乐观得不得了，那么一旦摔下去就是死亡。（来源：任正非与智能、主控、信令、资料部部分员工座谈时的讲话纪要，2002）

我们已建立了层级的管理机构，分级地任命了干部。但永远不能在我们公司，树立所谓的绝对权威，绝对真理。一定要让有益的思想幼苗有成长的空间，一定要避免由于某人的局限，而错失机会，以及修正我们错误的可能。（来源：《管理工作要点，2003~2005》）

公司各部门、各级主管都要通过整顿，树立实事求是的工作作风。对于公司内部的问题，要敢于暴露、反思、解决，对捂盖子的干部予以撤职。（来源：EMT决议[2006]017号）

明哲保身和捂盖子的干部，要逐步降为处理事务的一般办事员。明哲保身和捂盖子就是以损害公司利益为代价的，这种人怎么能当干部呢？（来源：《打造一支品德过硬、敢于承担责任、敢于和善于坚持原则的职业化财经队伍》，2006）

我们的干部要坚持实事求是的工作作风，敢于讲真话，不捂盖子，报喜更报忧，公平对待下属与周边合作，敢于批评公司及上级的不是。我们反对唯唯诺诺、明哲保身，这样的人不适合作为管理干部，我们在新一年要调整他们的工作。不敢承担责任、观察上级态度，是不成熟的表现。（来源：任正非2010年新年献词）

我们上下弥漫着一种风气，崇尚领导比崇尚客户更厉害，管理团队的权力太大了，从上到下，关注领导已超过关注客户；向上级汇报的胶片就如此多姿多彩，领导一出差，安排如此精细、如此费心，他们还有多少心用在客户身上。不仅对客户的关注下降，普遍客户关系更谈不上；许多人害怕艰苦的工作，一些人富裕起来后，把相当一部分时间和精力转移到社会上的一些投资和投机活动上，开始不再聚焦自己的本职工作，你不觉得华为在蜕变吗？为什么华为的流程这么长，为什么决策这么慢，如果我们资本化，带金的翅膀飞得起来吗？如果世界上过去成功的公司都能够保持谦虚谨慎，艰苦奋斗，可能就不会有华为，因为不会有机会留给华为。我们不能把一些明哲保身、不作为的干部从行政管理岗位撤除，把这些岗位让给有进取心的人，我们就会在沉默中死亡。（来源：电邮文号[2011]16号,《从“哲学”到实践》）

各个组织，要让那些无所作为、人缘又好的干部下台，特别是迎合领导、美化一部分下级、不敢实事求是的干部是高成本，优先让他们下台。对EMT人员的审计报告在心声社区全网公布了，查我们的目的不是查我们有什么问题，是查谁在拍我们马屁。我们还要查地区部总裁、代表处代表，查谁在拍他们马屁，为什么不能在华为公司消灭掉腐蚀上一级、做内部公关的人?!（来源:《以“选拔制”建设干部队伍，按流程梳理和精简组织，推进组织公开性和均衡性建设》，2011）

### 5.5.2 坚持对事负责

在干部路线上，我们到底是实行对事负责制，还是对人负责制？我在高级行政干部座谈会上的文章中已经强调过：实行对事负责制。其中阐述了对事与对人负责制的根本区别，对事负责制是一种扩张路线，只对目标负责；对人负责制是一种控制管理体系，这体系的弊端就是拉关系，走投机路线。推荐干部不能任人唯亲，各级领导都要实行目标负责制。有可能你会受委屈一年、两年或更长时间，但只要跟着公司的目标、路线走，而不是跟着某个领导的感觉走，是金子总会发光的。（来源：任正非谈管理体制改革与干部队伍建设，1998）

对事负责制，与对人负责制是有本质区别的，一个是扩张体系，一个是收敛体系。为什么我们要强调以流程型和时效型为主导的体系呢？现在流程上运作的干部，他们还习惯于事事都请示上级。这是错的，已经有规定，或者成为惯例的东西，不必请示，应快速让它通过去。执行流程的人，是对事情负责，这就是对事负责制。事事请示，就是对人负责制，它是收敛的。我们要简化不必要确认的东西，要减少在管理中不必要、不重要的环节，否则公司怎么能高效运行呢？现在我们机关有相当的部门，以及相当的编制，在制造垃圾，然后这些垃圾又进入分拣、清理，制造一些人的工作机会。制造这些复杂的文件，搞了一些复杂的程序，以及不必要的报表、文件，来养活一些不必要养活的机关干部。机关干部是不能产生增值行为的。我们一定要在监控有效的条件下，尽力精简机关。（来源：《华为的冬天》，2001）

我们要坚持对事负责制。因此，我们要选拔那些不投机取巧的，有责任心、有管理思路和周边协调能力的，综观大局又敢于向上级报告真实情况、不掩饰不文过饰非的，富于创新精神但脚踏实地的员工，走上管理岗位。（来源：《管理工作要点，2003~2005》）

我认为最好的干部是什么样的人呢？就是眼睛老盯着客户，盯着做事，屁股是对着我的，脚也是对着我的，他是千里马，跑快了，踢了我一脚，我认为这才是好干部，一天到晚盯着做事的干部才是好干部，才是我们要挖掘出来的优秀干部，而不是那种会“做人”的干部。所以我们在中基层要重新修改我们的口号，要先学会做事，再学会做人。中基层干部一把手一定要会做事，不会做事，搞得会议很多，协调很多，浪费了特别多的资源。今年的组织改革，一定要把这种不作为的干部清理出去，不是从正职变成副职，或者变成更小的科长副科长，而是做业务专家，业务专家不行就去竞赛，达到13级你就做13级岗位，为什么只能从20级降到19级？干部要知恩畏罪，知恩畏罪讲的是同一个意思，知恩指知道规则，畏罪就是不要违反规则。我们要夹起尾巴做人，踏踏实实努力工作，通过踏实做事、努力劳动，来换取自己的收益。希望在这段时间的研讨中，通过文化发酵，能带给大家更多的启发，对大家今后的人生有帮助。总之一句话，吃得苦中苦，方为人上人，在华为，你想投机没门儿。（来源：《以“选拔制”建设干部队伍，按流程梳理和精简组织，推进组织公开性和均衡性建设》，2011）

## 5.6 以身作则，不断提升自身的职业化水平

### 5.6.1 吃苦在前，享乐在后，冲锋在前，退却在后

经历了八年的磨难，华为领导班子多数人已销蚀了健康，但意志经过千锤百炼更加坚强，管理也开始成熟了。这是一个不谋私利的班子；是一个以身作则、奋力工作的班子；是一个经济上说得明白、政治上清清楚楚的班子；是一个勇于批评与自我批判、有自我的约束机制的班子；是一个目光远大、不畏艰难的班子；是一个坚持各尽所能、按劳分配的社会主义原则，关怀职工利益的班子。因此，有资格领导公司，也能领导公司走向成功。（来源：《目前形势与我们的任务》，1995）

市场部有一个团结协作、严于律己、以身作则的领导班子，他们有清醒的头脑和开放的心态，勇于批评与自我批判。他们深知资源是会枯竭的，只有文化才会生生不息，在市场部大力加强文化建设，形成了正派向上的管理与组织作风，增强了凝聚力。这是建设一支过硬队伍的基础。（来源：《胜则举杯相庆，败则拼死相救》，1997）

对基层干部我们的要求是呕心沥血，身体力行，事必躬亲，坚决执

行，严格管理，有效监控，诚信服从。（来源：《职业管理者的使命与责任》，2000）

以身作则也不要做得太过分，就是不能大事小事都以身作则。这样做，你会十分关注小事，而忘了大事。但是你在做文档、做软件上一定要高度地精益求精，要绝对地以身作则。偶然用袖子擦鼻涕，或把袜子放在西装口袋里，就不那么重要。最根本的是你的管理，你一定要对你的部下讲明白，你要他做什么，做这个问题的标准是什么。（来源：《在做实中进步》，2000）

干部要身先士卒，到海外一线去锻炼。机关要精简，要把主要的工作压在前线。机关干部必须到海外去锻炼，要长期身先士卒待在国外，完成全项目的工作。（来源：《建立开放的合作体系，加快国际化进程的战略性转变》，2000）

干部一定要吃苦在前，享乐在后，冲锋在前，退却在后。一定要以身作则，严格要求自己。（来源：《改变对干部的考核机制，以适应行业转型的困难发展时期》，2006）

### 5.6.2　关注制度建设，在制度规范下主动履行职责

只有管理职业化、流程化才能真正提高一个大公司的运作效率，降低管理内耗。公司将在两三年后，初步实现IT管理，端到端的流程化管理，每个职业管理者都在一段流程上规范化地运作。就如一列火车从广州开到北京，有数百人扳道岔，有数十个司机换班。不能说最后一个驾驶火车到达北京的司机就是英雄。即使需要一个人去接受鲜花，他也仅是一个代表，并不是真正的英雄。（来源：任正非就《无为而治》作文考试对高层领导的讲话，2000）

华为公司走过了十几年的奋斗道路，过去提拔了一大批大喊大叫的干部，现在，各部门要改变工作作风，要从大喊大叫改变为踏踏实实、勤勤恳恳、默默无闻，转变为深入细致的职业化的工作作风。（来源：任正非在总裁办公会议上的讲话，2001）

我们不能基于信任进行财务管理，要基于制度。信任是有弹性的，是不具备持续确定的标准的。因此，西方完全是以制度来进行财经的管理，你遵守制度，无论谁都是可信任的。你不遵守制度，无论谁都是不可信任的。我们在确立制度前，要充分地论证，确立后，要使制度具有权威。否则四统一会成为空话。在财经系统推行授权、行权、问责制，建立一个科学合理的授权体系和严格的干部行权监管体系。授权就是将责任重心下移，使最明白业务的基层主管承担责任。行权就是建立满足内控要求的分权制衡机制，在流程中明确行权并承担责任，确保流程被正确执行，支持业务的顺畅进行。通过问责制追溯行权，促使干部在行使权利中尽责。问责制是体现在流程中的，任何一个环节的岗位/角色都要设定明确的考核和问责要求，责任都要落实到个人，尤其是关键监控点上的管理责任要层层落实到各级干部身上。发现问题一定要从上往下找到责任人，一把手首先要承担责任。（来源：《选拔财经干部的必要条件是品格和责任》，2006）

EMT已经决定，各业务的一把手是监控的负责人。所以首先要明确，自检、内控检查与评估、授权体系建设这三项工作的责任人就是流程负责人。目前做得不够规范，监控部要帮助去规范，把监控责任落实到流程负责人，并通过对业务的内控检查与评估，促使业务负责人对其管辖的地盘负责任。监控管理部有考核的权力，参与对干部的评价，必要时，可以弹劾。首先要对人的行为实施管理，其次对各级流程的责任制度实施管理。把行为准则、岗位责任、处罚规定、奖励制度制定出来，流程责任人就不

敢松懈了。（来源：任正非对区域监控工作的讲话纪要，2007）

董事会常务委员会的运作模式是什么？是从众不从贤，按票数来决定。虚位领袖是从贤不从众。总要有个模式，不能一会儿是这样，一会儿是那样。如果你们讨论干部任命，某个常委会成员不能参加，他应该要知道情况，通过书面表达意见。表态是要有个期限的，他表态不表态，我们总要让列车运行。我认为没有必要要求所有问题都是常务委员会全部通过。但一定要全知情，这是重要的。常委会一定要有反对意见，这样我才认为常务董事会是认真开会了。常务董事会经常不发言的人，下一届就从常务董事会里面出去，每个人都要发表观点，不管对错都要给出意见来，错了大家帮助你，对了就吸收一下。（来源：任正非在2011年7月28日EMT办公例会上的讲话）

关于对干部的虚位否决程序，人事任命的决议可以通过快一点，第一次否决了，常委会可以再重新讨论，第二次再报上来，我们可能又否决了。作为常务董事你们研究后，第三次你们可以作为备案报给我们，还是可以先用的，不因为我们否决就不能运作了。我们保留在工作中继续考查这个干部的权力，以及保留以前没有被否决过的上岗干部的考察权力，如果他们做得不好可以被弹劾。（徐直军：我建议还是多用弹劾权，看一看、做一做才知道）弹劾权是最大的威慑，当然否决权也很重要，但要放一条道，给常务董事会有个旁路权，否决两次不生效，常务董事会可以允许这位干部上岗。以后保留对他弹劾的权力。否则什么事情都停在那个地方。被弹劾否决的人员，我们要跟他谈话，要给他一次改过自新的机会。不管是弹劾还是否决，董事长或董事长的委托人要和当事人谈话，包括上任的干部，董事长都可以谈话。这个很重要，咱们谈个话喝杯茶，人的感觉就不一样。怎么操作你们去想，但我主张是要沟通的，不要一下子就拿下来了，人家也不知道是怎么回事。我关注制度的建设，制度是源远流长，影响很深远的，所以我不会在制度问

题上放弃的。（来源：任正非在2011年7月28日EMT办公例会上的讲话）

行政管理与业务决策的分离，将有助于我们提高运作效率。用标准的流程、方法、制度来取代个人的随意行为，保持内部运作的相对稳定和规范，这是GPO的权力。（来源：任正非与毛里求斯员工座谈会议纪要，2013）

## 5.7 要有自我批判精神

### 5.7.1 只有具备自我批判的人，才能容天、容地、容人

凡是不能自我批判的干部，原则上不能提拔；群众对他没意见的干部要重点审查；群众意见很大的干部要分门别类进行识别与处理，若不是品德问题，那么这样的干部是可培养的，我们还要再给他机会。社会是会自动产生惰性，而不是自动产生创新的，领导干部没自我批判能力，那么公司很快就会消亡。过几年后，公司将进而明确，没有自我批判能力的人不能当干部。（来源：任正非谈管理体制改革与干部队伍建设，1998）

通过自我批判，使干部思想洗刷，心胸开阔，将来能够经得起别人批评。现在先不让别人批评他，让他自己批评自己，但要让别人来认证。一定要打开胸襟，听得进别人的批评，也自己批评自己。“只有有牺牲精神的人才有可能最终成长为将军；只有长期坚持自我批判的人，才会有广阔的胸怀。”我想这两句话，是可以给我们共勉的。孔子说吾日三省吾身，我是深感其伟大。我一生有过这么多经历，我批评别人很多，自我批判更多，每天都想哪些事情做对了、哪些做错了。自我批判不会批垮公司，自我批判不会使大家自卑心增长，即便如此，高速发展的时代与自卑心的增长，两者相互抵消，能够

使干部能力更加增强，沉着冷静，更加成熟。我认为一个善于自我批判的人、有素质的人、有成功经验的人，越批评他，事会做得越好。（来源：任正非在自我批判指导委员会座谈会上的讲话，2006）

我们一定要实事求是。副总监以上的干部都要做自我批判，错误必须众人都知晓，否则不算数。对过去隐瞒的问题，公开检讨了，我们认为是进步的表现，但未必能过关。（来源：《改变对干部的考核机制，以适应行业转型的困难发展时期》，2006）

两个问题要一票否决：第一个问题是你没有自我批判能力，你总自以为是，这种人就要一票否决，不能往上提。就是说你要知道自己错在哪，这样的人才能提拔成干部。第二问题就是品德的考核，品德的考核也是一票否决。（来源：任正非在国内市场财经年度大会上的讲话，2006）

比技能更重要的是意志力，比意志力更重要的是品德，比品德更重要的是胸怀。只有具备自我批判的人才具备优秀的品德和宽广的胸怀，才能容天，容地，容人。（来源：《上甘岭是不会自然产生将军的，但将军都曾经是英雄》，2006）

各级主管述职不必刻意低调，但不能夸大成绩，要实事求是；述职要有自我批判精神，要勇于面对过去一年中存在的问题和失误，这样才能不断进步；各级主管和全体员工不要怕犯错误，犯了错误更要敢于改正错误。（来源：EMT 决议 [2006]017 号）

将军如果不知道自己错在哪里，就永远不会成将军。他知道过去什么错了，哪次错了什么，怎么错的，这就是宝贵财富。将军是不断从错误中总结，

从自我批判中成长起来的。（来源：《将军如果不知道自己错在哪里，就永远不会成为将军》，2007）

我们的高级干部以后养成个习惯，就是光明磊落，问到什么事的时候，原原本本把事情说清楚就行了，因为我们不会不犯错误的。我们要形成一个习惯，高级干部要么不报告，报告就要讲真话。没有说高级干部不能犯错误，重要的是我们要不断地去研究，去总结。如果大家都认为自己是完人，很完美，什么东西都不肯承认，这个公司就是故步自封。没有自我批判精神的公司一定会倒的，华为公司这种自我批判的精神一直要灌输下去。找不到自己缺点和问题的干部，就不能再提拔了，为什么呢？他已经没有发展的空间了。这个房间他已经从上到下仔仔细细找过了，他找不到缺点，所以他只有房间这么大了，再大一点他都不行了。在选拔干部上，我们各级组织都要注意这个问题。（来源：任正非在2011年6月30日EMT办公例会上的讲话）

要从高级干部的自我批判开始，多听听反对的声音，要把客户、竞争对手对我们的批评写在《管理优化报》上，避免成为“井底之蛙”。（来源：EMT纪要[2012]028号）

### 5.7.2　闻过则喜，加强干部的民主作风建设

加强干部的民主作风建设，公司及各部门都要听得进来自内部与外部的批评，包括提意见方法不对的批评。闻过则喜，加快改进。各级干部的民主作风是在不断地修养中培育的，因此，各级干部要努力学习，不断地提高自己的内涵。我们要团结一切批评过自己，而且批评错了的人。（来源：《管理工作要点，1999》）

公司的中、高级主管既要勇于承担责任，又要有民主作风，正是因为意识到对公司的责任重大，才更要广泛听取各种不同意见。要相信“人必有一善，集百人之善，可以为贤人；人必有一见，集百人之见，可以决大计。”（来源：《管理工作要点，2003~2005》）

用三到五年的时间，华为从上到下要调整，要使用敢于讲真话、敢于自我批判、听得进别人批评的干部。只有这种人担负起华为的各级管理责任，华为才可能在困难的环境中稳定地生存下来。如果大家认为形势很好，不必那么紧张，那么，我认为太平盛世最典型的标志，是人人都敢讲真话，领导听得进去真话。（来源：任正非在自我批判指导委员会座谈会上的讲话，2006）

要使干部能讲真话，要听得进批评意见。要虚怀若谷，勇于负责，改进干部的工作作风，提升团队士气，增加生产力。（来源：任正非在自我批判指导委员会座谈会上的讲话，2006）

大家一定不要看我对哪一件事情、对哪个人有批评，就背上了精神包袱，千万不要有这个想法，因为有这个想法的话，我们这个队伍将来就一个人都没有了。我相信你们人人都会犯错误的，我也会犯错误的，我认为大家重在努力改正错误，加快公司的正规化建设和前进。不是所有人都能保持同步前进，我们换代表不是把他整死了，换他去做客户经理有啥不好呢？调整一下干部，未必会使大家感情上过不去。从我们几个地区出现的腐败来看，还是要加强干部的流动。受处分的干部也不要背上包袱，觉得这辈子完了，没这回事，我们还是比较客观地对待问题的，做得好的还可以起来，只要你承认错误，真正批判自己，有什么不可以再起来？（来源：任正非在 2011 年 6 月 30 日 EMT 办公例会上的讲话）

我昨天在干部高级管理研讨班讲话，没有一个干部敢说自己做的事情都是正确的。任何人都会犯错误的，只要说清问题就行了；并不是说清问题，一定要受到处置，到了越高层越不是这样子的。任何人都可能有错误，有个认识的过程，常务董事会的成员也不是神仙。英美法德日等国他们在整个民族层面、文化层面上，已经解决支撑他们体系存在的基础，在这样的前提下，错误才会越来越少。在我们讲话讲完了以后，下面写纪要回来，我发现有时是 180 度倒过来理解的，幸亏报给我，我还回一下，不报给我，做的不全是错的嘛。在这样的情况下，我们公司在决策上可能有不正确的地方，在执行上也可能有不正确的地方。现在就是这么一支队伍，必须从这上面走过来，慢慢积累，才能使我们慢慢成熟起来。所以要说我们做出的决议全部都是正确的，我也不相信。如果说我们做的时候就知道是错误的，还做决议，我们也不大会这么做。如果说我们常委会的七个人做的全是错误的东西，还都通过，说明我们水平达不到，慢慢来。常务董事会要加强自我批判精神，不断反思和审视自己做出的决议，实现情况要及时进行报告。日本最大的优点就是自我批判，要强调在常务董事会的自我批判，我们要向日本人民学习。（来源：任正非在 2011 年 7 月 28 日 EMT 办公例会上的讲话）

## 5.8　保持危机意识，惶者生存

### 5.8.1　高科技企业以往的成功，往往是失败之母

创业难，守成难，知难不难。高科技企业以往的成功，往往是失败之母，在这瞬息万变的信息社会，唯有惶者才能生存。（来源：《北国之春》，2001）

十年来我天天思考的都是失败，对成功视而不见，也没有什么荣誉感、

自豪感，而是危机感。也许是这样才存活了十年。我们大家要一起来想，怎样才能活下去，也许才能存活得久一些。失败这一天是一定会到来，大家要准备迎接，这是我从不动摇的看法，这是历史规律。（来源：《华为的冬天》，2001）

我们会不会被时代抛弃？我们要不要被时代抛弃？这是个很重要的问题。无线电通信是马可尼发明的，蜂窝通信是摩托罗拉发明的，光传输是朗讯发明的，数码相机是柯达发明的……历史上很多东西，往往“始作俑者”最后变成了失败者。这些巨头的倒下，说穿了是没有预测到未来，或者是预测到了未来，但舍不得放弃既得利益，没有勇气革自己的命。大公司有自己的优势，但大公司如果不能适应这个时代，瞬间就灰飞烟灭了。（来源：任正非在惠州运营商网络BG战略务虚会上的讲话及主要讨论发言，2012）

### 5.8.2　让高层有使命感，让中层有危机感，让基层有饥饿感

干部要有使命感，有使命感就会积极创造组织的造血功能，为了实现一个目标，想尽办法去做，就是在为组织造血，只有不断造出血来，企业才有旺盛的生命力。（来源：《大树底下并不好乘凉》，1999）

公司发展到今天，依然处在创业阶段，让高层有使命感，让中层有危机感，让基层有一定饥饿感，是符合现实需要的。要通过人力资源政策导向，适当地营造这种“使命感、危机感、饥饿感”，并用制度将其转化为全体员工努力工作的动力。（来源：EMT纪要[2007]009号）

中层干部的危机感不能改变，我们用各层绩效排序靠后的10%，免除行政管理职务，改做具体工作，来使中基层干部有危机感。高层干部的使命感

也不因富了而惰怠。（来源：任正非在EMT办公会议上的讲话，2009）

未来我们收入会增多，效益会更好，我们危险也会增大，因为更多的人就会失去使命感。什么叫使命感？有钱也干，没钱也干，我就是爱干这个活，这就是使命感。在华为公司，有使命感的干部数量还是有限的，不是很多。中基层干部就要有危机感，什么是危机感？就是每年有10%的行政干部下岗。你已经走向行政管理岗位了，我们给了你信任和机会，但是你放弃了，那我就没办法，因此我们在行政管理干部中要强化末位淘汰。干部一定要末位淘汰的，才有排队和甄别，才能有压力和活力，这支队伍才能保持战斗力。（来源：《对“三个胜利原则”的简单解释》，2010）

## 5.9 个人利益服从组织利益

### 5.9.1 干部要以大局为重

我们要以正确的心态面对变革。什么是变革？就是利益的重新分配。利益重新分配是大事，不是小事。这时候必须有一个强有力的管理机构，才能进行利益的重新分配，改革才能运行。在改革的过程中，从利益分配的旧平衡逐步走向新的利益分配平衡。这种平衡的循环过程，是促使企业核心竞争力提升与效益增长的必须。但利益分配永远是不平衡的。我们再进行岗位变革也是有利益重新分配的，比如大方丈变成了小方丈，你的庙被拆除了，不管叫什么，都要有一个正确的心态来对待。如果没有一个正确的心态，我们的改革是不可能成功的，不可能被接受的。（来源：《华为的冬天》，2001）

公司处于一个大改革的历史时期，每级干部都不要患得患失。所谓改革，就是改利益原则，大家在利益面前不能斤斤计较，一定要用宽广的胸怀来对待公司现在推行的改革。公司从开始创业起就非常关注员工的利益，也关注我们合作伙伴的利益，因为有这两点加在一起，公司才获得了成功，我们会继续保留这样的做法，同时大家也要配合与理解。改革为什么有阻力？是因为要进行利益分配。（来源：任正非早期讲话，2001）

大家一定要理解这次精简机构、渡过难关的真正含义。当然机构调整都会伤及人，大家也知道，长征到延安时，中央的很多高层领导都从军团的高级官员精简为科长，但他们后来又都慢慢地起来了。组织结构的精简也是逐步展开，否则一次性全部展开，改革会出现混乱。而且，不同的部门有不同的展开方式，比如研发的行政干部可能还会增加，他们不能搞大部门制，要搞“三三制”。有了富余，我们以内部消化为主，但大家都必须摆正心态。干部要发挥其作用，首先必须要有良好的心态来应对改革。（来源：《认清形势，坚定信心，以开放的心胸和高昂的斗志和公司一起渡过难关》，2002）

我们的人员清理要有柔性，我们不会像西方公司一样，说今年收入降低了 20%，人就需要减掉多少，才能保证财务状况。我们不这样做，因为这样太刚性了，我们要柔性一点。现在重点是先解决微观问题，而不是宏观问题，就是先要一个部门一个岗位地去评估。而且，下一步 IPD、ISC 打通了，有些机构就不会存在，这些干部我们又怎么安置，重点要考虑好这些问题，而不是考虑解决财务指标增长的问题。我们要合理减员，所谓“合理”，就是要从制度改革入手，从流程改革入手。我们只把那些不能做出贡献的劳动力减掉，而不是把我们需要的劳动力减掉。公司大的机构整合将是在明年 2 月份 IPD、ISC 打通以后，那时就会知道哪个部门多了，哪个岗位多了。因公司组织调整而富余的人员，是公司的原因，不代表员工个人工作不努力。公司党委也要加入到这项工作中来，帮助评判哪些干部是我们宝贵的财富，我们就抓紧时间创造条件让他上岗。他从原组织上被裁下来，不是他的过错，这是组织的过错。暂时富余的人员和战略预备队的管理由人力资源部直接负责，减下来的一些机关干部要去用服组成战略预备队伍。战略预备队绝不是末位淘汰，当员工在富余岗位上下来时，我们认为需要把一部分优秀骨干留下来，当然这些骨干人员的心态也要好，对于抵制改革的骨干，将来成为高级干部也会有问题。（来源：《认清形势，坚定信心，以开放的心胸和高昂的斗志和公司一起渡过难关》，2002）

保持平常心态，增强服务意识。干部要以平常心面对变革导致的岗位调整，要以大局为重。组织定位好了，在流程运作良好后，要按流程的岗位条件来重新选择干部。无论任何部门，只要不能符合流程要求，就要改组，再来定位需要什么样的干部。干部要能上能下，不合适的干部要调到他能胜任的岗位上，如果他认为调整不合适可以辞职。（来源：《打造一支品德过硬、敢于承担责任、敢于和善于坚持原则的职业化财经队伍》，2006）

这次有93名各级主管，尤其是部分中高级主管，其承担的职位向下做了调整，自愿降职降薪聘用。这里我们要特别感谢这些从原岗位退下来的干部！特别感谢这次自愿辞职参加竞聘的员工！他们理解和支持公司长远发展，这将和“1996年市场部集体大辞职”、“2003年IT冬天时部分干部自愿降薪”一样，将永载华为发展史册。我们衷心希望这些调整的干部加强自我学习，努力提高自己，“长江后浪推前浪”，华为将不断为奋斗者提供更多的机会。（来源：《关于近期公司人力资源变革的情况通告》，2007）

### 5.9.2　无私才能无畏

只有全心全意、毫无自私自利之心的人，才会全力以赴地去培养超越自己的接班人。（来源：任正非在市场部全体正职集体辞职仪式上的讲话，1996）

华为上下非常团结，特别是高层领导不自私，不谋求个人的私利，因为他们不自私，所以能够团结在一起。自华为创立以来，我们内部一致保持着高度的团结。团结就是力量，团结就会消除内耗，就会有凝聚力和团队精神。因为他们不自私，他们就不会去结党营私，拉帮结派，他们就会把更多的精力聚焦于企业的经营发展和管理。因而这个企业就会有正气，它的核心价值观体系和价值评价分配体系才能立得住脚。我们的团结不是保持一团和气，其基础是自我批判，是在认同公司核心价值观的基础上达成的，可以讲它是在一种高境界下形成的团结。（来源：《华为的机会与挑战》，2000）

从我创办华为担任总裁的那一天起，就深感置身于内外矛盾冲突的漩涡中，深感处在各种利益碰撞与诱惑的中心，同时也深感自己肩上责任的沉重。如何从容地应对各种冲突和矛盾，如何在两难困境中果断地决策和取舍，如何长期地抵御住私欲的诱惑和干扰，唯有彻底抛弃一切私心杂念。否则无法正确平衡各方面的关系。这是我担任总裁的资格底线，这也是我们担任公司高级干部的资格底线。只有无私才会公平、公正，才能团结好一个团队；只有无私才会无畏，才能坚持原则；只有无私，才敢于批评与自我批判，敢于改正自己的缺点，去除自己的不是；只有无私才会心胸宽广，境界高远，才会包容一切需要容纳的东西，才有能力肩负起应该承担的责任。（来源：任正非自律宣言发言稿，2007）

### 5.9.3 耐得寂寞，受得委屈，懂得灰色

真正绝对的公平是没有的；生活的评价是会有误差的，但绝不至于颠倒黑白，差之千里；要承受得起做好事后受委屈，没有一定的承受能力，今后如何能挑大梁；公司努力确保机会均等，而机遇偏偏惠顾踏踏实实工作的人。（来源：《走出混沌》，1998）

各级干部要有崇高的使命感和责任意识，要热烈而镇定，紧张而有秩序。治大国如烹小鲜，千万不要有浮躁的情绪。戒骄戒躁，收敛自我，少一些冲动，多一些理智。（来源：《管理工作要点，2001》）

“牢骚太盛防肠断，风物长宜放眼量”。我们的中高层干部要经受得住磨难与委屈。（来源：《在理性与平实中存活》，2003）

我们要求降职的干部，要调整好心态，正确地反思，在新的工作岗位上振作起来，不要自怨自艾，也不要牢骚满腹。在什么地方跌倒就在什么地方爬起来。特别是那些受委屈而降职的干部，无怨无悔地继续努力，以实际行动来证明自己，这些人是公司宝贵的财富，是将来继大业的可贵人才。（来源：《持续提高人均效益，建设高绩效企业文化》，2004）

我们各级干部要学会做人，特别是负有主要责任的高级干部，提高个人及组织的素质。有文化必须有涵养。做事可以轰轰烈烈，但做人必须收敛。（来源：《管理工作要点，2003~2005》）

所有管理干部要静水潜流，要有冷静的思维方式。（来源：任正非在自我批判指导委员会座谈会上的讲话，2006）

中基层干部可以在业余时间学点哲学，高级干部可以适当学点历史。所有干部不要过问政治，不要参与不必要的社会活动，少交些不合适的朋友，干部要成熟起来。所以我主张干部聚焦在工作上，少去议论你不熟悉的东西，特别是敏感问题，不要给社会增加麻烦。（来源：《改变对干部的考核机制，以适应行业转型的困难发展时期》，2006）

磨难是种财富，逆境中最能产生将军。没有挫折，一帆风顺反而是成长不起来的。（来源：《将军如果不知道自己错在哪里，就永远不会成为将军》，2007）

我送大家几句话：第一，要耐得寂寞；第二，要受得委屈；第三，要懂得灰色。华为公司的干部要淡泊名利，踏踏实实做事，用平和的心态去面对未来。华为公司只有一个鲜明的价值主张，那就是为客户服务。大家不要把自己的职业通道看得太重，这样的人在华为公司一定不会成功；相反，只有不断奋斗的人、不断为客户服务的人，才可能找到自己的机会。（来源：《CFO要走向流程化和职业化，支撑公司及时、准确、优质、低成本交付》，2009）

任何人都应该是为了目标和理想来奋斗的，我努不努力跟你认不认同我没有关系。我的年轻时代也是得不到认同的，如果那个时代我因为得不到认同，就放弃努力，我今天和大街上的人有什么区别？不要过分强调组织、公司的认同。如果完全以它们的认同为基础，世界上就不会有科学家、凡·高和贝多芬，也不会生产出直升机。“向使当初身便死，一生真伪谁人知”。在人生的激励中，更重要的是自我激励。（来源：任正非与华为大学第10期干部高级管理研讨班学员座谈纪要，2011）

学会“适者生存”的道理。适当的理解、相互的忍让，是必需的。“不舒适”是永恒的，“舒适”只是偶然。在不舒适的环境中学会生存，才能形成健全的人格。遇到困难和挫折，要从更宽、更广的范围来认识，塞翁失马焉知非福。（来源：任正非与财经体系员工座谈纪要，2011）

# 第六章　干部的选拔与配备

华为的干部管理是“选拔制”和“淘汰制”，不是“培养制”。华为强调要从有成功实践经验的人中选拔干部，“猛将必发于卒伍，宰相必取于州郡”。没有基层实践经验的机关人员，不能直接选拔为行政干部，不能让不懂战争的人坐在机关里指挥战争。是否具备基层一线成功实践、项目管理成功实践经验，是干部选拔标准的排他条件。

华为公司在选拔干部时，第一看的是干劲。核心价值观是衡量干部的基础；品德与作风是干部的底线；绩效是干部选拔的必要条件和分水岭。从基层成长到中层，绩效和创造高绩效的才能是第一位的；从中层成长到高层，品德是第一位的。

华为的干部选拔实行“三优先”原则。一是优先从成功团队中选拔干部。出成绩的地方，也要出人才。通过这样的政策培养起一大群敢于抢滩登陆的勇士，不断激活组织与干部体制。二是优先从主攻战场、一线和艰苦地区选拔干部。优秀的干部必然产生在艰苦奋斗中，大仗、恶仗、苦仗一定能出干部。三是优先从影响公司长远发展的关键事件中考察和选拔干部。所谓关键事件中的表现，主要是指组织利益与个人利益冲突时的立场与行为。核心员工是那些在公司面对危机或重大内外部事件时可以信赖和依靠的员工群体，是一群与公司同呼吸、共命运，在各层各级各类岗位上忠实履行职责和持续奋斗的员工。责任结果导向中的责任不是空洞的、仅凭主观判断的，是可以通过关键事件客观评价的。

华为对人才的观点，遵循实事求是原则，用人所长，不求全责备。优点突出的人往往缺点也很突出，看人才要看主流。公司要崇尚自己的价值观，也要容忍一部分英勇的人有缺陷。华为既重视有社会责任感的人，也支持个人有成就感的人；既要把社会责任感强烈的人培养成领袖，又要把个人成就感强烈的人培养成英雄。基层没有英雄，企业就没有活力，没有希望。

华为的文化是一个赛马文化，是千里马都拉出来赛，干部必须在跑得快的马里面选。同时，在地区部专业业务骨干的选拔上，给“小马”一些机会。人的青春也就这么十几年，领袖型的人物你不抓紧时间提拔，等到上航空母舰的时候，他都勾腰驼背，指挥不动作战了。所以，人力资源委员会在破格提拔上还是要敢于决策，这样才能留住人心、留住人。公司基本的干部晋升政策提倡循序渐进，但也会按公司目标与事业发展的要求，依据制度性甄别程序，对有突出贡献者实行破格晋升。

干部队伍建设是公司发展的瓶颈。要利用世界的能力和资源来领导世界，以全球化视野选拔干部。华为未来需要的管理者是对市场有深刻洞察和宽文化背景的人，要大胆、开放、积极地引入外籍职业管理者和外籍专家，与华为的优秀青年组成混合团队，建设“混凝土”组织。

干部能上能下一定要成为永恒的制度，成为华为的优良传统。如果公司不能形成一种有利于优秀人才成长的机制，高速前进的列车不能有上、有下，那么列车的运行就不能脱离人的生命的束缚，华为必将走上盛极必衰的路。要保持公司长治久安，就要保持正确的干部淘汰机制。公司不迁就任何人。公司的末位淘汰制度主要针对行政管理者，而不是针对员工。不合格干部清理和员工末位淘汰要形成制度和量化的方法，立足于绩效，用数据说话，并融入日常绩效管理工作体系中，形成一体化的工作模式，而不是独立开展的工作。因为绩效原因暂时被调降的干部要保持平常心态，华为的历史一再证明：“烧不死的鸟是凤凰。”

干部配备的目标是形成能创造商业成功的战斗队列。在干部配备上，不虚位以待，不求全责备，先立后破，小步快跑，在实践中大浪淘沙，能上能下。

本章将主要从干部选拔的标准、优先原则、对人才的观点等方面，阐述华为公司在干部选拔和配备方面的政策和原则。

## 6.1 猛将必发于卒伍，宰相必取于州郡

### 6.1.1 坚持从有成功实践经验的人中选拔干部

干部选拔的最高标准是实践。（来源：EMT 纪要[2005]022 号）

我们强调要从有成功经验的人中选拔、培养，反对纸上空谈。当然有些成功经验是很小的，但也是成功的。有成功经验，就表明管理者有一定的方法论，以及领导能力，他们经过培养，容易吸收公司的管理方法。（来源：《关于人力资源管理变革的指导意见》，2005）

为什么要选拔成功经验的人呢？不管大项目成功、小项目成功，他们总有一个适用的方法论，他们已不是仅仅拥有知识，而是知识已经转换成为能力。这些人再被培养后，又善于总结与自我批判，那么他们就会再有一点进步，贡献就会再大一分。（来源：《关于人力资源管理变革的指导意见》，2005）

我们的干部也是在走出去的过程中培养起来的。这次的EMT会议上达成一致，为什么不能像解放战争时期的共产党那样，在火线上入党，在战壕里提拔？为什么一定要空投干部？为什么不在成功地区，对已经成功的员工进行直接提拔呢？大浪淘沙才是这个时代的本色与潮流，把资格、资历看得很重，终有一天要死亡。（来源：任正非在2006年年中市场工作会议上的讲话）

我们一定要坚定不移地加强干部管理，提拔干部必须拥有基层业务经验。一切没有基层成功经验的，一律不得提拔和任命。财经干部要加强与海外一线的沟通，加强一线实践经验的积累。没有一线经验的人不能做直接主管，没有一线基层实践经验的干部冻结调薪和饱和配股，要补基层实践课。以后，三年之内没有半年基层经验也算没有一线经验。不能让不懂战争的人坐在机关里指挥战争。要号召所有管理骨干到前线去，去解决问题。（来源：《打造一支品德过硬、敢于承担责任、敢于和善于坚持原则的职业化财经队伍》，2006）

对于缺乏基层实践经验的现有干部，要及时补上这一课，尽快派到一线去接受实践检验。这方面要与干部梯队计划结合起来。（来源：EMT纪要[2008]021号）

从选拔基层干部开始，就一定要选择有成功实践经验的人。今后在干部任命评价程序里，要将具备基层成功实践作为提名的必要条件。（来源：EMT纪要[2008]021号）

我认为干部还是以成功的实践经验为基础，根据你对成功的实践的总结，来看你成功实践的延长线，看你明天可不可能成功。在此选拔的基础上，再听你对明天的认识，进行第二次认证。（来源：任正非在EMT办公会议上的讲话，2009）

我们要坚持从成功的实践中选拔干部，坚持“猛将必发于卒伍，宰相必取于州郡”的理念，引导优秀儿女不畏艰险、不谋私利，走上最需要的地方。（来源：《任正非2010年新年献词》）

我们公司在干部选拔中，第一，一定要强调责任结果导向，在责任结果导向的基础上，再按能力来选拔干部。第二，强调要有基层实践经验，没有基层实践经验的机关人员，应叫职员，不能直接选拔为管理干部。如果要当行政干部，必须补好基层实践经验这堂课，否则只能是参谋。虽然西方在很多价值观的评价上不一定正确，但是西方的很多管理方法都是正确的，我们公司只要把住价值观这道关，西方的很多管理模型我们是可以用的。（来源：任正非在2011年8月31日EMT办公例会上的讲话）

财务是财务人员最好的实践基地。通过一个小型项目的全循环，就可以帮助他真正地认识财务和业务，为转变为各级CFO奠定基础。（来源：任正非与财经体系员工座谈纪要，2011）

在企业业务发展的初期阶段，所有企业业务的干部首先要作战，在战斗中快速成长，在战斗中学会指挥。在战场上取得成功后分出干部，扩大组织，自然形成英雄，自然形成有效的指挥体系。要把干部和人力资源聚焦到选定的价值区域和行业，地区部企业业务部在一段时间内可以和区域内的重点国家代表处的企业业务部合二为一，亲自作战，在作战中指挥，在指挥中作战。依照业绩来评定干部的职级，而不根据岗位来简单定级。现阶段不允许在同一城市成立两级组织。开放引进人才，但不要盲目追求高端，要选择适应华为企业业务发展阶段（起步及爬坡）特点，适应华为文化的外来人才，避免盲目的高成本。（来源：EMT决议[2011]001号）

BG、EMT成员选拔标准：将军一定从实践中产生。要将是否具备基层一线成功实践、项目管理成功实践经验，作为选拔标准的排他条件。（来源：EMT纪要[2011]008号）

我们要控制没有实践经验的人升为干部，特别是没有做过基层主管的，不要轻易升为后方主管。现在已为主管的，应让他们有上前线实践的机会，补好这一课。（来源：《不要盲目扩张，不要自以为已经强大》，2012）

你们试点的项目组就搬到试点国家去，不要在机关；在机关的人，以后就由项目中的人员把他置换了，变成职员，按职员定岗定薪。我们在座的领导哪些愿意去工程蹲点一段时间，去抓一抓，去解剖麻雀，像解剖广州代表处一样，去解剖一下工程的问题。广州代表处，如果我们不深入下去，能暴露出这么多基层的问题来吗？我们现在高高在上，不知道基层，怎么可能制定出一个合适的管理机制？我们的后备干部，都到艰苦地区去洗个澡，职务越高，越要吃过苦，才能服众，才会知道最苦的地方工时定额应该怎么给。（来源：任正非在2012年8月31日EMT办公例会上的讲话）

干部应该有主管本业务的实践经验，相关的实践经验也是可以的。只要是成功过的人，都会对成功有所理解。我因为有相关的实践经验，所以对人力资源的东西能够理解。很多人没有成功过，把握不住成功的突破口在哪，就循环做功课，这样运作的成本很高。领导一定要感悟到哪里是主要作战方向，主要矛盾是什么，要怎么解决才能成功。我们要求有基层成功实践经验，就是每个人都要能抓住主要的东西，这样工作效率最高，成本最低。现在公司机关有些人要去回炉，我主张找些小项目，去让他做小项目经理，小项目麻雀虽小，五脏俱全，做完以后拿来评一评，好就算补完课了。（来源：任正非在2012年7月27日EMT办公例会上的讲话）

HRC要致力于提升组织活力，我们未来最大的危机还是干部员工队伍的惰性。内部合理化的目标，就是激发组织活力，让队伍去冲锋、增长；猛将必发于卒伍，宰相必取于州郡，干部一定要有成功实践经验。梳理二级正职及以上的干部，没有成功实践经验的要冻结晋级、晋职、晋薪和配股，且不能平级调动。现在开会太多，就是因为干部没有成功实践经验，把简单问题复杂化，是干部没能力，不全是不当责。（来源：EMT纪要[2012]016号）

你要想当机关部门的一把手，至少在大代表处的系统部当过主任，至少在中等办事处要当过代表，否则你在机关部门不能当一把手，在下面当副职的人，回到机关不能当正职。当正职和副职之间的区别是非常大的，正职多苦啊，面对这么多不确定性，他非常难决策啊，所以他到机关才会去简化管理。没有实战经验的人回到机关担任要职，碰到问题就开会，解决不了再开会，把大家都折磨得半死不活，现在的情况，一定要改革。（来源：任正非和广州代表处座谈纪要，2013）

### 6.1.2 机关干部必须到海外去锻炼

机关干部必须到海外去锻炼，要长期身先士卒待在国外，完成全项目的工作。（来源：《建立开放的合作体系，加快国际化进程的战略性转变》，2000）

我们一定要在监控有效的条件下，尽力精简机关。在同等条件下，机关干部是越少越好，当然不能少得一个也没有。因此我们一定坚定不移地要把一部分机关干部派到直接产生增值的岗位上去。（来源：华为的冬天》，2001）

不懂战争的人指挥战争，这一定是高成本。总部机关的干部一定要对自己服务的业务有成功的实践经验，并具有快速准确、任劳任怨的服务精神与服务能力。机关的职员也一定要有服务业务的实践经验。（来源：任正非 2006 年年中市场工作会议上的讲话）

公司总部一定要从管控中心，转变成服务中心、支持中心，机关要精简副职及总编制，副职以下干部要转成职业经理人。拥有决策权的正职，必须来自一线，而且经常转换。以后总部不再从机关副职中选拔正职。公司强调干部的选拔，一定要有基层成功经验。什么叫指挥中心建在听得见炮响的地方，就是在这个项目或战役上的指挥调控权在前线，机关起服务作用，炮弹运不到就要处分机关的责任人，而不是推诿前方报表的问题。（来源：任正非在 2006 年年中市场工作会议上的讲话）

总部机关副部长级以下的干部要逐渐换成有成功实践经验的职业经理人，不授予副职决策与行政处置权，拉大副职与正职之间的报酬差距，使机关成为一些职业经理人的场所，而不是巴顿将军休息的地方。机关一把手，原则上从前线的将军中直接选派，不允许从机关副职中晋升。而且实行任期制，定期返回前线，不断轮流循环。（来源：《改变对干部的考核机制，以适应行业转型的困难发展时期》，2006）

有序安排尚不具备实践经验的机关管理和服务人员前往一线实践岗位工作，从最基层岗位做起。其在基层工作的综合绩效结果要有明确的要求，达不到要求的则不允许返回机关。（来源：EMT 决议 [2006]023 号）

用海外撤回来的中方员工，语言过关、表现优良的，可置换机关现职干部。所有机关干部都要置换。没有海外实践经验的干部，没有基层实践经验的干部，自己要定出来怎么去补课。从上到下，都要查自己有无实战经验。

机关干部必须要由具有实战经验的人来做，必须能够理解前方是怎么运作的。（来源：EMT纪要[2007]030号）

在人员调整流动上，强调从具有一线成功实践的干部中抽调一部分来提升和加强机关对一线的支撑和服务；从机关和支撑部门精简下来的优秀干部（这里的优秀指机关干部之间互相比较），经过必要业务培训后补充到基层作战岗位上去。（来源：EMT纪要[2008]037号）

要把机关平台的行政干部在三年之内调整一遍，希望大家都要上前线，周边部门都认同你，你才能回来。（来源：《任正非与一线代表关于组织优化座谈的讲话》，2008）

机关干部和员工更不能以总部自称，发号施令，更不能要求前方的每一个小动作都必须向机关报告或经机关批准，否则，机关就会越做越大，越来越官僚。（来源：《谁来呼唤炮火，如何及时提供炮火支援，2009》）

BG层面选拔后，还要一梯队一梯队地选拔，排挤那些没有成功实践经验者。一个干部无能，他就总待在那儿，我们六个人向他汇报，他老不讲话，就把我们六个人给坑了，影响我们六个人的工作速度。这个人无能，还积极得不得了，给我们六个人下指示，我们六个人再去影响六个人，他把三十六个人给坑了，机关无能的干部就是这样子的。我还强调机关没有成功实践经验的人就转成职员，不叫干部。职员可以上前线去，你不上前线我就不用你，一定要明确这个概念。我们现在强调还是要把机关职员区分开来，只要没有基层实践经验，没有项目管理经验的人，一定要冻结就是职员，不能让他们升官，升官后他们这种官僚主义，会把下面搅得天翻地覆，因为他不知道怎么干，一天就是开会开会，什么主意都没有，把下属折腾得要死不活。我们

在一层层选干部的时候，还是要强调攻击前进。（来源：任正非在2011年5月31日EMT办公例会上的讲话）

机关组织要从管理转向服务、支持和监管。不直接创造价值的岗位要梳理，机关的干部及专家要有成功实践经验（职员除外）。（来源：EMT纪要[2012]026号）

### 6.1.3　赛马文化，选拔干部要重实绩，竞争择优

选拔人才要重实绩，竞争择优，做不好本职工作的，就做不好更重要的工作。（来源：《不做昙花一现的英雄》，1998）

每个员工通过努力工作，以及在工作中增长的才干，都可能获得职务或任职资格的晋升。与此相对应，保留职务上的公平竞争机制，坚决推行能上能下的干部制度。公司遵循人才成长规律，依据客观公正的考评结果，建立对流程负责的责任体系，让最有责任心的明白人担负重要的责任。我们不拘泥于资历与级别，按公司组织目标与事业机会的要求，依据制度性甄别程序，对有突出才干和突出贡献者实现破格晋升。但是，我们提倡循序渐进。（来源：《华为的红旗到底能打多久》，1998）

我们强调这一点，是千里马都拉出来赛，跑得最快的前25%留下来交给有关部门去考察素质，去看看牙齿啊，看看蹄口啊，看看这些东西。你们选谁就选谁，但必须在跑得快的马里面选。（来源：任正非在1月31日EMT例会“08年公司业务计划与预算”汇报上的八点讲话，2008）

华为的文化是一个赛马文化，在地区部专业业务骨干的选拔上，给“小

马”一些机会。当然包括代表处的存量维护的专家队伍，也可以通过赛马来产生。（来源：《以客户为中心，以奋斗者为本，长期坚持艰苦奋斗是我们胜利之本》，2010）

## 6.2 优先从成功团队中选拔干部

### 6.2.1 出成绩的地方，也要出人才

我们强调在英勇善战、不畏工作艰苦的员工中选拔后备干部，但并不意味着上甘岭会自然产生将军，意味着我们排斥领导人必须具备的素质。一屋不扫，何以扫天下，一个人领导一个小团队不能成功，何以领导一个大团队。我们不以成败论英雄是指整个大势来说的，而对基层干部，在本职范围内，不能与团队一起成功，我们是不能肯定的。（来源：《关于人力资源管理变革的指导意见》，2005）

项目成功了，出成果就要出干部。打下这个山头的人里面，终究有一个人可以做连长；不能说打下这个山头的人全部都不行，我们不能老是空投一个连长过去。当然，代表处的代表和更高级的干部，有可能不是本地选拔，是跨区域选拔的。（来源：任正非在地区部向EMT进行2008年年中述职会议上的讲话）

核心工程队的作用要发挥出来。核心工程队先拿几个国家来试点。就是一句话：搞好这个国家，就在这个国家选干部、选校官，然后分到周边国家去接着干，周边国家再卷进来，大家都洗一遍澡。（来源：任正非在2012年8月31日EMT办公例会上的讲话）

我们的政策，就是谁打好了就多奖谁。多从胜利的队伍中选拔干部，出成绩的地方，也要出人才。（来源：任正非和广州代表处座谈纪要，2013）

### 6.2.2　要培养起一大群敢于抢滩登陆的勇士

我们要培养起一大群敢于抢滩登陆的勇士，这些人会不断激活我们的组织与干部体制。尽管抢滩的队伍不担负纵深发展的任务。但干部成长后，也会成为纵深发展的战役家。（来源：《让青春的火花，点燃无愧无悔的人生》，2008）

抢滩登陆就是勇士，但是勇士能不能纵深发展成为将军，要对选拔出来的25%的勇士进行培训，培训后进行筛选，从25%中选三分之一，约8%左右人员推荐到干部后备队，这个干部后备队，我们就要给他们机会去实践。对那些经过素质训练还达不到素质目标的人，也应该是我们的英雄，给予黄继光的称号，但英雄不一定是将军。（来源：EMT纪要[2008]028号）

## 6.3　优先从主攻战场、一线和艰苦地区选拔干部

### 6.3.1　大仗、恶仗、苦仗出干部

我们强调在一些艰苦地区和国家工作的干部，如果这个干部在市场做了也称职，不要虚位以待，就让他上。我们要从那些愿意干的人中选拔。所以对不同地区工作的干部要有不同的认识、选拔、甄别，要让他们上岗，可以当代表、副代表，可以把工资涨起来，有需要就要有导向。（来源：任正非在2004年三季度国内营销工作会议上的讲话）

我们就是要在艰苦地区培养和选拔干部，那是不是说发达地区就不能成长优秀干部？不是的。发达地区培养出来的干部更要注意职业化，你的对手及客户比你水平高得多。他们如果愿意到艰苦地区来工作，作新方法的种子，我们十分欢迎，他们像白求恩一样放弃优裕的生活环境来艰苦地区工作，那就更好了。（来源：任正非与尼日利亚员工座谈纪要，2004）

在世界上并不是有文化的人，一定会成为将军，否则这么多名牌军校的老师，应该都是司令。当然别人也不一定成得了教授。因此，知识要在实践中成熟为经验与能力。因此，我强调文化素质较高的员工，应到一线去，到艰苦的工作中去取得成功。同时，你能团结的团队越大，你也会越成功。（来源：《关于人力资源管理变革的指导意见》，2005）

我们要在艰苦地区，培养一批优秀的干部，这是公司的既定方针。上甘岭是不会自动产生优秀干部的，但优秀的干部必然产生在艰苦奋斗中。（来源：《上甘岭是不会自然产生将军的，但将军都曾经是英雄》，2006）

艰苦地区和业务的一线作战组织可适当多设些具有明确责任的副职职位以观察和培养后备干部。（来源：EMT 决议 [2006]027 号）

大仗、恶仗、苦仗一定能出干部。总部机关、产品体系都要派后备干部到艰苦地区锻炼，在艰苦环境中成长，公司要在上甘岭培养和选拔干部。（来源：EMT 纪要 [2008]013 号）

我们公司的作战方式要转过来，从“农村包围城市”转到在大T获得突破，进而延伸到中小运营商；从中央城市突破、向四周扩张。你想想世界大的战役都没有农村包围城市的，争夺的都是中央区域突破。我认为我们已经有这个能力来攻占中央区域了。我们要明确，我们在什么地区，谁是我们的优先级的战略伙伴。战略合作伙伴跟我们是什么关系？就是优先为它配置资源，将公司的优势资源配置给它，把最好的服务经理配给它，把最好的销售经理配给它，什么最好的都配给它。我们一定要在主攻战场上选拔和培养干部。工资、奖金的杠杆，职务的杠杆不就体现出来了吗？作战方式要发生一定程度的改变。（来源：任正非在1月31日EMT例会“08年公司业务计划与预算”汇报上的八点讲话，2008）

### 6.3.2　选拔干部第一选的是干劲

我们在选拔干部时，第一选的是干劲，后备干部总队要锻炼干部的奋斗精神，第二要有方法论，我们不要过分强调知识。（来源：任正非在6月24日后备干部总队例会上的讲话，2009）

BG、EMT团队构成，应大胆提拔有成功实践经验、有干劲、高绩效的中基层干部，加入到中高层团队中，作为种子、苗子，构建干部继任梯队。高层领导去一线，首要是考察干部苗子，而不仅仅是关注经营、项目。（来源：EMT纪要[2011]008号）

要敢于换一批有干劲、有能力、品德好的干部上来。现在各级部门都反复跟公司谈条件，都给自己定了保守目标，就是没有人能跟公司讲：要作战、要抢滩登陆。你们敢不敢换一批干部？我希望你们今年换掉一批干部，敢于提拔一些人起来。被换掉的干部也不用怕，我又没把你杀了。但我一定要换优秀的、有干劲的、有能力的人上来。我就不相信这个天下打不下来，不行就我自己扛炸药包上，我像董存瑞一样举着炸药包，让你们点火。（来源：《任正非在2011年1月20日EMT办公例会上的讲话——加大投入，抢占战略机会点》）

我们公司越来越开放了，越来越开放了以后，我们认为我们越来越互相理解了。我们在选人的时候，除了品德合格外，我认为能力与干劲是重要的。这个人有这个能力、有这个干劲，就可以让他做这个工作，为什么一定要资历呢？这样的话，一大批年轻的干部，就迅速成长起来了，挑起担子。我们完全靠原有的干部成为世界第一是不现实的。（来源：任正非在 2011 年年中区域总裁会上的讲话）

### 6.3.3 以全球化的视野选拔干部

未来公司需要什么样的干部，我认为未来公司需要的管理干部是对市场有深刻体验和宽文化背景的人，宽文化背景怎么理解，大杂烩，什么都懂一点。要成为高级干部都要有宽文化背景，干部要进行必要的循环，这是宽文化学习的好机会。我认为是很重要的，是非常有意义的，是对大家的培养和关怀。（来源：任正非欢送研发及管理干部走向市场前线的讲话纪要，2001）

为迎接公司国际化的挑战，在技术服务、供应链、采购、策略合作、品牌、海外公共关系、人力资源、商务等领域都要引进国际化、职业化的人才。引进高端人才主要是做种子，数量不一定多，关键是通过他们把整个体系的水平提升起来。人力资源部在薪酬政策和招聘上给予支持。（来源：EMT 决议 [2005]005 号）

外部引进高端人才有两类，职业经理人和种子。一类是职业经理人进来以后担任行政管理岗位，挑担子，一起干活，共享胜利成果。另一类是种子，待遇可以较高，把队伍带起来。（来源：EMT 纪要 [2005]029 号）

干部队伍建设是将来的瓶颈，可从国外调有两年经验的回来当用服、销售的机关干部，中高层干部全部要国际化，这样用两年时间可以实现用服、销售、财经干部国际化。（来源：EMT 纪要 [2005]029 号）

除在一些关键的岗位招聘一些高端的本地化员工以提升我们的业务和管理能力外，本地化员工的主要贡献定位在帮助公司在当地业务和管理的落地，帮助把公司的价值传递给客户。（来源：EMT 纪要 [2006]018 号）

继续加大公司全球化运作结构性缺失的高端人才，尤其是能迅速提升公司端到端流程，改善业务和管理短木板［如质量、流程、财务、交付件、架构设计、Marketing（市场营销）、Turnkey（交钥匙工程）、人力资源等］的业内专家引入，调整业务和专业人员结构，适应国际业务拓展和运作的要求。（来源：EMT 决议 [2006] 023 号）

重视外籍员工和干部的培养，提升总部机关的国际化水平，是公司走向国际化的关键。（来源：《将军如果不知道自己错在哪里，就永远不会成为将军》，2007）

我们要根据业务战略，逐步按全球视野来配置人力资源。目前本地化干部上岗的主要障碍是总部机关不与国际接轨。英语要成为华为公司的平台语言，总部对外输出语言一旦英语化了，一批批外籍干部自然就能上岗了。（来源：EMT 纪要 [2007]030 号）

我们的基本策略是通过引进少量高成本的明白人，带起来一批低成本的聪明人。我们招进来的明白人，主要要利用其经验和方法，把自己的队伍带起来。我们自己的年轻人其实悟性好，激情也高，就是没经验，没方法，有个明白人带一带，他们就能做得好。（来源：EMT 纪要 [2007]030 号）

对于各类开放条件已经成熟的岗位，合格的高端人员可以直接担任一级部门正职；对于开放条件尚未完全成熟的岗位，通过让高端人员担任一级部门副职，或担任一级部门主管的顾问的方式开展工作。（来源：EMT纪要[2007]030号）

高端人员要成批引进，人数太少了形成不了工作文化氛围。（来源：EMT纪要[2007]030号）

要改善我们的人员结构：通过加强海外本地化干部的使用和提拔，加快本地化员工上岗，以及大量使用海外优秀留学生，来缩减中国外派员工的数量。（来源：EMT纪要[2007]030号）

我们要加快本地化步伐，特别是要加快对本地员工的提拔。大家背井离乡地在海外奋斗，不会在这里定居50年，还是要有本地员工的支持的。服务肯定要首先本地化。我看爱立信的队伍，爱立信在委内瑞拉没有一个欧洲员工，全部是当地员工。问题是我们本地员工上来后，无法与总部沟通，这就是上层建筑出了问题，总部机关的落后状况要改变。我们以后一些老员工将来可以换回机关去做机关干部，把机关没有国际化经验的干部全部换到前线去，以前一些从国外回来工作没有安排好，辞职走掉的员工，把他们请回来，促进机关的国际化。公司一定要挤进国际化轨道，财务已经是国际化了，接着供应链和GTS全部要国际化，而且要快速跑入国际化。（来源：《将军如果不知道自己错在哪里，就永远不会成为将军》，2007）

可以对本地化干部上岗设定一个提升指标，逐年提高，但不要太急，不要跑步就位。对于海外低端员工的招聘，则要予以严格把关。（来源：EMT纪要[2007]030号）

对于审计部、监控部、法务部等专业性强的部门，要少招学生，多引进外部资深人员和有成功经验的外籍人士，岗位至少可开放到二级部门正职。（来源：EMT 纪要[2007]022 号）

供应链、GTS 要加快步伐，限期与国际接轨；积极引进具有国际视野的高端人才担任主管；供应链要引进日本、德国的高端人才做副总裁；审计要引入美国高端人才；2008 年要努力做到各一级部门、地区部的 ST（办公会议）都有外籍成员。（来源：EMT 纪要[2008]013 号）

我们不能仅依靠中国去领导世界，我们不以消灭别人为中心，而是要利用世界的能力和资源来领导世界。在对海外的投入问题上，需要持续的技术投入，投入的结果可能减少利润，但是如果在很多领域有特长，其实又增加了利润。我们在中国有奇大无比的研发中心，但不是那么有经验，效率不是那么高，如果我们不用世界高水平的人才，我们实际还在低水平纠缠，重复建设和重复劳动多，我们缺少全局型架构人才，还是坚持在有能力的国家加大合作。（来源：任正非在欧洲商业环境研讨会上的讲话，2012）

大胆、开放、积极地引入外籍 CFO、外籍专家，与华为的优秀青年组成混合团队，建设财经“混凝土”组织。让有为的员工走上合适的管理与专家岗位。过去我们的管理开放不够，使一些优秀人才得不到充分发挥，欢迎他们回来，与我们一起奋斗。（来源：任正非与财经体系干部座谈纪要，2012）

## 6.4 优先从影响公司长远发展的关键事件中考察和选拔干部

### 6.4.1 公司核心员工必须在关键事件中表现出鲜明立场

我们要选拔培养的是对公司忠诚、艰苦奋斗、绩效结果和在关键事件考核中突出的优秀骨干。（来源：EMT 纪要 [2005]040 号）

在选拔后备干部时，也要看其在关键事件、突发事件、组织利益与个人利益冲突时的立场与行为。（来源：任正非关于华为大学与战略后备队的讲话，2005）

对公司忠诚主要体现在战胜敌人、守住家业的关键事件表现上。公司重视员工在关键事件（如当公司经营出现危机时、当公司需要采取战略性对策时、当公司实施重大业务和员工管理政策调整时、当公司业务发展需要员工一定程度上牺牲个人短期利益时等）上的态度和言行，公司核心员工必须在关键事件中表现出鲜明的立场、敢于为公司利益而坚持原则。核心员工选拔首先考察关键事件中表现出的忠诚。核心员工的忠诚必须经得起长时间的考验。（来源：EMT 纪要 [2008]006 号）

公司核心员工是公司在发展过程中，尤其是当公司面对危机或重大内外部事件时可以信赖和依靠的员工群体，是一群与公司同呼吸、共命运、在各层各级各类岗位上忠实履行职责、持续奋斗的员工。（来源：EMT 纪要 [2008]006 号）

核心员工选拔要考察员工是否忠诚，但也要考察是否具备一定的业务能力。核心员工必须具备一定的业务能力，能在公司发展面临重大机遇或风险时，在不同层级的岗位上，发挥一定的业务骨干作用。但要注意，业务能力强的员工公司都可以使用，但并不一定就可以进入核心员工范围。核心员工的忠诚与否须经时间及关键事件的过程行为检验。（来源：EMT纪要[2008]006号）

### 6.4.2　选拔那些有职业责任感的人作为我们的业务骨干

我们在评价正职时，不一定要以战利品的多少来评价。应对其关键事件的过程行为中体现出的领袖色彩给予关注。（来源：任正非在英国代表处的讲话纪要，2007）

我们要选拔那些有使命感的人、那些有职业责任感的人，作为我们事业的骨干。骨干是会比一般劳动者多一些牺牲的机会。我们的职业责任感，就是维护网络的稳定。当一个国家危难，方显这个民族的本性与品质，这次大地震日本人民表现出的伟大品格，值得我们华为人学习。当苏州市委书记对我说到日本福岛核电站抢险的50死士时，都流泪了，一个国家，一个民族，一个公司，有了这样的儿女，还有什么人间奇迹不能创造出来。这次利比亚大撤退中，华为人表现出的这种沉着、镇静、互相关爱特别是对别人的关爱，多次主动把希望与机会让给别人，已具备了这种精神，多么可歌可泣。胡厚崑向我汇报时，说直想哭。对那些坚守在高危地区，和在高危险地区陪伴亲人的家属，都应获得我们的尊敬。没有他们的牺牲，就没有我们的幸福。这次在日本大地震、大海啸、核辐射的情况下，日本团队在董事长孙总的领导下，没有撤退，沉着、冷静地参加抢险，不仅有了向日本人民学习的机会，也向日本的运营商展示了中国公司的风采，这都说明了中、日员工的合作、进步与同甘共苦，也说明了我司文化的进步。要堂堂正正做人，认认真真做事。（来源：任正非关于珍爱生命与职业责任的讲话，2011）

## 6.5 用人所长，不求全责备

### 6.5.1 优点突出的人往往缺点也很突出，审视其缺点时要看主流

如果我们通过任职资格审查选拔出来的干部是一种非常完美的人，这种人叫圣人，或叫和尚，外国人叫教父。这不是我们所希望的，我们希望选出来的是一支军队，是一支战斗力很强的军队。通过这次任职资格审查，我们要用科学的评价体系，大幅度提升我们以前感情化的管理。但感情化管理也有一个非常典型的特征，就是不求全责备，不要求每个人都成为完美的人。（来源：《建立一个适应企业生存发展的组织和机制》，2000）

决策者不能求全责备，光挑了一点错误也没有、干不了事的人。在选拔干部上有一个比较好的透明制度，干部也不要有消极心理。在对干部的选拔上一定要做到所有的干部都能勇于承担危机，承担风险，要挺身而出为公司而献出自己。（来源：《贴近客户，奔赴一线，到公司最需要的地方去》，2001）

在干部队伍建设中，对干部要多一点宽容。要理解我们有些员工，只要他思想、道德没有问题，我们要用宽容的精神对待他们。我从小到大就是一个很有争议的人，如果没有这个世界的宽容对待我，我也没有今天。（来源：《认清形势，加快组织建设和后备干部培养，迎接公司新发展》，2005）

要注意挑选优点突出、能带兵的人担任各级一把手。优点突出的人往往缺点也很突出。有突出缺点的人，不一定不能成为好干部。我们用人不能求全责备。我们审视其缺点时要看主流。（来源：EMT纪要[2007]025号）

要看新干部的优点，不要老看缺点，不要求全责备，这个世界上没有完人。当然，道德品质上是一票否决。我们在原则问题上不退让，党委行使一票否决，但在原则范围内，应该还是有很多好干部的，要敢于培养干部。江山代有人才出，要一代代去巩固。（来源：任正非在地区部向EMT进行2008年年中述职会议上的讲话）

终端提拔干部不要把战略素养看得过重，不要过多地看资历，不要对干部求全责备。终端要现实主义地选拔干部，敢于提拔年轻干部，责任结果导向。（来源：EMT纪要[2009]041号）

年轻的、肯干的、努力奋斗的，看到他们可能有能力驾驭航空母舰的，是否先给他一个炮艇让他们试试看？在干部政策上，我还是主张不要求全责备，在干部使用上要放开一点，要敢于让年轻人上来干。这个事情人力资源委员会要插手，人力资源委员会不插手，很多干部选不出来，毕竟下面的团队眼光是有局限的。我们还是要敢于打破过去的陈规陋习，敢于向奋斗者、有成功实践者、有贡献者倾斜，如果他确实有能力，就让他小步快跑。（来源：EMT纪要[2009]022号）

我在2012实验室讲一下战俘和完人的故事，我们不需要那么多完人。（郭平：宁要有缺陷的战士，不要完美的苍蝇）麦凯恩竞选美国总统的时候说了一句话，“我在越南当过俘虏，我为国家出过力，所以我要竞选总统。”美国英雄主义的价值观，也促使美国强大。（来源：任正非在2012年7月27日EMT办公例会上的讲话）

### 6.5.2　不拘一格降人才

为什么不敢破格使用？为什么不学习美国军队？诺曼底登陆的时候，李奇微还是个少校，指挥82师的一个营；到朝鲜战场的时候，已经成了“联合国军”总司令；后来他接替艾森豪威尔任北约组织武装部队最高司令。短短八年时间就能有这么大的提升。为什么华为就不能这么选干部？我们还是要选一些战略狂人上来，我们才能有占领战略要地。我想换干部，把余承东这样的拉上去。人力资源能不能让余承东兼个副总裁？他去选干部，发现谁是千里马，就把谁用起来。华为公司已经没有秘密可保了，这个人靠得住、那个人靠不住的时代已经过去了。现在就是谁品德好，谁有能力，谁上去。当然你能力好但品德不好，我也不用你。（来源：任正非在2011年1月20日EMT办公例会上的讲话——加大投入，抢占战略机会点）

对优秀干部要敢于破格提拔。我们过去太强调公平了，我们现在已经有公平的基础了，接下来就是要敢于破格。基层员工摆平了，我该给优秀的涨就涨了，有啥了不起的？本来世界就不公平，我们也不怕一般员工跑了。领袖型的人物你不抓紧时间提拔，等到上航空母舰的时候，他都勾腰驼背，指挥不动作战了，人的青春也就这么十几年。人力资源委员会在破格提拔上还是要敢于决策，这样才能留住人心，留住人，否则的话，像有的公司挖我们一个干部过去，就把国际市场做起来了。（来源：任正非在2012年5月24—25日常务董事会民主生活会上的讲话）

公司要崇尚一种价值观，也要容忍一部分英勇的人有缺陷。对优秀人员，是对他的约束多一点还是激励多一点？还是要激励多一点。不能要求他们成为完人，优秀人才的劳动态度考核并不重要，结果才是最重要的。但对一般性的人员，没办法很清晰地评价结果，结果评价的成本高，所以我们把劳动态度作为约束条件。劳动态度的评价结果，不作为破格升级的必要条件，就是给各级部门一个信号，不要动不动就把这个作为武器去约束一些特殊人才。以后破格提拔的，大部分可能会是专家，对于管理干部，任用机制慢慢走向正轨以后，大多数干部的评价还是得到肯定的，有部分专家可能是埋在深山里面，大家不知道，会突然冒出来。（来源：任正非在 2012 年 7 月 27 日 EMT 办公例会上的讲话）

“不拘一格降人才”，创造条件使优秀干部和专家快速成长，承担更大的责任是在当前经营环境下激发组织活力，加快干部与专家队伍建设，保证公司持续有效增长的重要战略性举措。为此，拟在公司已有的干部任用和个人职级管理规则和程序的基础上，建立针对优秀人员的破格升级制度，经 2012 年 7 月 27 日 EMT 会议讨论，就相关管理原则和后续落实要求形成如下决议：1.破格升级指的是：符合条件的人员，可不受其现有个人职级限制，直接选拔任用到与其所担责任对应的岗位上；在其岗位对应的职级范围内，实现超出现有规则要求的个人职级破格提升。原则上每次个人职级最大升幅不超过三级。2.上述破格升级适用于以下人群：在其岗位上长期绩效结果表现突出，为同层级员工的标杆类人员；勇于奔赴和扎根海外艰苦地区或挑战性岗位，并做出突出贡献者；在重大项目、竞争项目、公司变革项目中，勇挑重担，绩效结果突出的骨干员工；在新的业务领域，敢冒风险、勇于挑战、取得突出成绩的干部；临危受命，不畏艰难，最终彻底或很大程度扭转不利的经营或管理局面的干部与骨干员工。3.原则上获得破格升级人员应满足以下条件：在其岗位上工作已满一年及以上，或在重大项目中至少完成一个周期的任务，且绩效结果优秀的（劳动态度评估结果不作为破格升级的必要条件）；且在日常工作中表现出认同并践行核心价值观、敢于担当、不推诿、不抱怨，积极进取的行为。4.以上各类人员的破格升级可按照一定的程序实行授权审批；原则上可适用现有流程的按现有流程执行；若现有流程无法支撑的，则制定专项审批流程，以使审批既规范又具一定的灵活性。5.公司人力资源部应根据以上要求，制定具体的操作标准、审批程序和授权机制，经公司人力资源委员会批准后予以实施落实。（来源：EMT决议[2012]034号）

### 6.5.3　选拔干部不是为了好看，而是为了攻山头

人力资源管理变革的目的是为了冲锋，目的是要建立一支强有力的、能英勇善战、不畏艰难困苦、能创造成功的战斗队列，而不是选拔一批英俊潇洒、健壮优美、动作灵活、整齐划一的团体操队队员。我们的目的，不是为好看，而是为了攻山头。（来源：《关于人力资源管理变革的指导意见》，2005）

华为公司要善于寻找新的、好的干部，要能根据不同的环境、不同的条件，发挥他不同的优势。对干部不能用一个统一的、僵化的模式来评价和选拔。华为公司是个队列，排兵布阵如果都整齐划一了，就不能作战了，不能把公司变成一个团体操队花架子，我们选拔的各级干部是为了攻克山头。（来源：《认清形势，加快组织建设和后备干部培养，迎接公司新发展》，2005）

### 6.5.4　既重视有社会责任感的人，也支持个人有成就感的人

我们既重视有社会责任感的人，也支持个人有成就感的人。我们所讲的社会责任感是狭义的，是指对我们企业目标的实现的强烈的使命感和责任感，以实现公司目标为中心为导向，去向周边提供更多更好的服务，对个人在此中的成就位置并不刻意追求。还有许多人有强烈的个人成就感，我们也支持。我们既要把社会责任感强烈的人培养成领袖，又要把个人成就感强烈的人培

养成英雄，没有英雄，企业就没有活力，没有希望，所以我们既需要领袖，也需要英雄。但我们不能让英雄没有经过社会责任感的改造就进入了公司高层，因为他们一进入高层，将很可能导致公司内部矛盾和分裂。因此，领导者的责任就是要使自己的部下成为英雄，而自己成为领袖。（来源：《把生命注入产品中去》，1998）

公司也很重视优秀员工的晋升和提拔，我们区别干部有两种原则，一是社会责任（狭义），二是个人成就感。社会责任是在企业内部，优秀的员工对组织目标的强烈责任心和使命感，大于个人成就感。以目标是不是完成来工作，以完成目标为中心，为完成目标提供了大量服务，这种服务就是狭义的社会责任。有些干部看起来自己好像没有什么成就，但他负责的目标实现得很好，他实质上就起到了领袖的作用。范仲淹说的那种广义的社会责任体现出的是政治家才能，我们这种狭义的社会责任体现出的是企业管理者才能。我们还有些个人成就欲特强的人，我们也不打击他，而是肯定他，支持他，信任他，把他培养成英雄模范。但不能让他当领袖，除非他能慢慢改变过来，否则永远只能从事具体工作。这些人没有经过社会责任感的改造，进入高层，容易引致不团结，甚至分裂。但基层没有英雄，就没有活力，就没有希望。所以我们把社会责任（狭义）和个人成就都作为选拔人才的基础。企业不能提拔被动型人才，允许你犯错误，不允许你被动。使命感、责任感，不一定是个人成就感。管理者应该明白，是帮助部下去做英雄，为他们做好英雄，实现公司的目标提供良好服务。人家去做英雄，自己做什么呢？自己就是做领袖。领袖就是服务。（来源：《华为的红旗到底能打多久》，1998）

领袖没有个人成就感，只有社会责任感，不需要大奖励。我们有非常多的无名英雄，他们是我们未来的一切，我们要依靠他们团结奋斗，充分发挥个人能力。我们要构建干部体系，通过价值评价体系把我们所需要的优良作风固化下来，这将使华为公司在下个世纪大有希望。（来源：《把生命注入产品中去》，1998）

## 6.6 干部选拔的关键行为标准

### 6.6.1 品德与作风是干部的资格底线

我们要防止片面地认识任人唯贤，不是说有很高的业务素质就是贤人，有很高的思想品德的人才是真正的贤人。任人唯亲是指认同我们的文化，而不是指血统。我们要旗帜鲜明地用我们的文化要求干部，中、高级干部品德是最重要的。对腐败的干部必须清除，绝不迁就，绝不动摇。如果我们今天不注重对优秀干部的培养，我们就是罪人。对干部要严格要求，今天对他们严格，就是明天对他们的爱。（来源：总裁办公会议纪要，1997）

提拔干部要看政治品德。真正看清政治品德是很难的，但先看这人说不说小话，拨不拨弄是非，是不是背后随意议论人，这是容易看清的。（说小话、拨弄是非、背后随意议论人）这种人是小人，是小人的人政治品德一定不好，一定要防止这些人进入我们的干部队伍。茶余饭后，议论别人，尽管是事实，也说明议论者政治不严肃，不严肃的人怎可以当干部。如果议论的内容不是事实，议论者本人就是小人。（来源：《以做实为中心 迎接大发展》，1998）

对人的选拔，德非常重要。要让千里马跑起来，先给予充分信任，在跑的过程中进行指导、修正。从中层到高层品德是第一位的，从基层到中层才能是第一位的，选拔人的标准是变化的，在选拔人才中重视长远战略性建设。

（来源：《华为的红旗到底能打多久》，1999）

在选拔中高层干部过程中，要把干部个人品德看得高于一切，遵守纪律，有高的道德情操，忠于公司、忠于集体利益才是我们选拔的重要基础，而不能唯才是举，不能唯才选择。（来源：《在理性与平实中存活》，2003）

审查干部的标准第一位是品德，敢于到艰苦地区工作、敢吃苦耐劳、敢于承担责任等也是品德的一部分，不光老实是品德，品德的含义是广泛的，优先要选择品德好的人做我们的干部。历史上太平盛世时期的变法大多数都失败了，特别是王安石，他选拔干部大都是投机、吃里爬外的干部，后来就是这些干部埋葬了他的变法。所以我们在太平盛世主要要选择品德好的人上岗，才能保证公司的长治久安。（来源：任正非在2004年三季度国内营销工作会议上的讲话）

华为公司正处在一个顺利发展的时期，使用干部要更加注重品德，这里说的品德不仅仅包括思想道德、生活作风，而是一个广泛的概念，还包括责任心、使命感、敬业精神、愿意到艰苦地区去工作、在磨炼中成长，以及管理好团队的能力。华为正处于良好发展的时期，启用什么样的干部很关键。在我们公司只有奋斗一条路，没有退缩。你若停止奋斗，就会被淘汰。（来源：任正非与阿联酋代表处座谈纪要，2004）

后备队选拔时，品德和干劲作为一票否决；在华为大学培训和平时培养中，以技能和素质为主，品德贯穿始终。（来源：EMT纪要[2005]022号）

品德不仅仅指思想道德、生活作风，而且包括愿不愿去艰苦的岗位工作，计不计较个人得失，有无团队运作的能力，能否处理好公司利益、部门利益和个人利益之间的关系；有没有发牢骚，讲怪话，议论待遇等。我们要选那些有奋斗精神、献身精神、长期坚持自我批判的人做干部。（来源：《打造一支品德过硬、敢于承担责任、敢于和善于坚持原则的职业化财经队伍》，2006）

行政管理团队主要是管人，心理素质不好的人和生活作风有欠缺的人，都不要进入行政管理团队，他们可以做普通管理干部或业务专家。（来源：任正非在2011年8月31日EMT办公例会上的讲话）

### 6.6.2　绩效是必要条件和分水岭，茶壶里的饺子我们是不承认的

企业不是按一个人的知识来确定收入，而是以他拥有的知识的贡献度来确定的。我们强调使用一个干部时，不要考虑他的标记，不能按他的知识来使用，我们必须要按如承担责任、他的能力、他的贡献等素质来考核干部，不是形而上学，唯学历。（来源：任正非与身处逆境的员工对话录，2002）

评价一个人，提拔一个人，不能仅仅看素质这个软标准，还要客观地看绩效和结果。德的评价跟领导的个人喜好和对事物认识的局限性有很大关系。绩效和结果是实实在在的，是客观的。所有的高层干部，都是有职责和结果要求的，在有结果的情况下，再看你怎么做的，关键行为中是否表现出你有高素质。（来源：任正非在人力资源大会精神传达会议上的讲话纪要，2002）

我认为关键事件行为过程考核同样是很重要的考核，但不是一个关键事件行为就决定一个人的一生。对一个人的考核要多次、多环考核。不要把关键事件行为过程考核与责任结果导向对立起来。责任结果不好的人，哪来的关键事件。（来源：任正非在干部管理培训班上的讲话，2003）

绩效是分水岭，是必要条件；只有那些在实际工作中已经取得了突出绩效，且绩效考核横向排名前25%的员工，才能进入干部选拔流程；茶壶里的饺子，我们是不承认的。（来源：EMT纪要[2005]053号）

我们的待遇体系强调贡献，以及以实现持续贡献的能力来评定薪酬、奖励。有领袖能力、能团结团队的人，是可以多给予一些工作机会，只有他们在新的机会中做出贡献，才考虑晋升或奖励。不能考虑此人有潜力时，放宽他的薪酬。茶壶里的饺子，我们是不承认的。（来源：《关于人力资源管理变革的指导意见》，2005）

所有要提拔的管理干部一定要有好的实践结果。好的结果不一定就是销售额，不要因为我们水平低，事事都以销售额为导向，反倒怪罪以结果为导向的正确评价体系。（来源：EMT纪要[2008]009号）

本次BG、EMT成员的选拔，以及后续的各层干部选拔，应导向攻击前进。各业务经营单元应聚焦于将饼做大，而非将精力放在内部如何分饼上。（来源：EMT纪要[2011]008号）

### 6.6.3　领导力素质是干部带领团队持续取得高绩效的关键行为

我们推行能力主义是不是有问题？是不是还要将责任与服务作为价值评价依据？你有能力，但没有完成责任，没有达到服务要求，我们就不能给予你肯定、给予你高待遇。我曾批评中研部多次，在价值评价上有问题，老是在技术上给予肯定，而不在管理上给予肯定。管理上不予肯定，你怎么能够肯定更改一个螺丝钉、一根线条就应给予高待遇？如果更改一个螺丝钉、一根线条不给予高待遇，而对那些别出心裁，只做出一点东西没有突出贡献的员工，你却认为他能力很强，给予他高待遇，这种价值评价颠倒就必将导致我们公司成本增加，效益下降。（来源：《全心全意对产品负责》，1998）

高级管理者把素质看得重一些，基层把绩效看得重一些，绩效是硬指标，看绩效一般不会有大的偏差；而素质是软指标，很容易造成模糊和误会。（来源：任正非在Hay项目试点会议上的讲话，2000）

在管理干部的要求上，高级干部与低级干部的素质要求又很不一样，低级干部要求的绩效很高，高级干部要求的素质很高，将来我们的专业技术人员要求的时候就应该片面化，主要强调你担负职务那一部分，而不是全面的。管理干部的综合素质适当要求高一点。（来源：任正非与员工座谈会纪要，2000）

对中、高级干部，尤其是高级干部要逐步试行关键行为过程考核，以提高中、高级干部的领导能力和影响力，充分发挥组织的力量。（来源：《管理工作要点，2003~2005》）

加强对责任结果好的并有培养前途的干部的任职资格考核，以及对其在完成任务中的关键事件过程行为考核，来确定对他的提拔使用。（来源：《持续提高人均效益，建设高绩效企业文化》，2004）

我们要选拔培养的是对公司忠诚、艰苦奋斗、绩效结果和在关键事件考核中突出的优秀骨干。“素质”这个词容易被理解为教育学历、知识技能等，不要在文件中使用，以免在层层传达中造成误导。文件中可使用“持续表现出来的关键行为”这个词汇，明确是在以往工作中已持续表现出来的关键行为、关键事件，是通过绩效结果表现出来的能力。（来源：EMT纪要[2005]040号）

正确理解绩效、领导力素质（DNA）和干部选拔的关系：1.绩效不仅仅是销售额，而是员工在本岗位担负责任的有效产出和结果。2.领导力素质是干部带领团队持续取得高绩效的关键行为，是员工和各级干部追求进步的方向和自我学习、自我修炼的路标。3.绩效、领导力素质与干部选拔的关系：有果必有因，有因未必有果，因就是领导力素质，果就是绩效。有绩效就必有产生绩效的原因，这原因可能是领导力素质，也可能是其他（如偶然因素、领导力素质未覆盖的其他素质），因此有绩效未必能成为干部，还要看他是否具备领导力素质。另一方面，具备领导力素质未必能取得高绩效，因为领导力素质是不完全归纳，不可能全覆盖成功的所有要素，因此不具有可逆性；评价一个人是否具备领导力素质是通过实践和关键事件过程行为考核来证明的。因此我们不能用不完全的、主观的、不确定的方法来选拔干部。而绩效和成功经验是客观存在的，应该可以作为干部选拔的基础；但由于也有偶然性，故还需评价其是否具备领导力素质。只有在有绩效的前提下，再具备领导力素质的员工才能成为干部。也就是说干部选拔应以客观事实为主，主观评价为辅。（来源：EMT纪要[2005]053号）

我归纳起来产生三方面的能力，即：成功的决断力、正确的执行力、准确的理解力。仅具备准确的理解力，适合在机关做干部；具备正确执行力，可以做个部门的副职；具备成功决断力的干部可以做部门的一把手。（来源：任正非在亚太地区部工作汇报会上的讲话，2006）

以干部四力为核心标准，强调从成功实践经验中挑选干部，同时加强对干部的末位淘汰。决断力、执行力、理解力，我们选拔干部主要是这三力标准。理解力就是说，一个干部，他都听不懂你在讲什么，那怎么去执行，怎么能做好呢？第二个就是要加强中层干部的执行力，高级干部要有决断力。后来增加了人际连接能力，成了四力。有了这四力，你才会有团队协作、意志力。决策力是通过关键事件行为考核的，包括理解能力、执行能力和人际能力，都是在关键事件行为中考核的。不是你来考试，而完全都是通过他过去的关键行为来考核。（来源：《人力资源体系要导向冲锋，不能教条和僵化》，2009）

想做一个好的领导者、管理者，你要把阅读面、视野展开，要看清行业的变化，才能规范好内部的行为。眼睛只看内部，忙着规范内部的行为，规范完了就淘汰了，为什么？因为不适应未来的变化。所以我强调视野很重要。视野不完全来自经验，还要来自学习。（来源：任正非在2013年3月29日EMT办公例会上的讲话）

我们现在的战略领袖还是太具体化，没有结构化。美国动不动就冒出一个技术上的战略领袖，短时间内就称霸世界。我们公司现在有非常多又年轻又优秀的作战将领，大家要开放思想，开放视野，对华为公司在世界上如何结构性地成功提出建议，而不是只把目光盯着一个具体战役的成功，否则你到不了战略专家、战略领袖的层次。我们要向美国学习，向西方公司学习，他们更多关注不是具体的事，而是全球格局的事。（来源：任正非在2013年3月29日EMT办公例会上的讲话）

铁三角的领导，不光是有攻山头的勇气，而应胸怀全局、胸有战略，因此，才有少将连长的提法。（来源：任正非在公司2013年度干部工作会议的讲话——《用乌龟精神，追上龙飞船》，2013）

华为的接班人，除了以前我们讲过的视野、品格、意志要求之外，还要具备对价值评价的高瞻远瞩，和驾驭商业生态环境的能力。华为的接班人，要具有全球市场格局的视野，交易、服务目标执行的能力；以及对新技术与客户需求的深刻理解，而且具有不故步自封的能力。华为的接班人，还必须有端到端对公司巨大数量的业务流、物流、资金流……，简化管理的能力；……。（来源：任正非在2013年3月30日持股员工代表大会的发言摘要）

## 6.7　干部配备的基本原则

### 6.7.1　基于业务发展规划，保证作战队伍干部编制到位

我们的经营模式是，抓住机遇，靠研究开发的高投入获得产品技术和性能价格比的领先优势，通过大规模的席卷式的市场营销，在最短的时间里形成正反馈的良性循环，充分获取“机会窗”的超额利润。不断优化成熟产品，驾驭市场上的价格竞争，扩大和巩固在战略市场上的主导地位。我们将按照这一经营模式的要求建立我们的组织结构和人才队伍，不断提高公司的整体运作能力。（来源：《华为公司基本法》，1998）

目前我们海外市场人员总的来说还是严重缺乏的，许多代表处就一个人、两个人，所以我们要把国内市场有经验的优秀营销人员输送到国外去，这是一个很重要的战略决策。他们市场感觉很好，他们能把握当地市场的脉搏。（来源：欢送研发及管理干部走向市场前线的讲话纪要，2001）

对具有区域战略能力的各级一把手，还是要全球调配。（来源：任正非在2006年年中市场工作会议上的讲话）

优秀管理干部优先配置到新业务和基于新业务的子公司，为未来资本运作打好基础。（来源：EMT决议[2006]024号）

后备干部和梯队的培养要结合公司的业务发展战略和规划，根据业务发展规划，基于管理岗位需求，做好后备干部培养计划。各级AT要把各个管理岗位的干部继任计划做出来，不仅关注第一梯队，还要关注第二梯队。（来源：EMT纪要[2007]025号）

要继续压缩平台和支撑人员，压缩非生产人员，但要确保作战队伍的编制到位。增加作战部门编制，减少后勤保障人员要有科学依据，不能拍脑袋想出来编制是多少数据。（来源：任正非在3月25日后备干部总队例会上的讲话，2009）

人力资源委员会要敢于对干部循环培训、循环转换，不要过分讲资历，我们的目标是打天下，谁能跟我们打天下我们就用谁，只要这个人品德上没有问题。我们不会对资历妥协和迁就，战争已经打起来了，我们怎么能耐心等待一个干部的进步呢？（来源：《加快CFO队伍建设，支撑IFS推行落地》，2009）

### 6.7.2　优质资源向优质客户倾斜

价值客户、价值国家、主流产品的格局是实现持续增长的最重要要素。各产品线、各片区、各地区部要合理调配人力资源，一方面把资源优先配置到价值客户、价值国家和主流产品，另一方面对于明显增长乏力的产品和区域，要把资源调整到聚焦价值客户、价值国家和主流产品。改变在价值客户、价值国家和主流产品的竞争格局，以支持持续增长。（来源：EMT决议[2009]002号）

好好服务于客户，这就是机制。我们的改革方向就是优质资源要向优质客户倾斜。优秀的作战队伍，以及服务平台，职级就是要高一些，与别的代表处不过分强调平衡。赚了钱，我就把高级别的服务人员放到你那里去，把你服务好，客户就知道还是华为好，绑定华为才能胜利。我们这么做，优质客户以后都会说，不吃亏不吃亏。（来源：任正非和广州代表处座谈纪要，2013）

优质资源一定要向优质客户倾斜。什么是优质资源，就是提高一线连长的级别。连长可以是上尉，也可以是中校，也可以是上校，也可以是少将。所以我们现在提出来要提高一线作战部队的任职资格，就是使好的资源可以配置服务于优质客户，就是这个意思。（来源：任正非和广州代表处座谈纪要，2013）

我们是要让具有少将能力的人去作连长。支持少将连长存在的基础，是你那儿必须有盈利。我不知道在座各位是否有人愿意做雷锋少将，我是不支持的，雷锋是一种精神，但不能作为一种机制。我们要从有效益，能养高级别专家、干部的代表处开始改革，"优质资源向优质客户倾斜"。只有从优质客户赚到更多的钱，才能提高优质队伍的级别配置，否则哪来的钱呢？（来源：任正非在公司2013年度干部工作会议的讲话——《用乌龟精神，追上龙飞船》）

### 6.7.3　根据组织定位和干部优势，合理配备干部

组织定位好了，在流程运作良好后，要按流程的岗位条件来重新选择干部。无论任何部门，只要不能符合流程要求，就要改组，再来定位需要什么样的干部。（来源：《打造一支品德过硬、敢于承担责任、敢于和善于坚持原则的职业化财经队伍》，2006）

公司强调选拔制，而非培养制。我们公司的流程制度越来越清晰，只要你个人的能力准备好，不一定有多大的资历，我们就会任用你。我们以后要用明白人，选拔就是给品德好、有能力、有作为的人提供了极大的空间。财务系统跟别的系统不同，别的系统都在淘汰老员工，说这个人资格老但能力低，可能要淘汰掉。孟晚舟明确反对这点，一些老员工满意现在的岗位，而且待遇降一点都愿意，为什么要赶他走？让他长期在某个财务的岗位干就行了。财务的数据有很强的继承性和延续性，全是新员工了，谁能说得清历史？老员工可以把待遇稳定下来安心工作，新员工要有冲锋的劲头努力成长。我们这么强烈呼唤，想英雄辈出，你们就要赶快出啊，你们财务冲得太慢，去年我破格提拔了183个财务员工，但是直到今天这些人都没有成长起来，你们辜负了我的期望。(来源：任正非与罗马尼亚账务共享中心座谈会纪要，2011）

基于公司对各BG、EMT的职责定位与要求，参考现有EMT运作的经验，在符合未来构架的基础上确定各BG、EMT团队成员构成原则，识别能力、经验要求，开展成员选拔工作；并考虑到不同业务的特点对BG、EMT成员的差异化要求。（来源：EMT纪要[2011]008号）

投资管理部负责子公司董事资源局人员的专业能力建设，为子公司培养、认证合格董事，辅导、支撑董事开展工作；子公司董事资源局包括专职董事长/副董事长、专职董事和兼职董事，不包含外部董事；专职董事有几个来源：1.片总；2.担任过海外区域总经理（地总、代表）或者CFO，且必须为正职，公司退休员工也可以；3.公司职能专家（尽职调查、法务、财经等专家）；子公司董事作为特殊干部群体，纳入到公司整体干部管理体系。董事要做任职资格管理，要通过认证，如工作需要可先上岗后再通过认证。董事要有全球化视野和法律思维，要了解全球法律的共性准则和要求，同时也要了解所在国家法律，但考核重点是全球法律的统一标准。董事资源局的组织关系在投资管理部，投资管理部是董事的组织科。董事资源局的费用及薪酬预算由荷兰华为董事会负责。设区域董事工作组，负责支撑所属区域的实体子公司董事会运作。投资管理部负责董事的认证、培训工作，人力资源体系负责建立董事选拔和评价机制，荷兰华为组织对下属子公司董事评价，投资管理部参与。（来源：常委会纪要[2012]002号）

我们早期为什么成功，就是市场领导了研发，所以我们很多干部都来自市场人员，到今天来看，市场人员已经领导不了这个公司了，把握不了未来的方向，因此我们要从研发抽调大量的干部到市场前沿去，重新回炉以后，看将来能不能驾驭航空母舰，干部来源机制现在已经发生了变化。（来源：任正非在2012年3月30日EMT办公例会上的讲话）

### 6.7.4　不虚位以待，先立后破，小步快跑

干部要小步快跑，“不在其位，不谋其政”，如果没有给他们的职务，总是成熟不起来。（来源：EMT纪要[2005]029号）

加快从艰苦地区工作的员工中选拔和提拔干部的速度。艰苦地区的管理岗位不能虚位以待，已做出成绩的员工应尽快任命到空缺职位上，以便在实践中进一步观察培养。（来源：EMT决议[2006]015号）

我们在提拔干部时，通过考核成绩、素质、品德，三权分立地对干部考核，然后在资源池里面找，找到了然后再试用，上岗试用一下，试用后实践证明不怎么合适，怎么办？你就还要再浇点水，树还要再长快一点，合适了以后再追认。我们先涨职务，后涨薪水，担任职务后还要看能不能胜任。这

样的干部选拔机制就把各个方面都归纳在里面。我们公司如果能坚持这样的干部路线，就能很快选拔干部。（来源：任正非在国内市场财经年度大会上的讲话，2006）

对于公司重要和关键职位不应虚位以待，对于考核合格者应及时予以激励。（来源：EMT决议[2006]029号）

对于不合格干部末位淘汰后出现的岗位空缺，不要虚位以待，要同时注重识别和勇于提拔那些综合绩效表现突出的干部苗子来承担新的责任。（来源：EMT决议[2007]022号）

干部置换要“先立后破”。我们确立了原则、标准，但执行时有一个循序渐进的过程。目前公司业务运转量很大，要遵循现实主义原则。机关干部中有相当多也是优秀干部，只是对前线不了解，不国际接轨。经过实践锻炼后，还是好干部。机关干部派下去，不一定在前线做管理者。（来源：EMT纪要[2007]030号）

我们在干部使用上，要贯彻先立后破的干部原则。不要虚位以待，不可因为干部缺位导致业务或管理的停滞。（来源：EMT纪要[2007]015号）

人力扩张和干部提拔都要贯彻小步快跑的原则，使干部管理能力可以逐步提升，跟得上管理规模扩张的要求。（来源：EMT纪要[2008]011号）

公司进行的流程组织、经营质量等各类管理改进与调整，都必须在跑步中开展。干部要在跑步中交接班。公司不允许停下来搞调整。（来源：EMT纪要[2009]038号）

我认为结构、流程是很重要，但还是建议先把班子任命出来，班子也参与设计，而不仅仅是由少数人来设计。以后的改革应该“两组车”改革，不能专家关起门来改革。商鞅改革为什么失败？就是没有跟官吏在一起讨论改革方案。一定要让这些官在利益上来跟我们吵，在吵的过程中实际上就达成了妥协。明年财报必须要公布人员和组织，今年年底之前要完成任命。不要追求科学化、追求完美，还是快一点比慢一点好，要先有班子可以运作，可能有些情况好，有些情况差，我们再把差的找出来。要避免出现真空及责任不落实，结果看起来完美的东西可能就不完美了。（来源：任正非在2011年11月30日EMT办公例会上的讲话）

我们也不能推行僵化的体制与机制，在某些战略机会点上，是可以灵活配置干部的，为什么不可以有少将连长，成功比级别更重要。我们要渴望成功，而不是处处担忧打破平衡。（来源：《不要盲目扩张，不要自以为已经强大》，2012）

### 6.7.5　正职与副职的配备要有不同的选拔标准

如何选好部门正职与副职，正、副职是否可以有不同的培养标准与选拔标准。我认为副职一定至少要精于管理，大大咧咧的人，不适合做副职。副职一定通过精细化管理，来实施组织意图，这就是狈的行为。正职必须要敢于进攻，文质彬彬、温良恭俭让、事无巨细、眉毛胡子一把抓，而且越抓越细的人是不适合做正职的。正职必须清晰地理解公司的战略方向，对工作有周密的策划，有决心，有意志，有毅力，富于自我牺牲精神。能带领团队，不断地实现新的突破。这就是狼的标准。我们在评价正职时，不一定要以战利品的多少来评价。应对其关键事件过程行为中体现出的领袖色彩给予关注。（来源：任正非在英国代表处的讲话纪要，2007）

机关副职的责任承担者要逐步地由具有成功实践经验的职业经理人来担任。而机关正职的责任承担者则应从一线成功管理者中选派，并定期与一线主管轮换，原则上不在机关，尤其是在原机关的副职责任承担者中选拔任用，杜绝把机关副职直接提升为正职。（来源：EMT决议[2006]027号）

为避免出现不良的组织问题，原则上，副职不能直接承担已被末位淘汰的正职的职位。（来源：EMT决议[2007]022号）

正职要有鲜明的特质：清晰的方向感、正确的策略、周详的策划，擅长组织和能力建设，以及敢于承担责任和决断力，在撕开城墙口时，就是比领袖的自我牺牲精神，比决心、意志和毅力。（来源：EMT纪要[2007]025号）

一把手要战略方向清晰，抓住主要矛盾及主要矛盾的主要方面，明确主攻方向。胜任上一级副职的人，不一定胜任下一级的正职。（来源：EMT纪要[2007]025号）

副职一定要讲精细化管理，撕开口子后，要能精耕细作，守得住。而一把手要有狼的精神，狼有三个特点：敏锐的嗅觉、矢志不渝的进攻性和团队合作精神；有清晰的方向感，富于自我牺牲精神，有策略和有意志，都是正职需具有的特性。（来源：任正非关于员工培训工作的谈话，2007）

### 6.7.6 控制兼职与副职数量

要对干部兼职（包括行政管理职位、委员会成员角色等）的个数设置上限，使干部能够把时间和精力聚焦在所负责的主要职责上。减少干部兼职也给新干部成长留出了更多的机会和空间。（来源：EMT纪要[2009]019号）

机关副职设置应根据业务服务的难度和跨度的实际需求，严格采用定岗定编的方式进行。要压缩现有副职编制，原则上经本次副职定岗定级定编工作后，机关副职职位应减少 30% 以上。（来源：EMT 决议 [2006]027 号）

机关副职的设立应有明确的责任分工；要纠正机关中存在的“一个正职，三四个副职，三四个助理，二三个员工”的不正常情况。多些执行和服务岗位，消除信息传递多余环节或其他不增值岗位。（来源：EMT 决议 [2006]027 号）

各体系要根据部门业务的实际情况，规划确定需设立副职的应负责任、数量、任职标准，避免副职设立的随意化、荣誉化；根据副职标准对原有副职人选进行评估，达不到标准要求的副职要实施易岗易薪。（来源：EMT 纪要 [2008]002 号）

### 6.7.7　均衡配备干部，改进短木板

销售四个要素，解决方案、客户关系、融资、交付。以前我们只重视客户关系，对交付和融资都不重视，不重视财务体系的建设，结果是解决方案和客户关系稍强一点，但交付和融资弱了。我们要改变一下，要强调四个要素的均衡成长。以后要从销售四要素来汇报，均衡配置干部。这个不改变，我们就回不来款，回不来款的最后结果你们知道会是什么？就是公司垮掉。（来源：任正非在地区部向 EMT 进行 2008 年年中述职会议上的讲话）

我们放一些优秀的财务人员到后备干部总队锻炼，就是要把优秀的财务人员转成半业务半财务的干部，这就是海军陆战队的两栖作战部队。将来一部分财务背景的干部去业务部门工作，一部分业务背景的干部到财务工作。

交付、监管等各环节都要调整，我们准备挑选一部分人到采购掺沙子，进行岗位流动。但手中没人能做啥？华为公司到底有没有人可以做干部？我们大部分员工是大学的优秀分子，我们是不是开放了机制让这些人往前冲？我们选拔干部的方法有没有问题？我们有没有可能直接选拔到干部？李奇微在诺曼底登陆的时候只是一个美军陆军少校，到朝鲜的时候是联合国军总司令，人家从少校到联合国军总司令只花了几年时间。因此在这个问题上，我们应当怎样贯彻人力资源的政策和制度，我认为我们还是很僵化。我认为不要老是看到研发和市场，还要看到整个公司的均衡建设，到处都需要优秀的干部去补充，不要因为有的市场打不下来，就不向其他的部门补充干部，要考虑公司各环节的均衡。（来源：任正非对后备干部总队的指导意见，2010）

我们公司特别是机关要裁减大量的中层干部，只要有干劲的，可以转做客户经理。我们客户经理线相对于我们整个公司，数量还是太少了。所以我们要增加客户经理设置，增加光网络的设置，增加专网的设置。我们执掌着权力的人，很多都在老业务里面，老业务又增长不动；新的增长机会点又得不到资源配置，这一点我们要从全局性地来调配。我们研发的人才应呈宝塔结构，有些部门，肚子太大了，不输出一些十六、十七级的干部，后来的人就上不来了。（来源：任正非在2011年1月20日EMT办公例会上的讲话——加大投入，抢占战略机会点）

我们很多有能力的人都集中在机关，前方大项目的骨干太少，直接面对客户的铁三角力量很弱，机关这么多人内控这么强，我们的作战能力并没有增强。我们要选拔那些敢作敢为的优秀将领，选拔一些年轻的人上来，到前方去做少将连长，把优势资源集中到优质客户身上。我为什么让大家看《国家命运》，当中任用的那些人都是刚刚留学回来的学生。我们为什么不敢这样任用？埃塞（俄比亚）的嘉奖令一出来，大家反响还是挺好的，榜样的作用是无穷的。我们不一定在困难时期才有机会，在和平时期也有机会。我们让这批人慢慢浮起来，公司慢慢地就有希望了。（来源：任正非在 2012 年 10 月 30 日 EMT 办公例会上的讲话）

### 6.7.8　同等条件下，优先选拔任用女干部

为了公司的均衡发展，干部后备队中女干部应有一定的比例。（来源：任正非关于华为大学与战略后备队的讲话，2005）

管理团队要有女性成员，公司管理者里面要有一定的女员工；选拔时可以倾斜；没有的要注意培养。（来源：EMT 决议 [2005]009 号）

同等条件下，优先提拔女员工，对于优秀骨干女干部，可破格提拔任用。（来源：EMT 决议 [2006]015 号）

要逐步提高干部队伍中女性的比例。到 2008 年年底，各级行政管理团队争取有一名女性成员。（来源：EMT 纪要 [2008]013 号）

## 6.8　干部要能上能下

### 6.8.1　干部不是终身制

华为公司坚决要把“夹心阶层”消灭掉，这是我从苹果公司惨痛的教训中总结出来的。“夹心阶层”指的是那些既没有实践经验，又不理解华为企业文化，还要把他们安置在较高职位上的人员。“夹心阶层”的存在必然会形成

不良文化，这种文化最后将导致公司失败。对他们，要压到基层去锻炼，成为自然领袖从而确立他们在华为的地位。（来源：任正非在干部培训班上的讲话，1996）

华为不可能有永恒的高速度，每个人的素质、个人学习努力的程度、自我改造的能力差异都很大，怎么可能步调一致地推动公司前进。至少，我看不清华为长远未来的前景。所以，我们不能懈怠，干部能上能下一定要成为永恒的制度，成为公司的优良传统。（来源：任正非在总裁办公会议上的讲话，1998）

公司是一定要铲除沉淀层，铲除落后层，铲除不负责任的人，一定要整饬吏治。对于一个不负责任而且在岗位上的人，一定要把他的正职撤掉，等到有新的正职来时，副职也不能让他干。对于长期在岗位上不负责的人，可以立即辞退。若不辞退，这个队伍还有什么希望呢？若你不能认识到这个问题，你就不会有希望。没有一个很好的干部队伍，一个企业肯定会死亡。（来源：《自我批判和反幼稚是公司持之以恒的方针》，1999）

不能坐下来讨论干部队伍建设问题，应在战争中调整，不合适的就要下去，包括对所有的高级干部，我们都不会姑息养奸，大树底下并不好乘凉。（来源：任正非在华为电气市场部座谈会上的讲话，1999）

整改干部队伍的目的，是要公司活下去。要想活下去，只有让那些阻碍公司发展的人下去，或者说把那些不利于我们发展的作风彻底消灭，公司才能得以生存。这也是我们整改的宗旨。（来源：《能工巧匠是我们企业的宝贵财富》，1999）

我们还是要在各个组织结构中实行优胜劣汰，就是要把不合适的干部调整到合适的岗位上去，把不合适的员工劝退。否则我们的人均指标永远都达不到较好的水平。有人说，这样做是不是太残酷？但问题是，市场本身就是残酷的。公司内部组织结构不能心慈手软，该降工资的时候还是要降工资。如果只有升没有降是不行的。这样才能使我们明年的计划确保实现。（来源：2002 年营销目标汇报会）

我们的干部不是终身制，高级干部也要能上能下。在任期届满，干部要通过自己的述职报告，以及下一阶段的任职申请，接受组织与群众评议以及重新讨论薪酬。长江一浪推一浪，没有新陈代谢就没有生命，必要的淘汰是需要的。任期制就是一种温和的方式。（来源：《持续提高人均效益，建设高绩效企业文化》，2004）

江山代有才人出，要一代代去巩固。不能说每一个干部都能够在岗位上持续发展，老一代退下去是很正常的。所以我们建立了一个机制，就是说你跟不上了，身体不行了，职位调整下去了，你的股票不会动。所以要加强新干部的提拔，特别是艰苦地区，新干部不提拔，我们的商业模式就继续不下去了。（来源：EMT 纪要[2008]028 号）

如果我们不能形成一种有利于优秀人才成长的机制，高速前进的列车不能有上、有下，那么列车的运行就不能脱离开生命的束缚，我们必将走在盛极必衰的路上。（来源：电邮文号[2011]16 号，《从“哲学”到实践》）

我们公司已经有能上能下的制度了，20 多岁当干部、当军长在我们公司也是有可能的。干部上去了，不行，就下来嘛。下来了工资股票也降下来不就完了嘛。所以我们还是要大胆地使用干部，我们使用干部太谨慎了。（来源：任正非与华为大学教育学院座谈会纪要，2012）

### 6.8.2 大浪淘沙，公司不迁就任何人

我们提倡能上能下，在实践活动的大浪淘沙中，我们要把确有作为的同志放在岗位上来，不管他的资历深浅。我们要把有希望的干部转入培训，以便能担负起更大的重任。我们也坚定不移地淘汰不称职者。为了保护高效益，我们绝不心软、手软。一切希望进步的同志，唯有奋斗一条出路。（来源：任正非在清产核资动员会上的讲话，1997）

不合格的干部就要换掉，机关干部一定要达标，不能养尊处优，达不到标准的，可以去当办事员，当秘书。机关一定要朝气蓬勃、有战斗力。熬年头的官，不能干活而站在高台上，是一定不允许的，也不可能存在。华为公司坐在这里等到光明到来，是不可能的。（来源：《坚定不移地推行ISO9000》，1997）

所有部门都要在快速发展中调整、巩固、充实、提高。所有的调整都要围绕做实。各部门一定要清理一些干部，从科以上干部开始。要把有强烈责任心、使命感，敢于负责，踏实努力，维护公司利益，善于团结同志的干部提上来。把得过且过，只懂原则管理、钻空子、不做实的干部撤下去，这是动真格的，坚决贯彻淘汰机制。只有把土夯实了，才能大发展。（来源：《以做实为中心 迎接大发展》，1998）

高级干部有什么不能做一般员工呢？因此，原来的高级干部干累了，是可以转做机关一般员工，他们也就安居了，不用漂泊了。（来源：《改变对干部的考核机制，以适应行业转型的困难发展时期》，2006）

要严格地确定流程责任制，充分调动中下层必须承担责任，在职权范围内正确及时决策；把不能承担责任，不敢承担责任的干部，调整到操作岗位

上去；把明哲保身或技能不足的干部从管理岗位上换下来；要去除论资排辈，把责任心、能力、品德以及人际沟通能力、团队组织协调能力……作为选拔干部的导向。（来源：《逐步加深理解“以客户为中心，以奋斗者为本”的企业文化》，2008）

人力资源委员会要对公司二级部门正职及代表处代表及以上的管理干部进行审视，提拔有冲劲和成功实践经验的年轻干部，将不能打仗的现职干部置换下来。（来源：EMT决议[2009]002号）

要保持公司长治久安，就是要保持正确的干部淘汰机制。不管你是高级干部还是创始人，都有可能被淘汰掉，包括我。不然公司就不会有希望，公司不迁就任何人。（来源：《以客户为中心，以奋斗者为本，长期坚持艰苦奋斗是我们胜利之本》，2010）

### 6.8.3　将末位淘汰融入日常绩效考核工作体系

已经降职的干部，一年之内不准提拔使用，更不能跨部门地提拔使用，我们要防止“非血缘”的裙带之风。一年以后卓有成绩的要严格考核。（来源：《持续提高人均效益，建设高绩效企业文化》，2004）

对于连续两年绩效不能达到公司要求的部门/团队，不仅仅一把手要降职使用，全体下属干部和员工也要负连带责任。（来源：EMT纪要[2006]012号）

不合格干部的末位清理绝不能只停留在基层主管层面，对于不合格的中高层干部同样要动真格的，要实行末位淘汰，每个层级不合格干部的末位淘汰率要达到10%，对于未完成年度任务的部门或团队，干部的末位淘汰比例

还可适当进一步提高。（来源：EMT决议[2007]022号）

要加大干部末位淘汰的工作力度，各级AT要敢于调整惰怠、不称职的干部。（来源：EMT纪要[2007]025号）

公司的末位淘汰制度主要针对行政管理者，而不是针对员工的。要强化落实对干部群体分层级的末位淘汰，现阶段重点抓好对年度排序在后10%的中基层管理者的末位淘汰。对不适合担任管理岗位的人员，可以调整到其适合的业务岗位上工作。（来源：EMT决议[2009]016号）

不合格干部清理和员工末位淘汰要形成制度和量化的方法，立足于绩效，用数据说话。面向未来，要逐步把不合格干部清理和员工末位淘汰工作融入日常绩效管理工作体系中，以形成一体化的工作模式，而不是独立开展的工作。（来源：EMT纪要[2009]003号）

我们要继续坚持以有效增长、利润、现金流、提高人均效益为起点的考核，凡不能达到公司人均效益提升改进平均线以上的，体系团队负责人，片区、产品线、部门、地区部、代表处等各级一把手，要进行问责。在超越平均线以上的部门，要对正利润、正现金流、战略目标的实现进行排序，坚决对高级管理干部进行末位淘汰。（来源：任正非在销服体系奋斗颁奖大会上的讲话提纲，2009）

我们继续坚持“以客户为中心、以奋斗者为本”的文化价值观。不奋斗我们就没有出路，华为一定要前进，前进就要让那些不合适的干部调整到合适的岗位上。我们对12级及以下人员的考核做了改变，是绝对考核，但对13级及以上的“奋斗者”，我们实行相对考核，特别是担任行政管理职务的人，我们要坚定不移地实行末位淘汰制，不淘汰你就可以得到更多的利益，我们不能让你坐享其成，责任和权力，贡献和利益是对等的，不可能只有利益没有贡献。（来源：《以“选拔制”建设干部队伍，按流程梳理和精简组织，推进组织公开性和均衡性建设》，2011）

现在我们二级部门太臃肿、太庞大了。今年二级部门整改，能挤压出相当大一部分劳动力来。无所作为的干部，其实可以直接进入辞退状态，没有必要留情，留情是坐不好这个天下的。无作为的干部，比不干活破坏性还大，为了自己的存在，还设计了一个程序，牵制了相关的五六个岗位的效率，所以要坚决从管理岗位拿下来。条件好的，送到最基层一线去当兵，从头干起。员工的自我鉴定，应该公开上网，贴到心声社区网上去，评议也要这样子。有些人事情做得一塌糊涂，然后给下面写了一些美化的评议，靠牺牲公司的利益来笼络人心。这些人也是不合格的干部，也要下岗。我们还是要敢管，敢出业绩，敢出效果。你们要淘汰的干部就裁下来，经过后备队的筛选以后，有一些可以到别的部门去用。比如，我们有些老员工裁下来以后，能不能自己去开专卖店？专卖店不是光卖终端，把家庭网关这些服务系统的东西，也按区域划分，这样能疏导一些人。（来源：任正非在2011年1月20日EMT办公例会上的讲话——《加大投入，抢占战略机会点》）

我们每年要有10%的干部末位淘汰率，按行政权力来划分淘汰率。也不要说总的干部淘汰多少，要强调分层分级，不能拿基层干部来垫背。末位淘汰的干部可以转去做专家，专家也不是容易做的，做不了专家他就边缘化了。促使干部在行政岗位上一定要好好管理。徐直军老是说我贬低专家，做了专家才知道做专家多难，就会珍惜做行政长官的位置。（来源：任正非在欧洲商业环境研讨会上的讲话，2012）

末位淘汰是从西点军校学来的，它的目的是用来挤压队伍，激活组织，鼓励先进，鞭策后进，形成选拔领袖的一种方式。高端员工要去做领袖，逼着他优秀了，还要更优秀，是痛苦一些。不是天将降大任于斯人吗？必先苦其心志。不能指望基层员工一下子就去做领袖，要让他们在宽松的状态下去工作，创造绩效，多些收益。所以考核要简单，导向要清晰，只有标准基线，没有人和人的相对比例。我们实行ABC评价的目的之一是为了选拔领袖，不能为了选拔领袖，而进行全员挤压。我们360度考核也是为了寻找加西亚，寻找贡献者，寻找奋斗者的，怎么会变成了专门去找缺点呢？我们又不是婆婆。我们对基层员工的管理方法和对高端员工的管理方法一定要有区别，基层员工首先要各尽所能，按劳分配，多劳多得。（来源：任正非在基层作业员工绝对考核试点汇报会上的讲话，2012）

### 6.8.4 烧不死的鸟是凤凰

为了适应公司大市场、大科研、大结构、大系统的发展需要，这次市场部全体正职在递交述职报告的同时，将全部递交辞职报告，接受组织的评审，表现了大无畏的英雄气概。在中国通信市场如此错综复杂、艰难困苦的发展时期，此举措，真是惊天地泣鬼神，将会震动整个中国。“一将功成万骨枯”，我衷心感谢那些在华为发展史上，强渡过大渡河，爬过雪山草地，至今还默默无闻的英雄儿女。（来源：《目前形势与我们的任务》，1995）

市场部作为公司的先锋队，六年来建立了不可磨灭的功勋，受到了全公司员工及用户的信任与尊重。我同样与他们朝夕相处，是充满了感情的。我热爱他们，特别是那些牺牲自己、为明天铺路的员工；但我也热爱明天，为了明天，我们必须修正今天。他们的集体辞职、接受组织的评审，表现了他们大无畏的毫无自私自利之心的精神，他们将光照华为的历史，是全公司员工学习的楷模。因此，任何人都必须开放自己，融入华为的文化生活中去。为了企业的生存与发展，要有能上能下的心胸。只有这种能屈能伸的人，才会大有出息。努力调整自己，按不同时期找准自己的位子，丢掉患得患失，在新工作岗位上与您的同事们好好干一场。（来源：任正非在市场部全体正职集体辞职仪式上的讲话，1996）

我们要求降职的干部，要调整好心态，正确地反思，在新的工作岗位上振作起来，不要自怨自艾，也不要牢骚满腹。在什么地方跌倒就在什么地方爬起来。特别是那些受委屈而降职的干部，无怨无悔地继续努力，以实际行动来证明自己，这些人是公司宝贵的财富，是将来继大业的可贵人才。组织也会犯错误的，一时对一个人评价不公是存在的。因此，总会有一部分人受委屈，这些人的正确对待会给我们的进步带来十倍的力量。由于您的正确对待，也给组织将来给您以更大的信任提供了支持。（来源：《持续提高人均效益，建设高绩效企业文化》，2004）

真正绝对的公平是没有的，您不能对这方面期望太高。但在努力者面前，机会总是均等的，只要您不懈地努力，您的主管会了解您的。要承受得起做好事反受委屈，“烧不死的鸟就是凤凰”，这是华为人对待委屈和挫折的态度和挑选干部的准则。没有一定的承受能力，今后如何能做大梁。其实一个人的命运，就掌握在自己手上。生活的评价，是会有误差的，但绝不至于黑白颠倒，差之千里。要深信，在华为，是太阳总会升起，哪怕暂时还在地平线下。（来源：《致新员工书》，2005）

经过考核之后能够达到标准的干部，我们继续任用；达不到标准的就不能再用，其愿意留下工作的，可以按其实际能力，从事具体工作，当然以后工作表现好，能力提升了，仍可以升上来。在职业化的过程中，我们不可以

让任何人钻空子。（来源：《加强职业化和本地化的建设》，2005）

清理下来的干部不要患得患失，可以在基层岗位上创造新的成绩，随时欢迎你上升到你能胜任的岗位。下去，也不能取代底下干得好的人，否则队伍全乱了。已经正确的队伍不能乱动。（来源：任正非在自我批判指导委员会座谈会上的讲话，2006）

干部要以平常心面对变革导致的岗位调整，要以大局为重。组织定位好了，在流程运作良好后，要按流程的岗位条件来重新选择干部。无论任何部门，只要不能符合流程要求，就要改组，再来定位需要什么样的干部。干部要能上能下，不合适的干部要调到他能胜任的岗位上，如果他认为调整不合适可以辞职。（来源：《打造一支品德过硬、敢于承担责任、敢于和善于坚持原则的职业化财经队伍》，2006）

不要怕降薪人员闹情绪，易岗易薪本身也是对干部的考察。若降职降薪后仍然保持良好的心态并认真工作的干部员工，今后仍可考虑提拔使用。（来源：EMT纪要[2008]002号）

# 第七章　干部的使用与管理

在对高级干部的评价上，会强调素质和品德多一些，但在中基层干部的评价上，还是要坚持结果导向，一味强调素质是不行的。素质和结果应该是相关的，好的素质应该有一个好的结果，一个不能带来好的结果的“素质”就不能称为有素质，这是动机和效果之间的相互关系，有好的动机没有好的效果，是不行的。因此，要坚持责任结果导向，这是一个长远政策。

要推行以正向考核为主，同时抓住关键事件逆向考事的双向考核。这里的事是事情的事。既要对每一件错误逆向去查，找出根本原因，以求改进；又要从目标决策管理的成功事件以及成功的过程中逆向追溯成功的关键因素，从中发现优秀的干部。正向考核很重要，逆向考事也不可或缺。

要贯彻公开绩效考核结果的制度，用“公开”监督干部和AT的运作。对新提拔的干部要实行公示制度，听听员工对他们责任心、使命感、工作能力、思想道德品质的评议，置干部于员工的监督之中。加强公开性，有助于公司形成一个稳定的结构。

华为实行三权分立的干部管理制度：赋予日常直接管理干部和员工的相应行政管理团队具有建议权；赋予促进能力建设与提升的华为大学、专业委员会以及对过程规范性进行把关的人力资源部、干部部等机构具有评议权；赋予代表公司全局利益的跨部门委员会和对思想品德进行把关的党委组织干部部具有否决权和弹劾权。公司从一长制管理到行政管理团队运作进而到三权分立机制的实施，是为了保证干部任用和员工激励的客观性、全面性、公正性，避免单方面决策的片面性和倾向性。

在对干部的弹劾与处理上，要真诚地抱以“惩前毖后，治病救人”的态度，以帮助干部改正错误为目的。要相信绝大多数干部是认同公司核心价值观的，响鼓不用重锤敲。

在新时期、新时代要更多地通过文化、制度和流程来建立越来越科学化的管理，在越来越放权的同时，越来越加大监控的力度。这是两个轮子，都得并行地运行。

公司绝不允许高级干部腐化，将持续地在高级干部中反贪污，反假公济私，反不道德行为；坚定不移地反对富裕起来后的道德滑坡，持续地反对惰怠。高薪不能养廉，要靠制度养廉。

建立宣誓承诺、干部自检、独立监察的闭环管理机制。在流程中设立审计点，明确各层管理干部的具体监管责任，使控制与监督发生在全流程中，把服务与监控融进全流程。审计要作为干部的贴心人，从关爱的角度实现监管。监管的目的是要让业务更好地跑起来，监管是手段，商业成功才是目的。

一个犯了错误的干部，不一定是坏干部，一个不犯错误的干部，可能往往是很平庸的。不能把干部和员工都变成谨小慎微的君子，这样公司就会失去战斗力，就无法创造更多的财富。

本章将从干部考核的结果与素质这一基本矛盾入手，从制度层面阐述对干部的使用与管理。

## 7.1 干部的考核与激励

### 7.1.1 坚持责任结果导向

每一个干部，从上到下都必须明确责任、目标。我们不相信，说不清道不明的人能将工作搞好。（来源：《不前进就免职》，1995）

我们要以提高客户满意度为目标，建立以责任结果为导向的价值评价体系，而不再以能力为导向。企业是功利性组织，我们必须拿出让客户满意的商品。因此整个华为公司的价值评价体系，包括对中、高级干部的评价都要倒回来重新描述，一定要实行以责任结果为导向。（来源：任正非在基层员工价值评价体系项目汇报会上的讲话，1998）

我们把主要关系到公司的命脉、生死存亡的指标分解下去，大家都要承担，否则我们就没有希望，所以公司现在这个新的KPI体系就是要把危机和矛盾层层分解下去，凡是下面太平无事的部门、太平无事的干部就可以撤掉，不用考虑。（来源：任正非在三季度营销例会上的讲话，1999）

高级干部的评价上，我们会强调素质和品德多一些，但在中基层干部的评价上，我们还是要坚持结果导向，一味强调素质是不行的。我认为，素质和结果应该是相关的，好的素质应该有一个好的结果。一个不能带来好的结果的“素质”就不能称为有素质。这是动机和效果之间的相互关系，有好的动机没有好的效果，是不行的。因此，我们要坚持以结果导向，而且这是一个长远政策。（来源：《以绩效为中心，以结果为导向，努力提高人均效益》，2002）

通过全面签订高层领导个人绩效承诺书，层层落实各级主管的KPI指标，贯彻责任结果导向，传递市场压力。（来源：关于2003年经营及预算目标完成情况向董事会的述职）

我们要坚持责任结果导向的考核机制，各级干部要实行任期制，目标责任制，述职报告通不过的，有一部分干部要免职、降职。要实行各级负责干部问责制。考核是考不走优秀员工的，优秀员工一时受主客观的因素，暂时遭受挫折，但他们经过努力终究会再起来的。（来源：任正非在管理培训班上的讲话，2003）

我们坚持责任结果导向的考评制度，对达不到任职目标的，要实行降职、免职，以及辞退的处分。市场的竞争会更加激烈，公司不可能是常胜将军，我们无力袒护臃肿的机构，以及不称职的干部。我们必须以责任制来淘汰、选拔干部。完成任务好的部门，出成绩也要出干部。公司决定，对完不成任务的部门，一把手要降职、免职处分，同时绝不能在本部门将副职补充提成正职，不然，以后就会出现正、副职的不合作。2005年以后要同时冻结这个部门全体成员下一年度的调薪，不管他是否调出去。将来从后进部门调往先进部门工作的人，要适当地降职使用。除非是因公司决策错误而撤销的项目

人员。（来源：《持续提高人均效益，建设高绩效企业文化》，2004）

对于那些素质很高但责任结果导向不好的人，不能提升到管理岗位，要让他们到基层岗位上去工作，以免在管理岗位上做甩手掌柜搞虚假繁荣。（来源：《打造一支品德过硬、敢于承担责任、敢于和善于坚持原则的职业化财经队伍》，2006）

怎么考评主管？大家都干得很欢，部门绩效又好，经常在一起也没有矛盾，你为什么对这个主管还要否定呢？我们老说不会带兵打仗，仗已打好了，为什么说人家不会带兵呢？所以我们欢迎我们的土地上成长起来更多的优秀干部、努力的干部。干部的考核也不一定要教条，还是以团结员工增加价值创造为目标。华为只有一个杠杆，就是通过经济利益以及其他激励，鼓励你好好干，不然你就拿不到。所以大家好好干，华为公司就形成了这样一支大队伍。所以要敢于放开，不要老说考核增加了什么成本，为什么不说考核后增加了什么收益。我们强调分享收益、分担风险，保持一个自由弹性的机制。（来源：任正非在基层作业员工绝对考核试点汇报会上的讲话，2012）

华为所需要的CFO就是要强调结果为导向，要与业务一起，以较小的投入换来较大的产出，而且这种产出是可持续性的。我们的机关就是要以及时、有效的服务，支援业务的发展。（来源：任正非与财经体系干部座谈纪要，2012）

我们要先抬头看目标，低头思责任，然后才是去研究如何用计划预算驱动。一定要先大方向清晰，错的事不要干；一定要机会与管理点非常明白，才知道如何干；推动预算工作的开展，不一定要埋头苦干，这是一件十分辛苦而意义较大的工作。而且预算要与过程目标弹性连接、浮动，通过决算来审视预算对结果的贡献。同样的项目，贡献不一样，责任人的任职资格也不一样。项目结束，有的项目人升，有的项目人降，才合乎规律。我们有责任选拔优秀的管理者。好的项目管理者，一定会培养出一批继任者；一定是统筹优化使用了资源；一定对各种表格预先有深入的研究，事中有灵活的应用，以及事后有科学的总结；一定是产出的利润比别人多；他在用工成本管理上，可能会多选工作产出高，而且成本相对低的员工；你要相信他能自由分配好奖金，会成熟处理人际关系能力；这样的人，他不当将军谁当将军？不要以为他不如你会评。分奖金不用看上司脸色，自然精力会去关注项目。他自然会更加成功。这就是责任结果导向。（来源：《聚焦战略，简化管理》——任正非在财委会扩大会议、流程IT务虚会、地总季度大会上的发言提纲，2012）

我们公司这么多年的失败就是，我们希望公司的清洁工将来都能成为拿破仑。给他三十几项KPI，最后不知道怎么做好，这就是我们的考核体系。而且我们强调素质导向，不强调责任结果导向，对我们这些年的建设造成多大的伤害。我们选干部选会干的，然后再考核你能不能干。（来源：任正非在欧洲商业环境研讨会上的讲话，2012）

以有效增长、战略成长、交叉贡献来考核选拔干部，不要把增长、竞争与盈利对立起来。什么叫男人，100年前沉没的泰坦尼克号，给了我们明确的回答。在今天，经济在循环衰退的时候，什么是优秀干部？不腐败、敢担当。我们要努力地促进公司的有效发展，促进人人作为桨手，奋力把我们划出衰退的漩涡。要敢于使用有作为的干部，要形成一种你追我赶、“比、学、赶、帮、超”的生动活泼组织氛围与竞合的局面。（来源：任正非在新盛大厦对彭中阳的谈话纪要，2012）

考核为什么要这么多指标？绩效考核也不要搭载这么多指标，关键过程行为考核是用来选拔干部的，人家事都做成了，过程为什么要成为评奖金的指标呢？我们不要在一个东西上承载太多内容，让人都变成小人了。我做了大的成绩，还要考我这考我那，扣来扣去都没有了，那我以后也不创造价值了，专注行为。考核指标不要占太多内容，KPI项不能太多。（来源：任正非和广州代表处座谈纪要，2013）

我们增加人文关怀，要以强调责任结果导向为前提，坚持这一点不动摇。你的工作绩效很好，为什么不可以在工作时间喝杯咖啡呢？为什么不可以去健身器上活动下筋骨呢？但冬天洗煤炭，虽然很辛苦，也不能评劳动模范，因为这个劳动不创造价值。（来源：任正非在2013年3月29日EMT办公例会上的讲话）

### 7.1.2 绩效改进，自己和自己比

怎样考核部门及其领导的工作呢？就是要减人、增产、增质、增效，以及核心竞争力的提高。减人、增产、增质、增效是看得见的，而提高核心竞争力是看不见的，但我们可以评估出来。你今天做得很好，但不代表明天也好，所以在做今天的工作时，同样要培育明天的竞争力量。如果达不到考核指标怎么办？那就请你下台。公司副总裁级干部任期只有两年，以后部门一级的干部也要实行任期制，全体员工要实行合同制。干部到期未被继续聘用则自动下岗，自己去寻找新的岗位。总裁也要制定考核指标，达不到也要下台。（来源：《大树底下并不好乘凉》，1999）

我们要坚持述职报告制度，坚持通过比较制度考核与识别干部。怎么比较呢，明年我看着你的两个述职报告比一比，做好了没有？存在的问题是什么？这就是比较考核识别干部。不能改进工作，不能提高人均效益的负责干

部，要提前给予警告，不一定马上撤下来，可首先给予警告。警告不行，我们就要撤你的职了，撤职不是目的是手段。目的是迫使公司各级干部要有危机意识。（来源：《贴近客户，奔赴一线，到公司最需要的地方去》，2001）

盖洛普（Gallup）咨询公司所提出的评先进是以进步的速度来评而不是以进步的绝对值来评，这与华为公司一贯的考评方法是一致的，华为以绩效改进来考核干部，这样将会出现最好的人找不到绩效改进指标的情况，这是很痛苦的。但我们认为当华为到了这种找不到绩效改进指标的痛苦时，才是最幸福的。（来源：《为客户服务是公司存在的唯一理由》，2001）

部门述职抓核心指标，把今年的指标和去年的指标相比，指标不好你就要往下走。和同行比会掩盖他自己的问题，自己与自己比他就会急。一年改进 10%就很不错了，改进 5%我也接受，3%我也接受你，不改进我就要撤掉你，而且工资要降下来。（来源：任正非在EMT办公例会上的讲话，2006）

对不能直接进行效益考核的部门，强调自己和自己比，今天和昨天比。至少要提升 5%的人均效益。你一定要有进步，不进步就下台。我们一天一天挤，水分会越挤越少，挤到一定程度，你就真正会进行末位淘汰了，你就不会在你管辖的范围袒护落后了。（来源：任正非在 2006 年年中市场工作会议上的讲话）

从 2008 年开始，各部门的人均效益自己跟自己比，原则上进步幅度低于公司平均线的，要对正职进行问责（包括降职、降级、降薪等处罚措施），要从机制上牵引各级主管去主动关注人均效益、不再不计成本地占有资源。（来源：EMT 纪要 [2009]003 号）

### 7.1.3 正向考绩与逆向考事结合

我们要推行以正向考核为主，但要抓住关键事件逆向考事，事就是事情的事。对每一件错误要逆向去查，找出根本原因，以改进。并从中发现优良的干部。我认为正向考核很重要，逆向的考事也很重要。要从目标决策管理的成功，特别是成功的过程中发现和培养各级领导干部。在失败的项目中，我们要善于总结，其中有不少好干部也应得到重视。要避免考绩绝对化、形而上学。（来源：《华为的冬天》，2001）

我们要推行正向考绩和关键事件逆向考事相结合的方式，培养和发现优秀干部。要从目标决策管理的成功，特别是成功的过程中发现和培养各级领导干部。在失败的项目中，我们要善于总结，其中有不少好干部也应得到重视。要避免考绩绝对化的形而上学的工作方式。（来源：《管理工作要点》）

我们的制度有问题，但是当时的主管没有钻这个空子，那为什么不能在干部诚信问题上为他记录一笔呢？他不钻空子说明他是好的。这就是关键事件过程行为考核。另外，虚假报销的人，他也有关键事件过程行为考核，只不过是负的。干部评价体系就可以从这上面着手看问题。干部管理和财务管理要互相跟随，不要老是分离。没有钻财务上的空子的人，不管是“笨”还是品德好，都要形成正面记录。（来源：任正非在审计汇报上的讲话，2004）

怎么看待对一个干部的考核呢？我认为永远不会有科学的方法，永远做不到真实合理的判断，我们只能相对准确地评价员工。（来源：任正非与华为大学第10期干部高级管理研讨班学员座谈纪要，2011）

我们要努力从组织的角度做到公正。现在行政管理团队管理的力度很大，权重很重。怎么办呢？我们要力求做到公正，例如评价的标准，使用的尺度，排序方法……都先告知全体。让大家在考核评价的公示中，进行一些修正。也许看问题的角度不同，偏差也不同，结论也不同。我们推行绩效ABC、评价、事件公示，以此来对管理团队的评价做一些修正。（来源：任正非与华为大学第10期干部高级管理研讨班学员座谈纪要，2011）

### 7.1.4　绩效考核结果要公开

我们要贯彻这样一种制度，公开绩效考核结果，用“公开”监督干部和AT运作，就是更多地加强公开性，不要怕公开。从今年开始，考核要公开。公开才会使各级主管和AT团队的权力受到制约，想作弊都难，作弊老百姓就会来拱你。我给人力资源部批了一个绩效考评的文件，我认为环评以后再公开，涉及人很多，矛盾不知道在哪，不好解决，我认为环评最后结果要公开，但初评结果也要公开，以使矛盾在小的时候就能解决掉。我承认公开一开始会乱，为什么会乱呢？因为群众会斗你，不要以为官好当。考核公开以后，激励也就简单了，谁创造的绩效多，谁就涨工资，不该涨的就不涨，这样才有一个正确导向，才能让大家拼命往前冲。（来源：《以“选拔制”建设干部队伍，按流程梳理和精简组织，推进组织公开性和均衡性建设》，2011）

从后备干部班开始，加强公开性，心得论文全部放到网上去，自始至终让大家都能看到你是咋学习的，以后提拔时，自我鉴定的业绩也要贴到网上去，让老百姓看你是不是把别人的成功项目编到自己身上来了。不敢公开的可以退出去，不会给你们小鞋穿。今后你们在华为的人生轨迹会全公开，包括领导对你的评价，这样公司才能形成一个稳定的结构。公司的管理是一个耗散结构，就是在平衡与不平衡间耗散，在稳定与不稳定间耗散，华为公司已经进入一个比较好的历史时期，我们要敢于耗散，今天敢于说自己，将来别人有事时，我们已经平息了。我们这次把马来西亚事件写成了报告文学，这个报告文学就是新年贺词，让大家看看公司怎么丑的，高级干部怎么丑的，敢于把丑向全世界公布，我们就是敢于胜利。（来源：《以“选拔制”建设干部队伍，按流程梳理和精简组织，推进组织公开性和均衡性建设》，2011）

### 7.1.5 在职务、待遇和提升机会上向前方倾斜

我们认为待遇不仅仅指钱，还包括职务的分配、责任的承担。（来源：《华为的红旗到底能打多久》，1998）

华为公司视发展机会为公司可分配的首要价值资源，公司一方面通过不断开创新事业，为员工提供成长和发展机会，另一方面通过公平竞争机制，对公司的机会资源进行合理分配，并为人才的成长创造良好的环境和条件。（来源：《华为公司基本法》辅导报告之二，1998）

公司视组织权力（不是权利）为一种可以分配的价值，而且把它作为比利益更重要的一种分配价值。原因在于在利益分配、权力和权利之间存在着对等关系。（来源：《华为公司基本法》辅导报告之二，1998）

我们在职务上，在待遇上，在提升的机会上要向前方倾斜，因为前方碰到的例外情况比较多，需要有经验的员工。我们不能光用技能去考核干部，机关干部天天受培训，当然技能会好，而天天在沙漠里打仗的干部肯定技能不能好。如何考核、选拔、培养干部，这是一个干部路线问题。如果我们不重视这些前方勇士，不给这些人培养机会，那么我们是在自取灭亡。因此，

我们一定要给前线更多的机会。（来源：任正非 11 月 25 日在市场冲刺动员会上的讲话，2000）

要认识到承担正职的员工要全面应对外部和内部的各种压力，因此，成功正职与其副职的待遇要有明显区别。（来源：EMT 纪要[2007]009 号）

让职位职级框架具有一定的灵活性，敢于破格提拔，打破平衡，再造平衡。职位职级系统既要有整体框架的平衡稳定，又要根据业务的需要，在一些关键点上合理打破平衡，先从提高一线作战部队职级做起。结合公司战略，考虑在部分一线关键责任岗位（如新产业、新市场、须扭转劣势岗位）采取弹性定级，在干部使用和人岗匹配时，根据职级区间保持一定弹性。打破平衡，大胆破格提拔业绩突出人员的级别和薪酬，达到平衡、打破平衡、再造平衡的螺旋上升。灵活调整级差，对一线管理岗位的定级级差（如正职与副职，上级与下级）要灵活掌握，实事求是。合理提升一线业务专家的岗位职级，专家的职级不一定要比其行政主管的职级低。（来源：《团结一切可以团结的力量》，2013）

我们要建立一个荣誉累积制度，作战英雄得到的荣誉，累积起来对他们未来长期要有好处。比如在艰苦地区工作了，在健康保障上有哪些好处？要制定这么一个福利计划。这个计划从总包里面出钱，给了你就挤占了别人的，而不是额外增加。这样我们就让荣誉是有价值的，现在光是在家里挂一个奖牌是不够的。假积极一辈子就是真积极。我们实行一系列的激励制度，能使得大家假积极一辈子就够了。（来源：任正非在 2013 年 3 月 29 日 EMT 办公例会上的讲话）

## 7.2 干部的分权管理

### 7.2.1 建立分权制衡和威慑系统，使干部既可放开手脚开展工作，又不越轨

在目前的干部推荐机制上，行政管理团队推荐意见的权重是很大的，且行政管理团队主任的影响力也是最大的，这样在推荐干部时容易产生偏好倾向，可能导致一些干部苗子，不被认可，而被边缘化。逐级推荐机制也可能造成一些优秀中基层干部因为各种原因未能被上级主管和公司发现与认可。为此，我们有必要在已确立的干部任用建议机制中建立一些补充机制来解决以上问题。（来源：EMT 纪要 [2007]025 号）

组织改革过程中，基层在用权时可能不会那么准确、科学和讲究方法，因此需要更多的监管。财经和审计等部门就要在这个监管过程中对关键点不断进行抽查，建立威慑系统，从而保证大家能够更加科学地用权。（来源：《CFO 要走向流程化和职业化，支撑公司及时、准确、优质、低成本交付》，2009）

我们的干部要严格要求自己，要聚焦于本职工作，我们要坚持三权分立的干部监察制度，否定、弹劾不是目的，而是威慑，使干部既可以自由地工作，又不越轨。（来源：任正非 2010 年新年献词）

监事会负责对董事和高管进行监督，审计委员会对公司的运营及干部进行监督。（来源：EMT 决议 [2011]035 号）

### 7.2.2　三权分立，分权制衡

干部体系要三权分立，行政主管有提名权，干部部和人力资源部有评议权，党委有弹劾权。（来源：EMT纪要[2005]011号）

要实行干部的三权分立。当然三权分立还可以再讨论，不是说这三权分立就一定成为定律。这三权分立也不是教条，真理多走一步就是谬误。不一定我们业务提出的方法是好的。我们强调以党委为中心、以各级党组织为中心，以干部部门为中心的一票否决制，即品德和自我批判的一票否决制；以管理团队和干部部门为中心的对员工绩效的评议机制；以华为大学为中心的对素质的评价体系。实行这三权对干部的评价。所以以后别去跑官了，别去找哪个帮忙，只能踏踏实实干活。（来源：任正非在国内市场财经年度大会上的讲话，2006）

分权制衡是授权的前提条件。分权制衡应遵循局部利益服从整体利益、短期利益与长期利益相均衡的基本原则；在保证质量的前提下，应兼顾运作效率。公司内部各类组织在干部任用和员工评议、激励上的分权制衡，原则上应根据该类组织在公司内不同的功能定位和应负责任予以确定，其中：1.代表公司全流程运作要求、全局性经营利益和长期发展的组织应具有否决权和弹劾权。2.促进公司成长过程中能力建设与提升的组织具有评议权。3.负责日常实际运作和员工、干部直接管辖的组织具有建议权。4.属于矩阵管理（包括在跨部门委员会中担任成员）的员工，其所属的相关管理部门在相关建议阶段具有建议否决权。特别针对属于矩阵管理的干部进行任用推荐时，实际管理部门与其所属的相关管理部门可互有建议权与建议否决权，但同一部门针对同一事件不可同时拥有这两个权力。5.代表日常行政管辖的上级组织具有审核权。[来源：华为司发[2006]230号——《公司实体组织行政管理团队设立与运作管理规定（试行）》]

通过否决权的过滤作用，让优秀的干部浮上来，通过弹劾权，将在行使否决权中遗漏的不称职的干部再否决。确保大量的优秀的干部迅速奔跑。（来源：《华为大学要成为将军的摇篮》，2007）

在公司全球化拓展中，干部培养和选拔问题日益突出，为保证干部任用和员工激励工作的客观性、全面性、公正性，避免单方面决策的片面性和倾向性，在明确干部选拔考核标准的同时，公司制定并推行了三权分立的干部管理制度：赋予日常实际管理干部、员工的相应行政管理团队具有建议权；赋予促进能力建设与提升的华为大学、专业委员会以及对过程规范性进行把关的人力资源部、干部部等组织具有评议权；赋予代表公司全局利益的跨部门委员会和对思想品德进行把关的党委组织干部部具有否决权和弹劾权。（来源：《关于近期公司人力资源变革的情况通告》，2007）

要健全各级人力资源组织的建设，对各级组织的授权要加强管理和落实；干部三权分立体系的落实就是流程化、表格化。以及加快党组织的否决权、弹劾权的建设。（来源：EMT纪要[2007]009号）

认真去执行和落实干部管理的三权分立的管理规定，以及在三级干部评价任命体系中，深入去落实干部三权分立管理的组织建设，以及流程化管理，特别是分级否决权、弹劾权的使用。（来源：EMT决议[2007]012号）

试点落实和推行干部管理三权分立优化机制，发挥委员会主任和流程拥有者等对于干部选拔、任用和激励的作用，强化党委等监察机构对干部的弹劾与监督作用。（来源：EMT决议[2009]002号）

公司从一长制管理到行政管理团队运作进而到三权分立机制的实施，在建设分权制衡的治理机制上不断取得一些进展。目前看来，功能部门行政管理团队的建设较快、行权覆盖面较完备、行权力度也较大，而贯通功能部门的流程性组织，由于自身尚处于建设中，在三权分立中的行权覆盖面较小、行权力度较弱。随着越来越多的跨部门委员会开始运作并逐步趋于例行化，随着流程Owner的开始推行，要进一步加强对流程性组织授权行权的实施。（来源：EMT纪要[2009]009号）

在下一轮三权分立机制的优化中，要考虑引入表达权。与刚性的否决权、弹劾权相比，表达权更弹性、更广泛，对日常工作更具渗透力、影响力。随着公司管理制度平台的不断夯实，我们要逐步引入一些柔性因素，以增强管理的弹性。（来源：EMT纪要[2009]019号）

三权分立是为了使合理性增加一点，而不是说三权分立就能做到合理。经营团队强调一个价值标准，就是责任结果导向（不是素质导向），责任结果导向并不是以销售合同为中心，怎么评价责任结果，看各级组织的管理水平；三权分立修正，使大家发挥积极思维，有话敢说，加强交流沟通。（来源：任正非与华为大学第10期干部高级管理研讨班学员座谈纪要，2011）

### 7.2.3　放权与加大监控力度是两个轮子，都得并行地运行

重要问题是干部的培训、干部的考核、干部的升降管理、工资、奖金、升级以及股权评定。我们可能在某一条件下将工资奖金下放给某一分委员会，分委员会里每个委员签了字就可以决定，分层分级分权管理，避免官僚主义。将来下面各层人力资源委员会可能与生产、调度等有关管理委员会是重叠的，都是一个机构，赋予其独立的职权。（来源：任正非在市场部组织机构改革方案汇报会上的讲话，1996）

在新时期、新时代我们更多要通过文化、制度和流程来建立越来越科学化的管理，同时越来越放权，越来越要加大监控的力度，这是两个轮子，都得并行地运行。而且在新时期，为了未来干部的成长，我和董事长都会作为虚位领袖在董事会里存在，虚位的责任是什么，就是否决，就是我们不同意就否决，否决以后，董事会再去拿出方案来。当你们的方案我们认为还不行，我们再推翻你们的方案，再在更大的范围内去讨论，这可能就没有我们在小公司时决策那么快，但可能避免犯大错误。这样就能充分发挥大家的主观能动性，积极地去管理，我们的否决权就是在帮助大家。上次在三亚会议上大家议了，今后董事长的职责主要是弹劾不合格的干部，选拔干部还是按照组织、流程和制度来。我在制度建设和文化建设上，起到辅导职责，辅助性的责任。（来源：任正非在新一届董事会监事会会议上的讲话，2011）

虚位否决制度包括决议否决制度和干部弹劾制度。董事长和公司创始人任正非作为虚位领袖，通过否决制度对轮值CEO、董事会和委员会的工作和决策进行辅导和监督。（来源：EMT决议[2011]038号）

片联的主要职责：区域干部管理，关键岗位选拔、任用与调配，关键岗位干部考核与监管；片联代表了公司集团中央权力，片联及片总对区域干部的监督、管理，对区域关键业务的推动，没有直接业务决策权，是通过个人影响力和流程的启动程序来监督管理干部、推动区域关键业务的改进，而不是推倒流程、直接决策。（来源：EMT决议[2011]044号）

在BG层面，不分设AT、ST，由一个EMT来统一运作，对业务和人事问题进行决策（产品投资决策授权BG、IRB[①]）。在业务决策事项中采取行

① IRB：Investment Review Board，投资评审委员会。

政首长负责制，在关键的人事问题决策上采取投票制（遵循AT运作原则）。BGEMT主任由BG CEO担任。根据不同BG的规模、成熟度，各BG EMT人员数量和授权可以不同。各BG EMT人员原则上各自分离，可以有少量人员交叉。（来源：EMT决议[2011]047号）

## 7.3　干部的监察

### 7.3.1　干部监察的导向：惩前毖后，治病救人

在对干部的弹劾与处理上，要真诚地抱以“惩前毖后，治病救人”的态度，以帮助干部改正错误为目的。要贯彻“坦白从宽，抗拒从严”，对于主动坦白、检讨的干部，要给予适当的宽容，宽容不是完全放弃原则。丝毫不弹劾、不处理，会导致公司走向松散；但也不要过于黑白分明，不要处理过急过重，不要永远盯着已清楚的历史问题不放，要给人改过自新的机会。各级管理团队和组织干部部门在执行中要真正地理解、掌握好这个灰度。要相信绝大多数干部是认同公司核心价值观的，响鼓不用重锤敲，公司真真实实能起到战斗力的，就是要团结成一支有力量的队伍去冲锋。（来源：华为HRC字[2009]003号——《华为公司干部弹劾操作指导》）

对干部的弹劾和处理的问题，我们要好好理解“惩前毖后，治病救人”，我们一定要抱着这个心态，真诚地惩前毖后，治病救人，我们不是拿这个作为一个工具把这个干部折腾一下就完了。第二，真正贯彻坦白从宽这个原则，要真正地理解、掌握好这个灰度。要给人改过自新的机会。我们宽容也不是无边，但也不要太黑白分明，我认为这一点各级组织部门还是要学习理解灰度。反过来，我们也不接受员工威胁公司。员工自己讲的，我们要给予宽容，

不过，一点都不处理，一点都不弹劾，就会导致我们这个公司慢慢松散了。但不要永远盯着已清楚的历史问题不放。（来源：任正非在EMT办公会议上的讲话，2009）

### 7.3.2 坚决反对中高层干部的腐化

公司绝不允许高层干部腐化，我们将持续地在高级干部中反贪污，反盗窃，反假公济私，反不道德行为。持续地反对惰怠，上至总裁下至各部门总经理无一例外。廉洁公司的行动将延伸到基层干部，每一位有上进心的干部，都要时时刻刻注意严格要求自己。（来源：《不前进就免职》，1995）

我们坚决反对中高层干部的腐化，持续不断地反腐败、反贪污、反盗窃、反假公济私、反不道德行为将是保持我们干部队伍廉洁奉公的有力武器和法宝。（来源：任正非在财经采购系统干部就职仪式上的讲话，1996）

我们坚定不移地反对富裕起来以后的道德滑坡，庸俗的贪婪与腐败，不管他职务高低。（来源：《不要忘记英雄》，1997）

清理腐败现象。我们要保证队伍的纯洁性和旺盛的战斗力，公司强调思想上的艰苦奋斗。（来源：任正非在《华为公司委员会管理法》评审会上的重要讲话，1998）

目前，华为的少数人身上出现了生活作风腐化的苗头，对此，华为公司是绝对不会让步妥协的，否则，我们的集体又怎能做大事呢？希望现在有这种苗头的员工，约束自己的生活作风，净化我们的团队。（来源：任正非在市场部第三季度营销工作会议上的讲话，1998）

我们继续反对贪污腐化、假公济私……等错误与不良作风，每个人都要在道德观上修养自身。我们要防止这类员工没有改正好之前，被我们提拔。（来源：《管理工作要点》）

公司给干部、员工的薪酬回报为其退休后自由的生活享受提供了基础。但干部、员工只要还在岗就只能努力工作、创造成绩，若惰怠或搞腐败，就应坚决予以辞退。（来源：EMT纪要[2007]029号）

公司不能出现大面积的腐败，少量的腐败我们可以抓，大面积的腐败我们公司就失败、崩溃了。你拿了点小钱，但你股票全都是废纸，大钱全都丢光了。腐败以及合同的低质量会像一个杠杆一样，被放大了几十倍甚至几百倍地撬动公司，这样公司一定会灭亡。（来源：任正非与华为大学第10期干部高级管理研讨班学员座谈纪要，2011）

我当年和有些领导讲过，为什么秦始皇统一了天下，跟韩赵魏三家分晋有很大的关系。晋在当时其实是最强大的，就是韩赵魏把晋分了。为什么分了？是因为权力争夺，这也叫腐败。如果大面积腐败，可能在上面的这一层韭菜铲掉，新冒出来的韭菜也不一定都是健康的，而且这个韭菜没有宝塔结构控制，凭空上来一些人，可能还有很多野心家，比铲除这些贵族可能还更严重。你们已经上升到贵族了，我已经给你们交位了，你们千万不要腐败，腐败对我们才是最大的损失。我们还是要防止大面积地出现这些问题。我们现在有这些苗头，但并没有多严重，我们不能保证以后不严重。如果严重了，把上面这层全砍掉，换了一层，那我们还不如腐败的那些公司。所以不铲除也是问题，铲除也是问题。我们要从制度上防止腐败被蔓延。各级一把手不要以为业务就是你们的，其他都是我们的，权力已经下放给你了，监管权力也下放给你了。（来源：任正非在2011年7月28日EMT办公例会上的讲话）

### 7.3.3 要靠制度养廉

高薪不能养廉，要靠制度养廉。如果员工假积极一辈子，那就是真积极。所谓假积极就是因为制度制约了他。虽然在制定流程过程中难免存在经验不足的问题，但是如果不采取这种权力下放再制约的推动，我们就永远建立不起有效的管理体系。（来源：《坚定不移地推行ISO9000》，1997）

我们要制度化地防止第三代、第四代及以后的公司接班人腐化、自私和得过且过。当我们的高层领导人中有人利用职权谋取私利时，就说明我们公司的干部选拔制度和管理出现了严重问题，如果只是就事论事，而不从制度上寻找根源，那我们距离死亡就已经不远了。（来源：《华为公司基本法》，1998）

### 7.3.4 与华为文化不融合，牢骚怪话特别多的干部要下台

我们要加强对中、高级干部的整顿，没有责任心、没有干劲、工作无能力、和华为文化不融合、牢骚怪话特别多的干部都得下台。高层干部不要害怕得罪人，也不要害怕降谁的工资，谁害怕，谁就辞去自己的职务，让不怕的人来做。（来源：任正非在7月24日公司办公会议上的讲话，1996）

对于受处分后不乐意改正错误的干部，不敢承担起责任的干部，有太多埋怨情绪的干部可以调离管理岗位，让他们从事一般性工作，并接受考核。你只要担负了这份工作，就必须负起这份责任，否则就是不合格。（来源：《将岗位问责制落到实处》，2005）

# 7.4　干部监察的制度和程序

## 7.4.1　建立宣誓承诺、干部自检、独立监察的闭环管理制度

党委行使干部的自律监察，内审部、HR（人力资源）协助，建立宣誓承诺、干部自检、独立监察的闭环管理机制。（来源：EMT纪要[2008]040号）

我觉得我们的各个党支部，各个道德遵从委员会，你们要对这个组织的腐败负起责任。其实你们就是在后备岗位上的后备干部，监管做得好的干部我们为什么不去提拔？这次审计杭州代表处，它是一个先进的代表处，一个优秀干部，带了一批优秀干部。做得好的地方，都产生大量优秀干部。凡是有问题的地方，就是业务也做不好，什么也都做不好的地方。我认为道德遵从委员会就在当地生活，你一点都没感觉，一点都没发觉，你放弃监管，你还有什么力量去做后备干部。所以我认为道德遵从委员会要负起连带的责任来。前年我就找了30个监管做得不错的党员来座谈，没有一个人对监管感兴趣，他们讲的都是业务，本来想破格提拔他们的，结果大家不对胃口，作罢了。为什么不从监管做得好的人中选拔一批干部呢？对那些监管不好的地方，为什么不适当地进行处分，我们就是要前进，我们没有时间来婆婆妈妈做一些迁就的事情。我们为什么要去姑息这些不愿意承担责任的人呢？我们公司的人力资源政策，已经从培养制改成了选拔制。我们公司到底还有什么地方是机密部门，非得自己人去做不可，还有哪个地方见不得人，没有阳光？没有，没有的话为什么一定要按资历来分配职务呢？谁的品德好，谁有能力，谁有干劲，为什么不能让他们做这个工作？（来源：《从关爱的角度去实现监管》，2011）

### 7.4.2 审计和内控

在流程中设立审计点，明确各层管理干部的具体监管责任。不允许在中基层干部中有甩手掌柜。对只知原则管理、宏观、不善具体运作的中基层干部要下岗。（来源：《管理工作要点》）

我们不但要建立起一支强大的专业审计队伍，而且全体干部要参与审计工作，使控制与监督发生在全流程中。在控制有效的基础上，将进一步把管理权力下放，提高运行速度与效率，从而进一步压缩编制。（来源：《管理工作要点，1999》）

规范化是一把筛子，在服务的过程中也完成了监督。要把服务与监控融进全流程。我们也要推行逆向审计，追溯责任，从中发现优秀的干部，铲除沉淀层。（来源：《管理工作要点》）

审计要作为干部的贴心人，我们首先要帮助员工用事实来证明，他是没有责任的，证明不了，他就是有责任的，必须有改进。也许按他们的指引你们审计会绕一些弯路，总比逼、供、信好。你实事求是，他就会视你为朋友了。你们审计必须是有策划的，不准随意地去联想问题，突然发现一个问题，把这个问题说一说，人家都怕死你了，什么话都不敢跟你说了，说了有漏洞被你抓住，这就是白色恐怖。（来源：《从关爱的角度去实现监管》，2011）

财务投资管理平台对财务投资业务的收益负责，对干部进行考核，对财务和业务进行监管。（来源：EMT 决议 [2011]035 号）

内控（含账务监控）要上前线，深入到业务中去，跟随服务，在炮火中前进，实现快速运作流程与合理监管。工程稽查当前担负着打击大面积腐败的责任，内控应跟上去，建立合理的制度与方法，实现科学监管。监管的目的是要让业务更好地跑起来，监管是手段，商业成功才是目的。（来源：任正非与财经体系干部座谈纪要，2012）

### 7.4.3　干部公示，360 度调查与员工投诉

我们对新提拔的干部将实行公示制度，听听员工对他们责任心、使命感、工作能力、思想道德品质的评议，置干部于员工的监督之中。（来源：《持续提高人均效益，建设高绩效企业文化》，2004）

为落实公司关于干部四象限的管理原则，选拔品德好、责任结果好、有领袖风范的干部走上管理岗位，规范公司行政干部任命的过程管理，增加行政干部任命透明度，加强对管理职位拟任职者个人的全面评价，行政干部任命前需进行任前公示。（来源：华为司发 [2004]99 号——《关于行政干部任命任前公示的管理规定》）

任何员工和干部对在职的干部的工作情况有不同意见，均可向党委组织干部部投诉；党委组织干部部接到投诉后，组织相关部门调查、取证。（来源：EMT 纪要 [2006]034 号）

360 度调查内容聚焦在品德、周边合作、人员管理和改进点等方面。（来源：HRC 纪要 [2009]040 号）

我为什么对 360 度调查提出意见呢，我认为不是你的调查方法有问题，是你的评价和分析方法有问题。360 度调查是寻找每一个人的成绩，每一个

人的贡献，当然也包括寻找英雄，寻找将军。而不是单纯地去寻找缺点，寻找问题的。现在360度调查完以后，这个人没缺点就OK，这个人有缺点就打倒了，不好。360度调查是调查他的成绩的，看看他哪个地方最优秀，如果有缺点的话，看看这个缺点的权重有多少，这个缺点有多少人反映，看看这个人是不是能改进。而不是说我抓住一个缺点我们就成功了，我们用这种形而上学的方法，最终会摧毁这个公司的。（来源：《关于如何与奋斗者分享利益的座谈会纪要》，2011）

### 7.4.4 问责制与连带责任

我们将不断实行问责制，追溯责任者、主管者、领导者对事件应负的责任，以及适当的处罚。（来源：《将岗位问责制落到实处》，2005）

我们要实行问责制，出了事谁的责任问清楚，该处分就处分。（来源：《打造一支品德过硬、敢于承担责任、敢于和善于坚持原则的职业化财经队伍》，2006）

一定要对各级主管实行问责制，坚决淘汰不合格的主管，这样末位淘汰才会真正淘汰末位。（来源：《改变对干部的考核机制，以适应行业转型的困难发展时期》，2006）

对于行政管理团队会签同意推荐任用的干部，若其在三年内发生问题的（如品德问题、经济违规、不胜任岗位要求等），除根据公司相关规定对当事人予以必要的处理外，视问题性质及情节轻重，其原任用推荐人负主要连带责任，该行政管理团队的全体成员都应承担相关连带责任。[来源：华为司发[2006]230号——《公司实体组织行政管理团队设立与运作管理规定（试行）》]

### 7.4.5　否决与弹劾

（跨部门）委员会就各成员角色对应的部门行政岗位，对新提名干部人选具有否决权，对在任干部具有弹劾权和绩效考核权。[来源：华为司发[2006]228号——《公司跨部门委员会设立与运作管理规定（试行）》]

党委还是要行使“否决权与弹劾权”，也就是选拔干部。通过否决权的过滤作用，让优秀的干部浮上来，通过弹劾，将对行使否决权中遗漏的不称职的干部再否决。确保大量的优秀的干部迅速奔跑。（来源：《华为大学要成为将军的摇篮》，2007）

试点落实和推行干部管理三权分立优化机制，发挥委员会主任和流程Owner等对于干部选拔、任用和激励的作用，强化党委等监察机构对干部的弹劾与监督作用。（来源：EMT决议[2009]002号）

由跨部门委员会根据对全流程业务绩效产生重大影响的负向关键事件，对相应关键职位的任职者行使弹劾权。（来源：EMT纪要[2009]009号）

委员会主任作为行权主体，对委员会成员角色及其对应的行政职位，就新干部任用、在职干部的评议与激励行使否决权；委员会主任根据负向关键事件对在职干部行使弹劾权。（来源：EMT纪要[2009]009号）

由流程Owner提交对全流程业务绩效具有强相关影响的关键职位清单，经人力资源委员会（HRC）批准后，流程Owner对这些关键职位行使干部任用、评议与激励的三权分立的建议否决权。（来源：EMT纪要[2009]009号）

由流程Owner根据对全流程业务绩效产生重大影响的负向关键事件，对相应关键职位的任职者行使弹劾权。（来源：EMT纪要[2009]009号）

### 7.4.6 干部监察结果的应用

一个犯了错误的干部，不一定是坏干部，一个不犯错误的干部，可能往往是很平庸的。错了不要紧，但是我们一定要知道我们怎么去改，也可能他们要受委屈，一个是当事人可能要受委屈，一个是领导也可能受委屈。（来源：任正非对近期宣传要求的讲话纪要，1997）

对犯了错误的干部，要对错误的性质进行分析。对于努力去尝试新工作、新方法，而产生差错的员工也可以评为S级。我们的评价观念要改变，不能把干部和职工都变成谨小慎微的君子，这样公司就会失去战斗力，就无法创造更多的财富。（来源：任正非在人力资源委员会一级委员会上的讲话，1997）

对调查核实结果的处理，坚持实事求是、客观公正的原则。对那些基本素质好、有发展潜力、敢抓敢管、敢于开拓创新的拟任命者，主要看本质、看主流，不能因为工作中有缺点和不足而影响对他们的使用和晋升。（来源：华为司发[2004]99号——《关于行政干部任命任前公示的管理规定》）

我们有“问责制”来监控，明晰奖惩制度，被惩了的人也不要担心，不一定被处分的人就不能被提拔，也不是没处分的人就能升官。要分清是怎样的错误，是掩盖事实造成的错误，还是在工作中因为缺少经验而犯的错误。（来源：《改变对干部的考核机制，以适应行业转型的困难发展时期》，2006）

对于在经济问题上发生违规的干部员工，原则上移交司法机关处理。（来源：EMT决议[2006]026号）

干部如出现个人腐败现象，则不论其有多大的才能和贡献，公司都将不再使用。在其管辖范围内出现群体性腐败事件或现象的，该干部今后也将不再使用。我们要清醒地认识到，一旦组织里出现系统性腐败，形势就很难扭转。那些曾出现腐败的地方，所造成的历史阴影会很持久，即使经过多年扭转，士气也难以再恢复高昂。所以我们要防微杜渐，一定要用严格的制度和法律来控制干部的质量；我们要“杀猴给鸡看”，让广大员工看到即使是高级干部，一旦出现腐败也不能得到公司的赦免，只有这样，我们的干部防腐工作才有希望。（来源：EMT纪要[2007]029号）

我们在把权力往下放的时候，一定要加强监管的作用。监管的第一个作用，就是他们要对利润、对法律负责任。同时，他们做事做对做好了要利益分享，他们做失误了也要进行损失分担，不管过去，不管将来，所有存在的过失都应该分享。咱们先对半分行不行？资本方承担一半，劳动方承担一半，从他们的奖金上面扣除。当然也可能是二八分成，或三七分成，或五五分成，怎么分成法，你们去拿主意。把这些失败的指标都要分到各地区。不要滥用战略补贴。也不要指望不分担损失。我觉得片联要敢于追溯责任。（来源：任正非在2011年6月30日EMT办公例会上的讲话）

# 第八章　干部队伍的建设

将军是打出来的，没有艰苦的战争磨难，是不会产生将军的。禅机是悟出来的，在任何环境中都不要放松自己的学习。在组织建设这个问题上，到底是先建组织，还是先上战场？公司的方针是用作战的方式组建队伍。在主战场、主项目上，集中所有优秀骨干力量，打成功了，总结，分流，体系就组建起来了。

知识是劳动的准备过程，劳动的准备过程是员工自己的事情，是员工的投资行为。每位员工必须对自己的职业生涯进行设计，高级人才光靠培训是培养不出来的，最优秀最杰出的人都是靠自我培训出来的。公司是选拔者，只有选拔责任，不承担培养责任。个人要有进步的渴望，个人如果没有渴望进步的压力和动力，任何的支撑和平台都是没有用的。

培训要从实战出发，学以致用，关键是教会干部怎么具体做事。公司讲“小改进，大奖励；大建议，只鼓励”，就是要鼓励培养踏踏实实的作风。要给干部以制度化、规范化的作业方法的培训。这些培训不是从任何西方课本中下载的，而是要结合公司的实践，活学活用，急用先学，系统性的培训要与解决现实问题结合起来。

教精神、教方法论重于教知识。视野、意志、品格应该是华为大学干部队的口号；吃大苦、耐大劳、担大任是新兵营的口号，两者应该有区别。公司公布的很多文件，是高层智慧的精华，是经过反复推敲研究出来的。所以有机会就要多读公司文件，要反复读，读读就明白公司的战略意图和政策分寸了。

中、高级主管要进行岗位轮换，以获得周边工作经验，提升全局视野。干部的“之”字形成长路线，只适合高级管理者和一部分综合型专家，不适合基层员工和干部。华为强调基层员工和干部要在自己很狭窄的范围内，干一行、爱一行、专一行，而不鼓励他们从这个岗位跳到另一个岗位。公司设立的内部人才市场，有利于实现人才的合理流动。

管理首要的是抓瓶颈。公司目前的瓶颈有两个，一是后备干部，二是管理变革落地。我们的事业迫切需要大量充满干劲、有工作热情、有一定牺牲精神并有良好业务能力，在任何时候、任何条件下愿意去任何地方担负起责任的各级新生力量。要加强干部梯队建设。要敢于往高层团队里面塞进一些基层的苗子，不然将军从哪来呢？

干部和专业人才是两个金字塔。最基层是共同的；中间这一层是可以流动的，业务干部和管理干部是混合的；到了高层，两个金字塔之间（干部与专家）就不要再流动了，在塔尖的这层人，最主要是抓住方向。

本章将从基于选拔的干部队伍建设机制，干部培训的教学方法，干部的循环流动制度，以及后备干部队伍的建设四个方面，阐述公司干部队伍建设的方针。

## 8.1 以选拔制建设干部队伍

### 8.1.1 将军是打出来的

希望你们这些有作为的人到基层实践，从那儿找到自己发展的出路、机会，这是非常重要的。（来源：任正非与总裁办应聘者孔令安谈话纪要，1996）

华为大学以分级培养后备干部为工作重心，就像抗大、黄埔军校，一批批培养出来上前线，不急于成为一个真正的大学。培养方向上以项目经理为主，可以分初、中、高级项目经理，项目经理做好了，才可以做好办事处代表。颁发学历不重要，主要是培养实干能力；MBA（工商管理硕士）只是有技能，而干部的天职是要担负责任。（来源：EMT 纪要 [2005]049 号）

将军实际上是打出来的，没有艰苦的战争磨难，不会产生将军的。禅机是悟出来的，大家不要放松了自己的学习，既然到艰苦地区来工作了，如果去了又不努力学习，那么大家就失去了很好的机会。所以越是在艰苦地区工作越不要放弃努力，因为你失去优先选拔的机会多不值得。（来源：《上甘岭是不会自然产生将军的，但将军都曾经是英雄》，2006）

组建工程队，在艰苦地区和中小项目中培养干部。工程队主要是在艰苦地区进行思想上的锻炼，要吃苦耐劳，交付上要达到高标准（欧洲标准），主要为几千万美元左右的中小项目。25%左右的优秀人员可以上升到大项目与顾问专家组一起合作，其余的调到其他岗位，滚动发展。（来源：EMT纪要[2006]040号）

干部队不论将来做什么，先得好好干活，是尖子才允许流出来。这里面谁是将军，我们不能唯心主义，天下是自己打下来的，不是谁给你任命的，你去打天下，打到多大就是多大。（来源：任正非在6月24日后备干部总队例会上的讲话，2009）

我们是选拔者，我们只有选拔责任，不承担培养责任。下连去当兵，愿意去就去，不愿意就不去，自己认为有才能那就选择在实践中成长起来，寻找自己成长的机会。没有几个干部是培养出来的。（来源：任正非在6月24日后备干部总队例会上的讲话，2009）

华为大学要通过实践培养十年二十年以后华为公司有综合实力的干部。1.华为大学核心工程系要通过核心工程实践培养人，核心工程的定位就是做硬装；核心工程实践是以劳动为中心，要真刀实干。2.核心工程营主要是锻炼新员工的意志、品格、体格、视野；核心工程营的口号就是吃大苦，耐大劳，担大任；目的是选拔优秀青年，同时树立导向，牵引激励想成为将军的人主动锻炼视野、意志、品德和体力。（来源：EMT决议[2012]016号）

核心工程营总体目标：锻炼人，培养人。1.核心工程营要通过硬装与工程实践，培养十年二十年以后华为公司有综合实力的干部，核心工程营新兵队的口号是：“吃大苦，耐大劳，担大任”；核心工程营干部队的口号是：“视野、意志、品格”。2.改造工程交付组织，用核心工程营干部队轮换代表处现有交付管理组织和队伍；通过总结业界最佳实践和公司成功经验，形成包括“定额预算、供应、采购、计划”等综合职能的新的交付管理体系，并拉通软件及企业业务的交付项目管理，建立端到端的交付项目管理能力；提升分包水平，消除腐败，降低成本，最终实现工程盈利。3.产生公司全方位的干部。未来综合经营型的干部要从这起步，但不是在这里终止，很多干部会逐步走到各个领域中去。（**来源：EMT纪要[2012]033号**）

到底是先建组织，还是先上战场，我主张先上战场。我已经对企业业务的组织建设批评过了，忙着建组织，忙着封官，没任命你先上战场打啊，打下来不就当连长了吗？你们要以这个方式来考核和选拔干部。官怎么出来的？打出来的。你战功卓著，当了军长，然后跟着你的人当了团长，这个宝塔结构的体系是稳固的。而我们用任命的方法建组织，全世界撤了一大批官，实际上一盘散沙，根本没有作战能力。（**来源：任正非在苏州企业业务战略务虚会上的讲话及主要讨论发言，2012**）

集中到目标市场上去作战。打成功了以后，最厉害的几个走了，都升官了，留下一个守住这个阵地，我们的老虎就出去了。东打西打，二十几岁就应该打到军长，有什么不可以？你不要相信这个邪，就是往上冲，最终会有人承认你的，你没有冲，我就撤掉你。华为公司也是在作战中组建起来的，我们的干部是他们自己打上来的，不是选拔上来的。所以在组织建设这个问题上，我同意徐直军的观点，就是在主战场、主项目上，集中了所有优秀骨干力量，打成功了，总结，分流，体系就组建起来了。不用作战的方式组建

队伍，用任命的方式组建队伍，是没有用的。（来源：任正非在苏州企业业务战略务虚会上的讲话及主要讨论发言，2012）

我们说的选拔制就是你有将军的特征我们就选你，不是将军就不选你。而且我们主张不想当将军的士兵都是好兵，为什么呢？这就是我们的职员队伍，我本来就不能当将军，我何必要去受当将军那个折磨呢？到阿富汗去踩踩地雷，到喜马拉雅山去爬雪山，去非洲的原始森林去吃那个苦……，我就在深圳当个小职员，就挣个几千块钱、万把块钱的工资，我生活节约点，也很好。你受了半天磨难，浪费了我多少成本，你还是不能当将军，何苦呢？我们只要求当将军的人一定要去吃这个苦。将军选拔制呢，就是说，我们认为快速地让有才能、有干劲、有热情、工作责任心很强的人，就是干部快速成长。所以将军是选拔出来的，并不是培养出来的，培养不出将军来。真正想当将军的是那种有学习精神和渴望的人，你要有渴望，再交少量的钱你就可以参加培训、考试。（来源：任正非与华为大学教育学院座谈会纪要，2012）

我们强调项目管理中产生人才，每个人都应该从最基层的项目开始做起，将来才会长大，如果通过烟囱直接走到高层领导来的，最大的缺点就是不知道基层具体的操作，很容易脱离实际。（来源：任正非与华为大学教育学院座谈会纪要，2012）

在对干部的评价和选拔上，我们还是强调责任结果导向，看他创造的价值。将军一定是打出来的，不是找出来的。苗子是自己蹿出土面上来的，不是我拿着锄头刨到地下找到这个苗子。所以我不主张培养制，企图把小草浇成大树。如果一定要去寻找这个苗了，然后把这个苗子培养到第四梯队，培养到第三梯队，这样成本很高。认可你，然后就给你机会，但能不能往上走在于你自己。（来源：任正非在2013年3月29日EMT办公例会上的讲话）

将军是打出来的，不是培养出来的，也不是分配出来的。机会是靠自己创造的，不是别人给你安排的。应该看到技术进步的难度是越来越难、越来越复杂，对一个完全技术方面的门外汉，要走进技术这个领域是非常困难的，所以你们必须付出极大的努力，才有可能走通从士兵到将军这个通道。人生到底有多少条道路？“学而优则仕”，但是总统只有一个，那么“学而优则专”也是非常多的，“学而优则职”就更广泛了。我们提出“不想当将军的士兵也是好士兵”，就是要建立职员的职业通道，有些人也可以一辈子做好职员。（来源：任正非与毛里求斯员工座谈会议纪要，2013）

### 8.1.2　知识是劳动的准备过程，劳动的准备过程是员工的投资行为

我们要办什么样的华为大学？首先华为大学没有固定的场所，没有固定的组织形式。其次，它是一种以自学为主的教育引导体系。它主要是通过引导干部员工不断进步，严格要求自己、约束自己，使自己向着目标逐步迈进。这就是华为大学的真谛。每位员工必须对自己职业生涯进行设计，进行真正的个人设计！每个人目标设计的发展方向都不相同，培训需求与内容自然也各不相同，而我们只能满足华为公司全局性的、有共同性的培训需求。为每一个人进行一系列各不相同的培训，我们没有条件，也没有必要。但是我们有自学引导体系。我们要利用各种激励机制来促进人们把自己的潜能发挥出来，在发挥潜能的过程中也会发现自己的很多弱点，这样就有利于个性和共性的融合，这种融合能推动个性的发展，这样我们就能够产生高级人才。我认为高级人才光靠培训是培养不出来的。（来源：《培训——通向华为明天的重要阶梯》，1996）

我们现在培训员工的方法，是巴不得全体员工都当总统。这么全面性的发展，不管员工是花草还是树木都浇水，一盆盆往上浇，很高的成本浇出去

了，可有几个优秀的人是浇出来的。我的主张是，知识要员工自己去想办法解决，知识是劳动的准备过程，劳动的准备过程是员工自己的事情，是员工的投资行为。我们要改变培训、培养的观点，不要随便用培养这个字眼，自我学习是员工的责任。员工视野不宽阔不是我们的责任，视野怎么去培养？我们不能承担无限责任。我们是选拔者，我们只有选拔责任，不承担培养责任，不要把责任都揽在自己身上。（来源：任正非在6月24日后备干部总队例会上的讲话，2009）

就是自身要渴望成长的动力。自身想当将军，你就会渴望搞清楚飞机、大炮、坦克、枪，如果这辈子只想当士兵，那就何必要去了解大炮，只要懂得枪就可以了。一方面相互交流，相互促进。另一方面，个人要有进步的渴望，个人如果没有渴望进步的压力和动力，任何的支撑和平台都是没有用的。（来源：任正非与罗马尼亚账务共享中心座谈会纪要，2011）

华为大学的办学方针要从“培养制”转变为“选拔制”，干部员工有偿学习，自我提高。恭喜大家成为华为大学第一届自费大学生，我们要继续推行这种路线，在公司内部，除了收学费，停产学习还要停薪；教材也要卖高价，你想读书你就来，不想读书你就不要来。交学费不吃亏，为什么不吃亏呢？因为学好了能力就提升了，出绩效和被提拔的机会就多了；即使没学好被淘汰了，说不定是现在退一步，而将来能进两步呢？所以投资是值得的。以后收费标准可能会越来越高，交学费、停薪就是要让你有些痛，痛你才会努力。我们这样做是为了增进三个造血功能：一是学习提高了你的能力，就好像你增加了健康血液；二是华为大学有了收入，会办得更好，它的血液循环更厉害，更优秀；三是公司得到了大量的后备干部，增进新鲜的血液。有这三种造血功能的自我循环，华为为什么不能长治久安？（来源：《以“选拔制”建设干部队伍，按流程梳理和精简组织，推进组织公开性和均衡性建设》，2011）

中国教育体制的弱点是以培养高级打工仔为基础的，而欧美有一部分学校是以培养领袖为目标的。例如，他们在中学开设历史、哲学、政治、社会学……。我们公司的高级干部，以及一部分领军的高级专家，要使自己的视野宽广一些、思想活跃一些，要从“术”上的先进，跨越到“道”上的领路，进而在商业、技术模式上进行创造。有部分人可以成为某方面的思想家，学点哲学、历史……，有好处。（来源：任正非与华为大学第10期干部高级管理研讨班学员座谈纪要，2011）

### 8.1.3 自我培训，在岗培训

培训要靠自我培训，灌输性培训不是长久之计，谁培训了邓小平，谁培训了毛泽东？最优秀最杰出的人都是靠自我培训出来的。老师不讲你就学不到，你怎么超过老师，所以要贯彻人人是老师，人人是学生，要讲评制。如果不自我提高，甚至重复犯同样的错误，那么再对你培训也没有意义。（来源：《培训要务实》，1998）

其实每个岗位天天都在接受培训，培训无处不在、无时不有。如果等待别人培养你成为诺贝尔，那么是谁培养了毛泽东、邓小平？成功者都主要靠自己努力学习，成为有效的学习者，而不是被动的被灌输者，要不断刻苦学习提高自己的水平。（来源：任正非总裁答新员工问；1999）

我们有30多个顾问公司在交付，每个公司都有自己的系统设计和系统表格，把这些设计和表格放在网上，其实就是员工的学习资源。他们以后在工作中可以融合，融合时因为不是一个老师教出来的，说不定能碰撞出更多更好的东西，最终再定下来我们用什么表格。人家几十年几百年总结归纳出来的东西，有人甚至为此献出了一生。我们有没有一个明白人，能把其中一个平台搞明白了，我们看起来也能搞，但实际上学不到其中的魂，学的都是表面，还不如原汁原味地拿给大家去悟。当然，同时三十多种设计和表格也会有问题，我们选择一两种主推出来，其他的也可以看得见，让大家去理解这三十多种的智慧是什么。我们既然已经与顾问公司合作了，就原汁原味地用他的东西，然后归纳总结出一套教材来，这样做可以保证设计和表格的权威性和准确性，否则大家想一出是一出。后备干部总队的学习发展平台要开放，让公司人人都学，人人都进步，要能够支持员工下载学习，至少后备干部总队的人可以下载，后备干部总队以外的人能不能下载，由行政部门主管决定。（来源：任正非在6月24日后备干部总队例会上的讲话，2009）

选拔与培养本身并不矛盾，没有说选拔就不培养了。那么办中学干什么，办大学干什么，我们的高考不就是选拔制吗？选拔制并不排斥培养。开放课程，让有意愿员工自我学习，鼓励进步。培养不是等待被培养，而是自我培养、自我成长。对选拔上岗的干部，重点培训，有针对性地查漏补缺，他们受到特别的关爱，不收他们一点钱，别人会心态不平衡，这叫有偿培养。要改变过去“单点输入”的培养制，在干部选拔的过程中，触发有针对性的培养。（来源：任正非与财经体系员工座谈纪要，2011）

我们要从过去的培养制和苦口婆心的培育方式，转变成你爱学就学，不学我们也不会给你穿小鞋，关键是看你工作干得好不好来确定你的去留，而不是看你爱不爱学习。历史上不好好学习最后成了伟大人物的例子很多，学习不要强求。我们不搞培养制，我们没有责任培养你，我们是选拔制，选拔更优秀的人上来，在全公司和全世界范围内选拔优秀者，落后者我们就淘汰。我们不会派一批老专家苦口婆心地与落后者沟通，迁就落后者，在这个问题上我们要改变过去的一些做法。按照这种办学方针，华为大学就应该是个赚钱的大学。华为大学将来要想大发展，就一定要赚到钱，将来没人拨款给你。

华为大学赚的钱先拿去自己发展，财务给出结算方法，把钱算给华大，让它转成投资，让大学办得更大更强。（来源：《以“选拔制”建设干部队伍，按流程梳理和精简组织，推进组织公开性和均衡性建设》，2011）

华为大学的老师在后备干部培养这一系中，是组织者，不是传授者，如果他们是传授者，水平就限制在一定高度了。我们的学习就是启发式的学习，这里没有老师上课，只有“吵架”，吵完一个月就各奔前程，不知道最后谁是将军，谁是列兵。相信真理一定会萌芽的，相信随着时间的久远，会有香醇的酒酿成的。（来源：《以“选拔制”建设干部队伍，按流程梳理和精简组织，推进组织公开性和均衡性建设》，2011）

当然不同的系，教学方法不一样，他们不一定是采取案例讨论的方式，但在案例讨论冲击下的教师队伍，也会成为另一种将军，驰骋在其他讲坛上，包括你的领导力、项目管理等课程，列出收费标准，鼓励大家自学，脱产学习，实习……。（来源：《以“选拔制”建设干部队伍，按流程梳理和精简组织，推进组织公开性和均衡性建设》，2011）

我认为干部后备队的案例学习，可以分四个阶段：第一阶段先从启发式学习开始，先读好教义，最好每天都考一次试，来促进学员的通读。胡厚崑、徐直军领导主编的这些教义很好，我想不到会编得这么好，它凝聚了全体编委及大家的心血，也许他们的努力会记入史册的。考完试以后老师先别改卷子，直接把考卷贴到心声社区，贴到网上去，让他的部下、他的周边看看他考得怎么样，给他学习的压力。第二阶段自己来演讲，演讲的内容不能说我学了好多理论，我就背那个条条，这种演讲是垃圾。讲你在实践中，你做了哪些事符合或不符合这个价值观，只要你自己讲，我认为都是合格者，不合格者就是那些不动脑筋混的，喊着口号、拍马屁拍得最响的，就是不合格分子。你的演讲稿子和你讲的故事，必须有三个证明人，没有证明人就说明你是编出来的，你在造假，你在骗官。要把证明人的职务、工号、姓名写清楚。你一写完一讲完，我们马上将你写的、讲的贴到心声社区，连你的证明人都公示上去了，看谁在帮你做假。报告也不要写得又臭又长，抓不住重点，抓不住主要矛盾和矛盾的主要方面。第三阶段就是大辩论，把观点和故事都讲出来。凡是没有实践的纯理论的东西，就不要让他上讲台，讲纯理论性的东西就扣分。演讲完了大家就辩论，不一定要拥护我们的文化，我们的文化没有特殊性，是普适的，都是从别人那儿学来的，抄来的。以客户为中心，以奋斗者为本，外籍员工听得懂，喊拥护的人也未必就是真心实意地拥护。大辩论中有反对的观点，我认为也是开动了脑筋的，也是有水平的，我们要授予管理老师权力，让反对者过关。我们华为公司允许有反对者，相反对于正面的观点，我们恰恰要看他是否真正认识到了规律性的东西，或者只是陈词滥调、被动接收。第四个阶段，大辩论阶段个人观点展开了，人家好的你吸取了，人家差的你也知道了，然后就是写论文和答辩。你写的论文也要是非理论性的，只要是理论性的就是零分。就是要讲你的实践，你实践了没有，你实践的例子是什么。没有实践，你看到别人做了一个事情做得特别好，你从中学到了东西，你看到别人的实践你也可以写，要让当事人当个证明人。找不到证明人这个阶段就不算过，以后可以补课。（来源：《以“选拔制”建设干部队伍，按流程梳理和精简组织，推进组织公开性和均衡性建设》，2011）

我更支持短训班，绝对不支持长训，将军不是培养出来的。一个月两个月就够了。学一点、学个方法就上战场，我们有个平台，告诉你可以在网上学习，然后你认识几个老师，网上及时交流。（来源：任正非与华为大学教育学院座谈会纪要，2012）

我以前觉得公司很有希望，当年成都工程安装的新员工没有便携机，背着一背包的各种工程标准的书到山沟沟里去读，这就是华为的希望。现在什么都不明白，就大规模地外包，什么数据都工程方做的，根本就没有这个能力，凭什么拿这么多股票和工资，现在重新洗牌，要把南郭先生从这个里面洗出来。我不否定老干部，但洗出来不管职务多高都得回炉，还得学会这些东西，取得任职资格。工程任职资格需要哪几条要定出来，标准开放给大家考试，就像考托福一样，笔试考试合格了再给口试机会，口试合格能回复各种问题，证明笔试不是抄来的，就过关，给任职资格。要构筑全套的工程交付能力，但人可以不是全面发展，可以有几条职业通道，达到标准可以去做工程经理、工程监理和技术专家，拼起来就是一个工程，要加快接班人继任计划的管理。（来源：任正非在 2012 年 8 月 31 日 EMT 办公例会上的讲话）

## 8.2 从实战出发，学以致用

### 8.2.1 关键是教会干部怎么具体做事

培训要从实战出发，学以致用。华为大学的培训内容应与一线作战实践保持一致，教学中使用的流程、表格、代码都采用一线实际案例，要学以致用，急用先学，培训士兵就教炸药包怎么捆，怎么拉导火索，不用讲怎么当元帅。（来源：EMT 纪要 [2008]013 号）

培训不要太高档，关键是教会干部怎么具体做事。现在我们很多的高级干部都不会具体做事。你们抓潜力开发，事都不会做，怎么开发潜力。公司讲“小改进，大奖励；大建议，只鼓励”，为什么？主要鼓励培养踏踏实实的作风。既然你有大的好建议，你本职工作早就做好了，早就发现你了。因此所有的培训都要转到具体工作中去，要和任职资格结合起来。我认为现在很多培训中心的培训方向都很偏，都是在培养跨世纪的美国总统。要抓做实，华为公司就是聪明人太多，聪明人不做实，最终的结果就是把公司的前途葬送了。各个干部部要配合培训中心，一定要把整个培训方式调整过来，要学以致用，不要学天桥把式，练是为干，而不是为了看。（来源：《培训要务实》，1998）

干部的责任是培养人，培养人的目的是要产生结果，但是如果没有绩效，表面上很忙做了很多动作，“培养”了很多务虚的人，有学问而使不出劲的人，都是无用功、都是假动作，垫高了公司的成本。（来源：《以绩效为中心，以结果为导向，努力提高人均效益》，2002）

现在我们不缺项羽之类的勇猛之士，为什么不能产生真正的将军？因为我们不给这些草莽英雄以制度化、规范化的作业方法的教育。但这些培训，不是从任何西方课本中下载的，而是要结合我司的实践。要活学活用，急用先学，系统全面的教育要与解决现实问题结合起来。（来源：《华为大学要成为将军的摇篮》，2007）

这次CFO班不采取以往灌输的培训方式，而是借鉴哈佛案例研讨方法，针对公司实际发生的案例和问题反复研讨和辩论，大量查阅资料，发挥所有人的主观能动性，找到解决问题的方法。但今天你们来参加研讨，并不等于明天就被承认，你们研讨出来的结果还需要你们到具体的工作岗位上去实践和检验。我们不可能系统教你们如何当CFO，你们需要在实际工作中去悟出来。（来源：《CFO要走向流程化和职业化，支撑公司及时、准确、优质、低成本交付》，2009）

所谓高质量的人力资源，就是在合适的岗位有合适的人，而不是在不合适的岗位用一大堆博士。这些年来我们关于高质量的概念全是错的，什么优中选优，选那么多优来干什么。（来源：任正非在6月24日后备干部总队例会上的讲话，2009）

核心工程队要穿透到所有的地方，培养出干部来，这些干部就成团成团地走，一个地方、一个地方地改进，再滚动改进。人力资源部来主抓核心工程队人员的培养、建设、干部选拔等日常工作，华为大学提供教育、技能服务。华大搞不明白的课程，就到外面去请一些高手来讲，我们的员工很容易就学明白了。（来源：任正非在2012年8月31日EMT办公例会上的讲话）

我认为华大在现阶段应该更多的是以组织发展为中心。比如说领导力，我们的领导力小一点，也是领导力，小的炊事班也有领导力，不是说领导力就一定做国家领袖，讲得很宏观，人家都没法操作了。比如说我接一个小项目怎么实现我的领导力呢，接一个小的团队我怎么领导呢，不是你来给他讲大的，回去他自己再裁剪，他裁出来的衣服肯定是莫名其妙啊，所以说你要给他一个名牌的小西装，对不对。因此把专家这种宏观视野消化掉，裁剪到适合我们的项目，这个是老师来裁。（来源：任正非与华为大学教育学院座谈会纪要，2012）

### 8.2.2 教精神、教方法论重于教知识

抗大、黄埔之所以成功，其实教的都是精神，而我们公司教的是知识。我不认为被我们淘汰的员工完全是知识问题，我认为第一是劳动态度问题，第二才是知识问题。所以CFO、CSO（首席安全官）培训班，我们没有主讲课，没有标准，没有课本，你们要自己去想，如果想不出来，就不能上岗，否则

上岗了也搞不好。大家不知道CFO是什么，可以先坐在一起讨论，像哈佛一样讨论。通过讨论知道CFO的使命是什么，对什么负责，内控管什么，计划管什么，奖金如何算，以及人力资源管理等。知道这些东西后，大家就去组合完善CFO的功能，最后有一个辩论、答辩。否则在这么短的时间灌输知识起不到应有的作用。只有引导大家有一个正确的方法论，才能真正评价出我们需要的干部。同一个方法论，不同的人理解的深度可能就不一样，比如灰度。什么叫领袖？领袖不就是灰度掌握得好吗？为什么总统也是这个，班长也是这个，都是一个灰度问题，只是不同的人有不同的掌握程度。过分强调资质分离，就会使后备干部总队的管理变得更加复杂，也忽略了主目标、宗旨，而变成了一个太精细化的管理，这种管理既消耗很大的成本，也起不到效果。我认为后备干部总队不是为学习内容的培训，而是学一个方法论。我们在选拔干部时，第一选的是干劲，后备干部总队要锻炼干部的奋斗精神；第二要有方法论，我们不要过分强调知识。大家看过《亮剑》吧，李云龙老犯错误，总是被降级。一是我们上级组织还没有高水平的管理，无法指导和适应有作为的下级；二是我们的基层干部没有适应科学的军事教条和按程序作战。不按规矩同样打不了大仗。我们把炮火指挥权给听得到炮火的人，同时要让其承担成本和费用，不能瞎开炮、瞎打，这样就不会有李云龙这么多错误，而产生无数的李云龙式的英雄。现在前方为了竞争，有数亿美元的合同商务授权一塌糊涂，大家说这样的李云龙我们能要吗？这是瞎打，不是真正的李云龙，我们要造就一批掌握正确方法论的干部。（**来源：任正非在6月24日后备干部总队例会上的讲话，2009**）

华大还是要坚持案例式的教学，案例有两种，一种是故事化的案例，让学员更容易看懂教材，另一种是表格化的案例，可以帮助学员更好地掌握科学的方法，直接用到实际的工作里。（**来源：任正非与华为大学教育学院座谈会纪要，2012**）

视野、意志、品格。干部首先是有视野，再有意志和品格，意志没有视野支撑，这个意志能干什么呢？视野、意志、品格应该是干部队的口号。吃大苦、耐大劳、担大任才是新兵营的口号，两个营应该有区别。新员工是要有视野，但不是最重要的，最重要的是要锻炼，建立自己的愿望。（来源：任正非在2012年10月30日EMT办公例会上的讲话）

### 8.2.3 学习公司文件，领会高层智慧精华

好好加强企业文化学习，认真读报，不学习企业文化，干部就起不来。（来源：任正非与华为通信行政管理系统人员座谈纪要，1997）

推动公司前进的最主要因素是机制和流程，各级领导干部要从以前的埋头拉车转变到抬头拉车，不要只见树木，不见森林，要多顾及各级管理体系的建设上来。《管理优化报》就是给了你们一把晋升的钥匙，它把公司管理上要说的话，全表达出来了，谁先看明白，谁就占了进步的先机。（来源：任正非谈管理体制改革与干部队伍建设，1998）

各级管理干部读两报要纳入考核，他都不读我们的报纸，凭什么当我们的干部。各级主管看两报的行为，每个月都要写一个简单的读后感，至少与你相关的，谈谈如何整改。《管理优化报》也可以适当点那些不读两报的干部的名。（来源：任正非在参加《华为人报》与党委成员座谈的发言，2006）

我认为学习不要读书破万卷，读书破万卷反而懂得不深不透。我认为要读书破万遍，公司公布的很多文件，是高层智慧，是反复多少遍研究出来的。所以有机会就要多读公司文件，要反复读，一个星期一次行不行？读读你就明白了。如果以后要当将军管理整个队伍，你先看看别人是怎么看待这个问

题的，一遍不懂不要紧，多几遍理解就靠近了。（来源：《上甘岭是不会自然产生将军的，但将军都曾经是英雄》，2006）

我们公司很多高级干部根本不学习公司文件，他们是凭着自己的经验在干活，这样的干部是一定会被淘汰掉的，不淘汰掉公司是没有希望的。EMT做的那些决议和各种文件，代表了高层智慧的精华。但我们的干部根本没有认真学习。所以，400多个EMT文件，一个个考，考不及格的高级干部不能调待遇。就是说高级干部可能要处在淘汰的边缘上，一定要有这个看法。大家以为胜利了，以为有功劳了，自己的屁股就坐稳了，我觉得没有这回事。（来源：任正非在EMT办公会议上的讲话，2009）

我们一定要强化高级干部要学习华为的管理文化，努力参与制度建设，并严格遵循这些流程。我们不强求员工学习公司的文化，员工不要那么累，员工就是要干好工作，多挣钱。我们现在高级干部有些是不学习的，只督促基层员工学习，所以现在很多基层员工都上升成高级干部，而在座的很多高级干部可能要从这个舞台退下去。历史的淘汰是必然的，从来没有停歇过。（来源：《成功不是未来前进的可靠向导》，2011）

### 8.2.4　采用案例培训方式，通过总结把实践上升到理论

知识是平面的，它对事物的理解重在共性。你想想万千事物归纳出的知识，它的实用性有多少，而工作常常是个性的。因此，从学习案例入手，是知识能力比较强的人的一种认识客观规律的方法，会使你进步较快。我们要善于总结，每一次总结，就是你的综合知识结了一次晶。就像渔网一样，每次总结都是做了渔网的一个结，一丝一丝的知识，就由一个一个结结成了网。谁的结多，谁的网就大，谁的网大，抓的“鱼”就多。不光是成功要总结，

失败也要总结。（来源：《要从必然走向自由》——为阿联酋3G工程总结一书写序，2004）

案例培训将来是我们的一种高级培训方式。案例教学不要怕“刺刀见红”，这个案例说这样不行，那个案例说那样不行，这没有什么关系，它将被载入史册，并将会成为一段佳话，带到辉煌的明天。这些案例将来还会被好的大学拿去作教材，因为案例是从实践中产生的，而实践则是最好的老师，有血有肉。（来源：《培训——通向华为明天的重要阶梯》，1996）

教案的模板要规范化，但血肉要来自于管理、业务一线实践；公司从中高级管理者到普通业务骨干都要写教案，教案写得好，可以给好的鉴定，华为大学深入一线去帮助他们整理教案。IBM已经讲不清楚他们的监控体系了，因为经过几十年、上百年的运作已经融入流程、流到血液里面去了，所以我们的IPD、ISC也要及时总结，免得以后再来考古。（来源：EMT纪要[2005]049号）

让一线有实战经验的老员工飞回来讲案例，保证培训效果；装机实习不限定地区，哪里有条件就在哪里做；要加强技能考核，要强调背标准，先知其然，迅速上岗干活，有时间再知其所以然。（来源：EMT纪要[2005]037号）

要注重培训的实战性，多从实践中总结成功案例，多采用案例培训方式。原则上，在课程实施中，应至少有1/3的课程采用从当地业务工作实践中提炼的成功案例，并由在当地工作的员工予以授课。（来源：EMT决议[2006]015号）

我认为每个人都要学会总结。他对自己的关键行为都总结不出来，那封个官给他干啥，他自己的事都没搞明白，能搞明白别的事情吗？我们主张员工人人都可以自己去总结，可以时时刻刻去总结。总结是提高能力最主要的基础，要号召大家主动不断总结自己过去的关键行为。在总结的过程中就把那些杂乱的思维系统化了。我们强调理论指导下的实践，理论指导下的实践就是理论知识善于总结。所有干部都要写自己的成功实践，你没有自己的成功实践表述，这个表述没有得到周边的人认可，像公告公示一样没有得到大家的认可，那你就是编出来的，我就不相信。总结就是能力的提升的一个方面，他连自己的东西都反映不出来，怎么叫有能力。成功的实践经验就是贡献，认证就是公示，你的总结报告要公开，大家都认同。（来源：《人力资源体系要导向冲锋，不能教条和僵化》，2009）

稀里糊涂地实践，是不可能炼出“真经”来的。学习实践，重在领悟，而不是重在过程。规范的学习与认真去实践相结合。学习和理解已经总结的宝贵经验，并在实践中验证和体会，进而积累和凝结自己的经验，这才是有价值的实践。（来源：任正非与财经体系员工座谈纪要，2011）

很多人会实践，如果没有理论的实践，实践一百次还是实践，就是大工匠。只有工程师行为可以批量生产，工匠不能批量生产。实践经验如果不经过理论升华和总结，这个人不可能在项目变化的时候还能有很强的适应性。所以我们在学习教育过程中，老师要强调去实践，学生要从实践中提升到理论。（来源：任正非与华为大学教育学院座谈会纪要，2012）

同样一个项目，多开战前研讨会，多开事后总结会。战前时候研究了是这么做的，战后总结的时候再拿出来讨论一下，这两者有多少重合度，没有重合度或者有重合度都说明你的学习，有这么两三次就进步很快了。我们年轻时候就讲，我们人的思维就是一根一根的线，如果做一个事总结一下，就等于打了一个结，多打几个结就是一个网，就可以用来网鱼。人生多研究多总结，打的结就越来越多，就是一张大渔网，可以网大鱼。你们有了系统性的设计这挺好，但是事后拿项目来套一套，是不是跟之前设计的一致呢，不一致在什么地方，为什么不一致，如果一致了为什么会一致，怎么会想到一致的。通过多次总结就把这个渔网织起来，那网的鱼就不得了。（来源：东南非多国管理部向任正非汇报工作纪要，2012）

## 8.3 建立干部的循环流动制度

### 8.3.1 中、高级主管要进行岗位轮换

我认为流动是一个好现象，中、高级干部一定要经过全流程的大流动。如果说不流动的话，一是项目水平无法进步，再就是高级干部从哪儿来呢？高级干部原地提拔的害处就是“近亲繁殖”。（来源：任正非在干部培训班上的讲话，1996）

我们有个原则，中、高级主管要进行岗位轮换。我们主张没有周边工作经验的人不能当主管，没有基层工作经验的人不能当科长。我们的干部轮换有两种，一种业务轮换，如研发人员去搞中试、生产、服务，使他真正理解什么叫作商品，那么他才能成为高层资深技术人员，如果没有相关经验，他就不能叫资深。因此，资深两字就控制了他，使他要朝这个方向努力。另一种是岗位轮换，让中、高级干部的职务发生变动，一是有利公司管理技巧的传播，形成均衡发展；二是有利于优秀干部快速成长。（来源：任正非向中国电信调研团的汇报以及在联通总部与处以上干部座谈会的发言，1998）

蓝军是通过反向实践，培养干部具有正反两方面的视角和思路，在战略上开放思维；蓝军要成为中、高级干部重要的反向实习基地。（来源：EMT 纪要[2007]014 号）

我们从各个业务部门抽调干部，加强财经组织的建设，是为了帮助财经组织更加密切、更加有效地深入业务，同时在思维方式、做事策略等方面，改变财经组织一直以来简单、固执、只会苦干不会巧干的做法。加入一些沙子，是为了形成混凝土，并没有取代你们的意思，而且他们也要经过会计考试。中级干部的业务岗位的转换，是有利于干部更好地成长，是符合“之”字形成长计划的、优秀员工应该高兴的一件事。业务人员进入财经是自愿的，是看到了自己的机会，而不是什么通过什么许愿来完成的。输送部门关爱员工的方法，是这边考核没有使用上，帮助他回原岗位，输送部门把困难留给自己，支持别部门成长，是全局的，全盘利益的考量，也是高级干部的立脚点。（来源：任正非与财经体系员工座谈纪要，2011）

公司要逐步通过重装旅、重大项目部、项目管理资源池这些战略预备队，来促进在项目运行中进行组织、人才、技术、管理方法及经验……的循环流动。从项目的实现中寻找更多的优秀干部、专家，来带领公司的循环进步。（来源：任正非在公司 2013 年度干部工作会议的讲话——《用乌龟精神，追上龙飞船》）

### 8.3.2　干部要“之”字形成长

过去我们的干部都是“直线”型成长，对于横向的业务什么都不明白，所以，现在我们要加快干部的“之”字形发展，就要从新提拔的基层干部开始采用这种模式。我们强调猛将必发于卒伍，宰相必取于州郡。当然我们是优先从这些实践人员选拔，今天我们同时将各部门一些优秀的苗子，放到最艰苦地区，最艰苦岗位去磨炼意志，放到最复杂、最困难的环境，锻炼他们的能力。促进他们的成长，加强组织的选拔。想当将军的人必须走这条路，这就是我们组建这个队伍的目的。（来源：任正非与核心工程队相关人员座谈，2009）

美国航空母舰舰长的培养机制就是“之”字形成长，而我们现在很多高级干部都是直线上来的，特点是很单纯，没有其他经验，他可能做这件事情很优秀，但是他要担负起全面发展、协调性强的事情，就缺少实践。（来源：任正非在6月24日后备干部总队例会上的讲话，2009）

我们会把各个部门中基层的优秀干部以及将来有可能提拔起来的人，安排进入到核心工程队中与大家一起协同作战，使他们率先进入人生的“之”字形成长道路。（来源：《具有“长期持续艰苦奋斗的牺牲精神，永恒不变的艰苦奋斗的工作作风”是成为一个将军最基本的条件》，2009）

干部的“之”字形成长路线，只适合高级管理者和一部分综合性专家，不适合基层员工和干部。我认为基层管理者短时间不可能成为领袖，二等兵成为统帅的时代，已不太现实了，我不否认过去曾经有过。我们强调基层要在自己很狭窄的范围内，干一行、爱一行、专一行，而不再鼓励他们从这个岗位跳到另一个岗位。在目前淘汰不厉害的情况下，如果他在公司认识了一个什么样的领导，就跳到那个领导下面的岗位去，做不了事窝在那里本身就是成本，流程到他那不能运转，实际上还把别人的效率拖低了。（来源：任正非与华为大学第10期干部高级管理研讨班学员座谈纪要，2011）

基层员工和干部允许在很小的一个面上有弹性地流动和晋升。跨领域的我不赞成，比如初级秘书，我们建个初级秘书池，让一些优秀文员可以通过一定的考核方式进入这些资源池。同样还可以有调度、计划、核算、簿记……资源池。资源池有很多标准的，通过一定时间，业务骨干可以考进和晋升到这个资源池里，以备可能被别的部门选用，这比推荐公平。不要僵化地以学历为中心，有学历的人不一定比有实践的人更能干、更聪明。我们公司不能形成唯学历论，必须要以实际能力来衡量。不强调 13~15 级的干部人人都可能成为战略家和领袖。“之”字形成长在高级管理干部和一部分综合型专家中是适用的，现在已经开始这种继任计划。（来源：任正非与华为大学第 10 期干部高级管理研讨班学员座谈纪要，2011）

“之”字形成长路线，不同的干部级别应该有不同“之”字形要求。有过成功经验的连长可以直接提团长，有过成功经验的团长可以直接提军长，没有必要一定要经过营或师这一级，因为只要他带过一个团了，到一个军只是放大了而已。（来源：任正非在 2012 年 7 月 27 日 EMT 办公例会上的讲话）

“之”字形成长是为了培养将军的，炊事班长上了巡洋舰，还是上了航空母舰，对他的未来没什么影响，换来换去有什么区别呢？当然，在所在部门人之间，相处不合适，适当换一下部门、岗位是可以理解的，但去新岗位得接受新的职位标准的考核，实行易岗易薪。（来源：任正非在基层作业员工绝对考核试点汇报会上的讲话，2012）

### 8.3.3　建立干部的职业发展通道

各部门都要想办法让优秀干部流动起来，在流动过程中不断提高，为公司的高速发展，培养和准备干部。没有发展实力和潜力的中初级员工，就不要让他们流动，这对他们是一种浪费。（来源：任正非在 11 月 1 日市场部组织机构改革方案汇报会上的讲话，1996）

我们认为干部的循环流动是很正常的，正常的原因就是我们要使我们每一个员工在你个人潜力发挥最好的地方找到一个落脚点，而不是哪个部门很好，哪个部门不好，问题是你干得好不好。（来源：任正非在第三批机关干部赴前线欢送会上的讲话，1997）

不光是印度人来掺中国人的沙子，也要请一些用服的人到研发这边来掺沙子，研发的一些干部到用服那边去干半年、一年。研发分析客户需求，也要从市场推广上请一批人来掺沙子，一定要加强干部人员的纵向、横向的循环流动。（来源：《只有开放，才有出路》，2001）

我们要通过跨部门相互流动，使一部分人通过丰富管理知识成为技术管理干部，一部分人通过技术知识丰富，加深认识后成长为技术专家。我主张不能捂住干部，捂住的干部是不稳定的，只有在流动的过程中才能发现人才。（来源：任正非在2002年4月18日与光网络骨干员工交流会上的讲话）

研发体系的开发人员，要继续实施同产品行销、Marketing、技术支持、Turnkey等部门间的人员制度化的双向流动。研发后备干部要主动申请到上下游单位一线岗位去锻炼和培养。原则上，研发体系PDT①经理和系统工程师以上业务和技术管理人员须具备产品行销或Marketing或技术支持的成功经验。（来源：EMT决议[2006]023号）

为加强产品与解决方案体系各级干部部主管对公司管理要求的理解，以便今后更好地履行干部部职责，原则上，产品与解决方案体系各级干部部主管应分批轮流到海外一线的基层岗位，尤其是艰苦地区基层岗位进行实践锻

① PDT：Product Development Team，PDT是一个虚拟的组织，其成员在产品开发期间一起工作，由项目经理组织，可以是项目经理负责的项目单列式组织结构。

炼，锻炼期为 3~6 个月。（来源：EMT 决议 [2007]020 号）

为了不断传播和强化各业务管理者的内控意识，要建立起干部职业发展通道和干部轮换制度，让有业务经验的人到审计监控体系工作，并不断输送有内控经验且绩效好的审计监控人员到业务部门担任管理岗位。（来源：EMT 决议 [2007]045 号）

公司鼓励员工干一行专一行，在本职岗位上不断提高业务水平和工作绩效。轮岗和培养干部的目的也是为了工作，不能为轮岗而轮岗。（来源：EMT 纪要 [2008]013 号）

我强调人的循环，一个是纵向的循环要起来，另一个是横向的循环要起来。有些人循环着就走向将军了。将军有强烈的方向感和判断感，他没有必要的经历，是激发不出灵感来的。（来源：任正非在 EMT 办公会议上的讲话，2009）

建立横向换岗机制，建设内部人才市场，实现人才合理流动。对于在同一岗位上工作超过一定年限的干部，组织上应主动关心了解，如个人有换岗需求，也有合适的新岗位安排，在做好工作交接的前提下开展横向换岗，以避免职业疲劳。建设内部人才市场，为那些期望到更适合自己的岗位上做出更大贡献的员工，以及组织精简释放的人员等，提供内部岗位选择和变动机会，员工在符合一定条件下可以不经部门审批直接进入内部人才市场。对于根据身体状况和意愿，申请调整到较低级别的岗位工作，胜任新岗位要求，接受易岗易薪的老员工，公司在氛围上要正常化这种选择，而不应作为负面现象来看待。（来源：《团结一切可以团结的力量》，2013）

公司对区域的部分重要管理岗位有异地任用、定期轮换等政策要求，这客观上会影响到部分本地主管的职业发展，对此我们要研究与明确相应的政策要求，并与本地主管做好政策沟通。本地员工除了少数参与全球业务支持的高端专业人才和少数参与全球业务管理的管理者以外，原则上不实行流动，以免增加成本。（来源：《团结一切可以团结的力量》，2013）

### 8.3.4 创造干部成长的内部竞争环境

在培养后备干部时，要学习西点军校的方法，不断淘汰制，以迫使所有的后备人员有不进则退的危机感。当然，选拔方式、选拔标准，以及被选择人不是永远不变的。不断地选拔，不断地淘汰。（来源：任正非关于华为大学与战略后备队的讲话，2005）

我认为抗大与黄埔军校的经验应该是我们可以借鉴的榜样。公司大量来自前方的优秀中、基层干部，经过短期训练后，补充上战场。一部分提升到新的负责岗位。一批一批地源源不断地输送后备干部上前线，就会改变我们队伍的现状。（来源：《认清形势，加快组织建设和后备干部培养，迎接公司新发展》，2005）

公司的各级干部后备队的选择，应是从有责任感，有使命感，有敬业精神与献身精神，忠诚于公司，贡献突出的优秀员工中选拔。让他们通过华为大学的培训，提高他们的品德、素质、能力、团队领导力，更重要的是教会他们一种学习及工作的方法，使他们时刻准备着被派遣和补充到需要的岗位上去，当然他们要争取到最艰苦的岗位上去。（来源：任正非关于华为大学与战略后备队的讲话，2005）

从基层往高层培养是不断收敛的，逐步挑选越来越优秀的人员。从实践中选拔，从华为大学的教育中培养，交替进行选拔，我们将实行推荐、评议、审查的三权分立的后备干部的管理政策，应该准确性较高，投机也不容易成功。（来源：任正非关于华为大学与战略后备队的讲话，2005）

我们选拔干部是不是这些能力都学好就够了？我们有几个排他条件：第一条件是必须是成功的，就是在工作岗位上必须要有贡献。按贡献进行综合横向排列前25%的人我们就推荐进入各级干部后备队。对贡献要全面地看，不光是销售额，是综合衡量，就是PBC的成绩。第二个条件就是通过华为大学的培训、各管理团队的教育，以及个人对自己的关键事件过程行为的自我鉴定，用这两条来归纳总结，经过有组织的评判，确定员工的素质。同时，只对业务口推荐的25%的后备干部中的前1/3进行组织鉴定，当然全部人员都要做自我鉴定，但组织评价只作1/3。这1/3的人进入干部后备资源池。有机会就让他们去试用试用。第三个条件就是品德考核，是一票否决。（来源：任正非在国内市场财经年度大会上的讲话，2006）

干部后备队也不要说我们只是管淘汰的，建设的也要管，比如，组织流程梳理后，针对下来的优秀人员，就是录入干部培训班，还有CSO、CFO的干部培训班等。后备干部培训要把一些需要的干部逆向培训起来，让一些要提拔的干部到后备队去洗洗澡，他也要转换成一个对安装、对工程、对生产都要有认识的人，纯粹对代码有认识也是不行的。（来源：任正非在EMT办公会议上的讲话，2009）

后备干部总队另外一个很重要的作用，就是重新客观地评价干部。将来相当多的干部上岗，都要到后备干部总队来考察一遍，只要有新的岗位选择机会，就必须进到后备干部总队接受考察和评价。现在中基层最大的问题是明哲保身，都没听清楚上级讲什么，也不敢发问，回去后没有传达清楚，就让下面去折腾，造成工作效率低下和浪费。不敢跟领导交流讨论，不敢主动去弄清楚上级对你的目标和要求是什么，就不能做干部。我们要通过后备干部总队客观的评价机制，让这些不称职的干部转岗，不能再做行政管理干部。（来源：任正非在6月24日后备干部总队例会上的讲话，2009）

我倾向于用有直接作战结果的人，用打仗的人。我们要培养一批连长上战场，要从实战出发，不能过分强调素质。但是对于连长，我要开放一个空间让你去，可能就能升副营长了，如果没认真学习华为的文件，没有认真理解文件的精髓，那还是当你的连长。我可能只能给你基本的连长的权责。个人成长的空间要靠自己。后备干部总队要加大业务量，并建立一个收费模式，对所有员工都公平，最多只对阿富汗、北冰洋等艰苦地区的员工给予奖励。我们建立了这么一个作战支持体系、一个干部作风体系、一个学习体系，天下就没有胜不了的事业。（来源：任正非对后备干部总队的指导意见，2010）

在全球范围选拔一大批有使命感，有战略思维、善经营、有干劲、有成功实践经验的干部，充实到各级管理团队中，做好继任计划，创造干部队伍内部的良性竞争机制。（来源：EMT决议[2012]030号）

华为公司的人才不是培养出来的，而是选拔出来的，通过选拔制选拔人才，只有通过工作证明了自己能力的人才能被提拔为干部。同时华为公司的干部要求必须要了解公司的流程和相关IT工具，可以通过上网考试等方式积累学分，进行资格认证。高级干部要求应知，中级干部要求应知和应会（应会不要求精通），基层干部则一定要会。（来源：EMT纪要[2012]025号）

和平时期也要敢于破格提拔优秀干部，导向成功。通过组织层级梳理后释放的优秀干部要放到一线重装旅锻炼，提升一线作战能力。让组织充满活力，朝气蓬勃。片联作为特派机构，要协同BG做好干部的管理和使用。（来源：EMT纪要[2012]026号）

## 8.4　建设后备干部队伍，保障事业持续发展

### 8.4.1　后备干部梯队是华为持续成长的瓶颈

中、高级干部要加强自己的管理技能训练，提高自己的业务素质，赶上时代的需要。经历了十年创业，中、高级干部总的来说是好的，具有高度的责任心与事业心，也勇于自我批判，自我约束。由于历史的原因，把你们推到了领导岗位，并不意味着具备了必需的才干。但你们对公司的忠诚，对工作的敬业，都是你们提高技能后继续担负领导工作的重要基础，公司信任你们，你必须努力学习。公司的迅猛发展，你在管理技能上已出现差距，要下决心努力学习赶上来。（来源：任正非在公司品管圈活动成果汇报暨颁奖会上的讲话，1998）

我们正面临历史赋予的巨大的使命，但是我们缺乏大量经过正规训练、经过考验的干部。华为现在的塔山，就是后备干部的培养。2007年、2008年、2009年将出现高潮，全球各个地方都出现大合同，怎么办？因此各级主管责任重大。我们现在是一个薄皮包了个大馅，这种饺子一下锅不穿帮才怪呢？我们在AIS（一家电信运营商）的错误，从上到下还没有深刻认识，就敢在有些国家建3G大网，很难相信我们下锅不溃散的。散了一个合同，谁还会相信华为，谁还敢相信华为，没有了客户的信任，几万大军的粮草如何办，公司就有可能全军覆没。我们现在就是要大批培养优秀干部，去守住塔山，将

大量优秀的后备干部送往锦州前线，让他们在工作中百炼成钢。对能不能快速完成单个几十亿美元的合同我是担忧的。（来源：《认清形势，加快组织建设和后备干部培养，迎接公司新发展》，2005）

管理首要的是抓瓶颈。公司目前的瓶颈有两个，一是后备干部，二是管理落地。要加强干部梯队建设。干部梯队多，就说明一把手和干部部工作做得好。（来源：EMT 纪要[2005]009 号）

现在来说，面临的主要问题就是公司的管理上不去、干部水平上不去的问题。我希望各级干部部门一定要重视这个问题，重视管理体系的建设和干部骨干的培养。我们不能叶公好龙，失去这个增长的机会。（来源：《认清形势，加快组织建设和后备干部培养，迎接公司新发展》，2005）

华为的人员大多数是从青纱帐里面出来的，包上个白头巾，提着两个地雷就上国际市场。如果他们努力进步的速度跟不上，他们的历史使命就结束了。你们看我这两年撤掉了多少高层干部，我绝不会把难题留给接班人。我们这次财务变革要成功就一定会搬掉非常多的石头。我希望大家跟上来，别掉队。公司要从游击队的作风转成一个现代化的组织建设。这个靠苦口婆心地劝说是没有用的。不合格的师长就回去当士兵，我为什么要请你当连长团长，我为什么要请你一级一级地降啊？华为公司快速的发展，没有耐心等待一个干部的觉悟和前进。（来源：任正非在 2007 年 8 月 8 日 IFS 项目汇报会上的讲话）

当前我们面临的主要问题是在职干部达不到岗位任职要求，后备干部配置跟不上。缺乏撕开城墙口子的干部，在有些地方城墙口子撕开了，没有足够的后备队去纵深突进，巩固并扩大战果；没有职业化队伍跟进去，对占领

的地盘进行精细化管理，提高盈利能力。（来源：EMT纪要[2007]025号）

我们要加快新干部的选拔，要给新人机会。新干部的提拔是公司的一项战略政策。公司在发展的过程中到处都缺干部，干部培养不起来，那我们就可能守不住阵地，可能要败退。（来源：EMT纪要[2008]028号）

有计划地培养和输送大量的干部到作战部队去。我们缺乏大量的干部上战场，我们不能老是虚位以待。目前华为公司后备干部的补充，不是人力资源部或人力资源委员会而是行政部门掌握主导权，因为你手里没有优秀学员产生啊。人力资源部受制于行政系统，自己没有充足的干部资源，又不能让干部队伍流动起来，那就不能树立正确的风气。因此我对后备干部是很重视的，手里有一大把人，随时随地可以补到前线去，那么我对前线的干部也就可以挑了，你冲不冲锋啊，你不冲就下来，把驳壳枪交给后面的人，后面的人冲啊。因此我认为后备干部总队必须充分发挥作用。（来源：任正非对后备干部总队的指导意见，2010）

这次人力资源管理纲要讨论会，相当一部分人以前根本就没有读过这些材料，感到很新鲜，怎么突然搞出这么一本书来。这说明他们平时就不学习，只凭经验干活。但我们不要反经验主义，我们要先立后破，不能先破后立，后备干部总队的作用就是先立后破。我已经把一大批连长、营长、团长培养出来了，他们掌握了现代化的管理方法，前方有个团有问题了，我可以把某个人派去做副团长，帮助原来的团长把这个作战改过来，实在改不过来再考虑取代的问题。我不是说一看这个团长不行，马上就安排一个人取代团长，如果这个人帮助团长把作战调整过来，就是大才；如果他把团长拱掉了，很难说他不是个野心家，我也要用他，但要进行管控。（来源：任正非对后备干部总队的指导意见，2010）

我们还是要敢于往高层团队里面塞一些基层的苗子进来，不然将军从哪来呢？林彪打辽沈战役的时候是四十岁，邱会作打衡宝战役的时候是三十多岁，我们华为公司为什么不能出来三十岁的将军？你们说在这团队里面能不能塞几个种子进去，我认为未必不可以。我们董事会成员，监事会成员，各种管理委员会的成员，包括我们塞进AT的成员，不作为任职资格，就是不因为你当了董事会成员，你的股票就会增多，我认为不一定要挂钩，但是我认为开放一些机会让大家进来。就像你们“1+1”的轮值主席，其实也就是在选，现在的“1+1”未必就是将来的“1+1”，将来也可能会更新和淘汰的，但我让你在轮值里面转了一圈。（来源：任正非在2011年5月31日EMT办公例会上的讲话）

我们要欢迎那些胸怀大志、一贫如洗的人进入华为公司。他们将是华为公司一支很强的生力军。在这种情况下，华为公司会有更强的战斗力，有更强的战斗力我们就可以抢到更多的粮食，有更多的粮食我们就更大地投入，有更大的投入我们就有更大的实力，我们这几个更，就成了良性循环。（来源：《成功不是未来前进的可靠向导》，2011）

我们要加强后备干部队伍的培养和自荐，我们的事业迫切需要大量充满了干劲、有工作热情、有一定牺牲精神并有良好业务能力，在任何时候、任何条件下愿意去任何地方担负起责任的各级新生力量。因为我们现在要多元化，多元化需要大量的优秀员工。同时要防止不作为的干部因人缘关系好而被使用。（来源：《成功不是未来前进的可靠向导》，2011）

我们欢迎每个员工都可以自荐到艰苦地方、艰苦岗位上去工作。我们给他创造一个梯子，让他创造出业绩来，让他得到更好的选拔。我们要理解员工对岗位、对主管的选择，我们要建立内部人才市场，使员工敢冒在内部人才市场落选的风险，敢冒降低职级和薪酬的风险，去调整他个人的职业意愿。我们现在有部分主管的工作作风、工作能力都很差。但他下面有很多能力很强的员工，他把他们捏得死死的。为什么他们不辞职？因为华为待遇太高，他不是看重那个主管，他是看重华为待遇，所以他忍耐着、窝着。现在我们开放内部人才市场，你的停职经过学习发展部的批准是可以接受的。你有很多岗位可以选择。你可以去创造成绩，也可能由于你的选择，说不定还可能找不到合适的岗位，最后让你的薪酬也降下来了。邓小平都能三下三上，你就不能三下三上？下来以后说不定你还能上台成功。（来源：《成功不是未来前进的可靠向导》，2011）

未来 3~5 年是定乾坤的时候，因此这个时代我们要奋力地抢占战略制高点。我认为有几个重要因素：1.战略方向的清晰；2.干部继任能力的提升。我们的干部一个人要开很多会，要做很多事，削弱了他在主航道的能力。我们新的继任计划，要减少部门间的协调，要减少干部的兼职，因为兼职压住了空间，让别人不能成长，同时也分散了精力。三五年后，当我们要占领战略制高点，水要往山脚上流的时候，要有很庞大的冲锋队才有机会。现在每次任用都是这些干部，这是我们组织建设落后的表现，不是发达的表现。未来 3~5 年运营商 BG，要担负起冲锋队的任务，要像船一样冲，抢占战略制高点。（来源：任正非在 2012 年 10 月 30 日 EMT 办公例会上的讲话）

### 8.4.2　向有成功实践结果的干部，提供更有挑战的机会

现在正是大量干部成长的最好的时机。如果我们的销售在目前基础上再翻数倍，这里面有多少机会啊。现在我们处于非常重要的发展时机，“成龙上天，成蛇钻草”，大家都要努力学习，工作中也要开放自己，多交流和沟通。（来源：任正非在亚太地区部工作汇报会上的讲话，2006）

我认为，学习发展其实就是一个资格平台，就是必要条件。你没有这个必要条件我连考都不考你，你自己要对自己负起学习发展的责任来。我给个机会给你，你打下了50万的仗，我再给你500万的仗的机会，又打下来了，好，给你另外一个实践的机会，希望你从实践方面学习一些。一个是从艰苦学习方面再走向实践，一个是从实践方面再去学习，而理论就到实践方面去学习。（来源：《人力资源体系要导向冲锋，不能教条和僵化》，2009）

财务要加强从公司内部抽一部分人进来。要加强混凝土建设，财经管理部能不能叫混凝土部，什么是混凝土呢？有石头、沙子、水泥，可以从外面找些石头进来，三个东西合在一起就更坚固。我们要增强外来的一些优秀人员加盟到我们组织。财务不要光看缺口，光看缺口就会让那些不合格的人下不来了。（来源：任正非在2011年7月28日EMT办公例会上的讲话）

证明是不是好种子，要看实践，实践好了再给他机会，循环做大项目，将来再担负更大的重任，十年下来就是将军了。人力资源管理部和华大要加强对种子的管理，种子到各地去干几年以后，不要沉淀下来了，把他忘记了，优秀种子回炉以后，可以往上将上校上走。如果我们这个干部队训练成功，我们对销售模型等各种模型也可以横向来，最主要第一炮要成功。（来源：任正非在2012年10月30日EMT办公例会上的讲话）

### 8.4.3 形成后备干部持续涌现的机制和体系

推荐、选拔和评价后备干部，应该三权分立；华为大学与人力资源部共同讨论出流程体系，党委统一管理档案体系。（来源：EMT纪要[2005]022号）

各业务体系管理团队作为干部后备队选拔的执行机构，管理团队主任

是第一责任人，要对选拔过程和结果承担责任。（来源：EMT纪要[2005]040号）

预备队可以分层分级设立。华为大学应有分层分级的教育计划，以及教材和案例。华为大学也要设立导师制，要从在实践中干得好的，有一定带人水平的员工担任。导师也可以分级，有十分高级的如将级，导师实行轮流制，例如一年，表现优秀的导师应优先得到晋升。（来源：任正非在亚太地区部工作汇报会上的讲话，2006）

人力资源委员会要承担起选拔干部的职责，关注那些高层看不到、行政管理团队看不清楚的干部苗子；高层行政管理团队也要通过隔级推荐中基层干部人选，承担起选拔干部的职责。通过常规选拔机制和破格选拔机制的相互补充，来保证机制的健全。（来源：EMT纪要[2007]025号）

后备干部和梯队的培养要结合公司的业务发展战略和规划，根据业务发展规划，基于管理岗位需求，做好后备干部培养计划。各级AT要把各个管理岗位的干部继任计划做出来，不仅关注第一梯队，还要关注第二梯队。（来源：EMT纪要[2007]025号）

人力资源委员会更多的是管干部，使我们在不同的岗位上合理使用正确的干部以创造出更多的价值。我们公司是个议行分离的机构，议和行是分离的。我们要推行议行分离的制度，使我们中基层干部能茁壮成长。我认为在新时期干部制度要以选拔为主，选拔以后置换，不能选拔上岗的干部，就进后备干部总队寻找新的岗位机会。所以在长期发展目标中，我们要坚持废除学历制度，我们要坚持不以学历来确定这个人未来的职业生涯，我们要坚持以实际才干与贡献来确定这个人的成长，不要机械教条地以人才为重，要科

学合理地使用人才。（来源：任正非在3月25日后备干部总队例会上的讲话，2009）

我们还是要强调干部选拔的原则和机制，人力资源委员会怎么选干部？年轻干部怎么上来？你扛着炸药包打下两个山头你就当连长，没有什么服气不服气，华为公司不讲论资排辈。机关是职员，机关凡是没有基层实践经验的人，冻结不能走行政主干道路，不能提升为行政主管的干部，他只能做职员，就老老实实敲键盘打算盘，工资就低低地拿着。将军必须从实践产生，必须从成功的实践中产生，必须从项目管理产生，我们只要贯彻这个原则，我们没有什么不可能无敌于天下的。（来源：任正非在2011年5月31日EMT办公例会上的讲话）

干部和专业人才是两个金字塔。最基层是共同的；中间这一层是可以流动的，业务干部和管理干部是混合的；到了高层，两个金字塔之间（干部与专家）就不要再流动了，在塔尖这层人，最主要是抓住方向。我觉得胡厚崑提出的这个模式应该还是很不错的，能不能通过我们对哲学的理解、对模式的丰富把它完善出来，构建未来的干部与专业人才体系。（来源：任正非的批评与自我批判，2011）

我们公司的整个行政组织，是在董事会授权下，通过从上到下的考核、选拔和培养产生的，这与党委产生的方法是不一致的。我们行政管理组织推行的是组织选拔，民主监督。因为干部的产生过程是由上级产生的，尽管上级也是集体研究的，但难免偏颇，实行民主监督，有利于修正。我们不同意行政组织民主选拔与竞选。因为行政管理人员他们手中握有行政的权力，这些权力是要对董事会负责的，要产生绩效的。民主选举与董事会的授权是不一致的，也许会导致被选人取悦选举人，而形成难以平衡的福利社会，公司

将不能持续发展。（来源：任正非与党委成员的座谈纪要，2011）

片联是中央特派员，是中立机构，不是片区的领导，片联要代表公司协调BG和区域，特别要管好BG的机关干部的选拔配置。要把基层好的人送上来，把有培养前途的人，送到航空母舰上去，要把优秀干部放到前线上去循环一次两次。（来源：任正非在2012年10月30日EMT办公例会上的讲话）

我们一定要把基层有实践经历的人和未来优秀的苗子循环起来，把这个水搅活，在基层干得好的人，要回到BG去，BG把一些优秀的青年人下放到前线来，面向优质客户配置优质资源，在战斗中成长，然后这样流动起来，公司才会有希望。（来源：任正非和广州代表处座谈纪要，2013）

我们要做的是建立一个机制，让水流的速度快一点，把上面的泥沙冲掉，让年轻有为的上来。谁来挑起华为公司的重担？因为新技术的发展非常快，华为公司又处在最先进的技术领域，可能越年轻的人越有优势。我们的机制要有利于这些人脱颖而出。（来源：任正非在2013年3月29日EMT办公例会上的讲话）

现在我们就是缺干部，为什么缺干部呢？就是过去的干部都是“儿皇帝”，啥权力都没有，就靠打电话联络申请批准，所以不成熟。当我把权力全交给你了，你就是“小皇帝”，你打两年就成熟了。这样，未来三五年会冒出多少将军、宰相来，到时，华为公司的优秀干部会太多，接班人太多了，不知道该怎么办。（来源：任正非和广州代表处座谈纪要，2013）

把权力下放到一线就是为了让更多的能独立作战的人出来，像李云龙这样的人出来。我们要在现有流程制度基础上充分发挥大家的主观能动性，这

就是我们所希望的在力出一孔的主航道上发挥一线指挥官的创造性和主观能动性。（来源：任正非和广州代表处座谈纪要，2013）

为什么现在要调整干部后备队的组织呢？华为大学没有跨领域管理干部的权力和能力。将领归到片联去管，片联要有这个权力和能力。干部的调配还是在人力资源委员会的指导下，由人力资源部和片联抓起来。你们不是已经画出了框架图和质量要求了吗？然后就组织千军万马上战场。上战场枪一响，不死的就是将军，死的就是英雄。（来源：任正非在2013年3月29日EMT办公例会上的讲话）